발터 벤야민 선집 6
언어 일반과 인간의 언어에 대하여
번역자의 과제 외

발터 벤야민 선집 6

언어 일반과 인간의 언어에 대하여
번역자의 과제 외

발터 벤야민 지음 | 최성만 옮김

도서출판 길

발터 벤야민 선집 6
언어 일반과 인간의 언어에 대하여 | 번역자의 과제 외

2008년 6월 25일 제1판 제1쇄 발행
2010년 3월 31일 제1판 제2쇄 발행
2013년 12월 10일 제1판 제3쇄 발행
2016년 10월 5일 제1판 제4쇄 발행
2021년 3월 25일 제1판 제5쇄 발행

2024년 8월 15일 제1판 제6쇄 인쇄
2024년 8월 20일 제1판 제6쇄 발행

지은이 | 발터 벤야민
옮긴이 | 최성만
펴낸이 | 박우정

기획 | 이승우
편집 | 이현숙

펴낸곳 | 도서출판 길
주소 | 06032 서울 강남구 도산대로 25길 16 우리빌딩 201호
전화 | 02) 595-3153 팩스 | 02) 595-3165

등록 | 1997년 6월 17일 제113호

ⓒ 최성만, 2008. Printed in Seoul, Korea
ISBN 978-89-87671-80-2 (세트)
       978-89-87671-86-2 94100

■ 해제

발터 벤야민 사상의 토대: 언어 – 번역 – 미메시스[1]

최성만(이화여대 교수 · 독문학)

1. 초기의 언어이론

발터 벤야민의 사상은 초기에는 형이상학적 · 신학적으로 정향된 언어철학, 후기에는 유물론적으로 정향된 역사철학으로 특징지어진다. 그의 예술철학, 미학, 인식론은 이 두 방향의 사유로 각인되어 있다. 그러나 초기의 신학적 사유와 후기의 역사적 유물론의 사유는 일견 배타적인 관계에 있는 듯이 보이고 실제로 이 둘 사이의 매개가 어떻게 이루어지는가의 문제는 그의 사상에 대한 연구에서 중요한 테마

---

[1] 이 해제는 나의 논문 「언어, 번역, 미메시스—W. 벤야민의 언어철학과 유사성론 고찰」(『문예미학』, 제2호, 문예미학회, 1996, 289~320쪽)을 수정 · 보완해서 쓴 것이다. 그 가운데 제3절 '번역자의 과제' 부분은 「번역자의 과제」를 해석한 나의 논문 「발터 벤야민의 번역이론」(『현대비평과 이론』, 제20호, 2000, 36~56쪽)을 약간 수정 · 보완한 것임을 밝혀둔다.

를 이루어왔다. 그 자신도 이 둘 사이의 매개를 위해 노력했는데, 적어도 초기와 후기 사상은, 그 자신이 이해하고 있듯이 "변증법적"이라는 점에서 공통된다.[2] 더 나아가 그의 필생의 역작인 『파사주』 프로젝트[3]에 대해 스스로 고백하고 있듯이 그의 사상의 역정은, 19세기의 원사(原史, Urgeschichte)에 대한 서술에서 그때까지 작업해온 사상의 모든 모티프들이 혼융되어 펼쳐지는 점에서, 단절이 아니라 오히려 생산적 변형을 거치는 과정이었다고 보는 것이 타당하다.[4]

그 가운데서 특히 그의 초기와 후기 사상을 관철하는 모티프를 들자면 그것은 언어이론이다. 아니 언어이론은 벤야민 사상의 한 모티프라기보다 그의 사상 전체의 토대라고 보는 것이 더 타당하다. "인식, 법, 예술의 본질에 대한 물음들이 인간 정신의 모든 표현들이 언어의 본질에서 연원한다는 문제와 연관되어 있다",[5] 혹은 **"예술의 내**

---

2) 벤야민은 자신의 언어철학과 유물론의 매개 가능성에 관한 생각을 스스로 한 편지에서 다음과 같이 고백한다. "제가 …… [독일 비애극의 원천을 쓸] 당시에 몰랐던 것을 그 뒤에 점점 더 분명히 알게 되었는데, 그것은 저의 아주 특수한 언어철학적 입지로부터 변증법적 유물론의 관찰방식에 이르는 어떤 — 비록 아직 긴장된 관계이고 문제성이 있는 관계이기는 하지만 — 매개가 존재한다는 점입니다."(Walter Benjamin, *Briefe*, 2 Bde., Hrsg. u. mit Anmerkungen versehen v. G. Scholem u. Th. W. Adorno, Frankfurt a. M., 1978(초판: 1966), p. 523.)
3) *Das Passagen-Werk*(1923~40)의 영역본은 *The Arcades Project*(1999), 국역본 제목은 『아케이드 프로젝트』(새물결, 2005~06)이다.
4) 벤야민은 아도르노에게 파사주 프로젝트의 개요를 보내면서 쓴 1935년 5월 31일자 편지에서 파사주 프로젝트의 인식론적 토대가 『독일 비애극의 원천』의 그것과 많이 유비된다는 점을 발견하고 스스로 놀랐다고 말하면서, 이것은 "원래 형이상학적으로 움직여진 전체 사상의 덩어리를 혼융 상태로 가져간" "융화 과정"을 확인시켜주며 "그 혼융 상태에서 변증법적 이미지들의 세계는 형이상학이 도발하는 모든 감언이설로부터 안전한 상태에 있다"고 고백한다(Walter Benjamin, *Briefe II*, p. 664).
5) Walter Benjamin, *Briefe I*, p. 165(Ernst Schoen에게 보낸 1917년 12월 28일자 편지).

용과 정신적 전달은 동일한 것이다"[6]와 같은 초기의 통찰들에서 표명되는 언어관은 그의 비평관, 예술관, 미학뿐만 아니라 매체이론과 역사철학에 이르기까지 전 저작에 관철되고 있다. 언어에 정향한 그의 사상의 핵심 개념들은 비평, 미메시스, 유사성, 번역, 정치, 신학, 아우라, 기억, 경험, 꿈, 지각 등이다. 요컨대 그의 비평이론, 인식론, 예술철학, 역사철학, 미학(지각이론), 매체이론 등 모든 사상적 작업의 근저에 초기에 형성된 언어관이 놓여 있고 또 이 언어관으로 수렴한다.

벤야민에서 언어에 대한 성찰이 집약적으로 전개된 중요한 에세이들을 꼽자면, 우선 1) 「언어 일반과 인간의 언어에 대하여」(1916, 이하 '언어-논문'으로 약칭)라는 트락타트(Traktat)를 들 수 있다. 그 뒤에 이 트락타트에서 전개한 언어의 본질에 대한 통찰들을 이어간 글로서 2) 「번역자의 과제」(1923, 이하 '번역자-논문'으로 약칭)와 3) 『독일 비애극의 원천』의 「인식비판적 서론」(1925)을 들 수 있다.[7] 그런 뒤 1933년 벤야민은 자신의 언어관을 미메시스의 관점에서 다시 성찰한 것을 토대로 4) 「유사성론」이라는 제목의 짤막한 프로그램적 성격의 글을 쓰게 된다. 곧 이어 작성한 「미메시스 능력에 대하여」는 이 글의 축소판이다(두 논문 이하 구별 없이 '미메시스-논문'으로 약칭). 그로부터 얼마 후에 그는 사회연구소의 위탁을 받아 당대의 언어학, 특히 언어사회학과 언어심리학 및 인류학 분야에서 언어와 관련되어 연구되고 있는 상황을 총괄적으로 개관하며 논평한 글 5) 「언어사회학의 문제들」을

---

6) Walter Benjamin, *Briefe I*, p. 155(Gerhard Scholem에게 보낸 1917년 10월 22일자 편지).
7) 발터 벤야민, 최성만·김유동 옮김, 『독일 비애극의 원천』, 한길사, 2008(근간).

『사회연구지』에 발표하는데, 이 글에서 그는 다시 한 번 「유사성론」
에서 전개한 언어에 대한 성찰을 접목한다.
　나는 이 글에서 그의 언어이론에서 중요한 세 편의 에세이인 1), 2),
4)를 집중 조명하면서 언어와 번역, 미메시스의 관계를 파악하고 아
울러 이 모티프들이 그의 전 사상에서 차지하는 중요한 의미를 살펴
보고자 한다.

2. 「언어 일반과 인간의 언어에 대하여」: '언어마법'과 '번역'

　벤야민의 초기 사상을 주도한 언어철학의 핵심은 에세이 「언어 일
반과 인간의 언어에 대하여」에서 표명되고 있다. 이 에세이에서 그는
넓은 의미의 언어 개념에서 출발하여 언어의 본질에 대해 성찰한다.
여기서 그는 무엇보다 언어를 언어로서 특징짓는 요소를 형이상학
적·신학적으로 규명하려고 시도하면서 '언어마법' '이름' '이름언
어' '순수언어' '번역' '상징' 등의 개념들을 도입한다. 그 가운데서도
우선 '언어마법'이 핵심 역할을 한다.
　그러나 이 마법 개념은 세 가지 차원을 갖는데, 우선 "언어는 전달
된다[=언어는 자신을 전달한다]"(Die Sprache teilt sich mit)는 문장에서
"자신"과 관련되는 마법이 그 첫째 차원이다. 이것은 언어를 언어로
서 특징짓는 언어형성적 원칙으로서의 마법이다. 언어를 언어로서 형
성하는 이 원칙은 어떠한 기호의미적 언어(signifikative Sprache)에서
도, 즉 어떠한 전달내용에서도 나타나지 않으며, 오히려 바로 이 "전
달 가능성"(Mitteilbarkeit) 자체를 근거짓는 원칙으로서 모든 언어행위

의 근저에 놓여 있다. 달리 말해 이 마법은 언어의 **"매체적 성격"**(der mediale Charakter)을 근거짓는 요소이다. '언어는 도대체 무엇을 전달하는가'라는 근본 물음에서 출발하면서 벤야민은 자신의 언어철학의 기본사상을 다음과 같이 표현한다.

"언어는 그 언어에 상응하는 정신적 본질을 전달한다. 이 정신적 본질이 언어 속에서 전달되는 것이지 언어를 통해서 전달되는 것이 아니라는 것을 아는 것이 핵심이다."[8] (II/1, 142, 강조는 벤야민)

다시 말해 언어는 그 언어와는 다른 것, 즉 어떤 사물이나 의미를 전달하기에 앞서 자기 자신을 전달하고 이것은 곧 언어를 통해 전달되는 것의 정신적 본질이라는 것이 벤야민의 언어철학의 핵심이다. 여기서 '통해서'와 '속에서'를 대립시키는 이유는 언어를 수단이 아닌 매체로 파악할 것을 요구하기 때문이다. 즉 언어는 어떤 행위에 동기를 부여하거나 의사소통을 위한 단순한 수단이 아니며, 직접적으로 전달되고 또 영향을 미치는 '매체'이다. 물론 언어는 의사소통의 중요한 수단이다. 하지만 이렇게 벤야민이 언어의 매체적 성격을 강조하는 것은 언어가 수단으로서만 인식되는 경우 언어의 본질이 왜곡되고 그에 따라 그 명명적 힘과 위엄이 추락한다는 점을 강조하기 위해서이다.

---

[8] Walter Benjamin, *Gesammelte Schriften*. Bd. I·VII, Unter Mitwirkung von Theodor W. Adorno und Gershom Scholem hrsg. v. Rolf Tiedemann und Hermann Schweppenhäuser, Frankfurt a. M., 1972~89. 벤야민의 저작들을 본문에서 인용할 때 로마숫자와 첫 아라비아숫자는 전집의 권수, 그 다음의 아라비아숫자는 쪽수를 나타낸다.

"모든 언어는 자기 자신을 전달한다. 또는 더 정확히 말해 모든 언어는 자기 자신 속에서 전달되며, 언어는 가장 순수한 의미에서 전달의 '**매체**' (Medium)이다. 이 매체적인 것, 이것이 모든 정신적 전달의 **직접**성 (*Unmittel*barkeit)이며 언어이론의 근본문제이다. 그리고 우리가 이 직접성을 마법적이라고 부른다면, 언어의 근원적 문제는 바로 그것의 **마법성** (Magie)이다. 그와 동시에 언어의 마법이라는 말은 또 다른 말을 지시하는데, 그것은 언어의 **무한성**(Unendlichkeit)이다. 이 무한성은 직접성에 의해 생겨난다. 왜냐하면 언어를 통해 자신을 전달하는 것이 아무것도 없기 때문에 언어 '속'에서 자신을 전달하는 것은 외부에서 제한되거나 측정될 수 없기 때문이다." (II/1, 142 f. 강조는 옮긴이)

그런데 자기 이외의 어떤 다른 의미도 전달하지 않고 순수하게 자신만을 전달하는 언어로서 "이름"(Name)이 있다. 이 '언어의 언어'라고 칭할 수 있는 '이름'에서 언어의 본질이 가장 극명하게 드러난다. "이름에서 절대적으로 전달 가능한 정신적 본질로서의 언어의 내포적 총체성과 보편적으로 전달하는 (명명하는) 본질로서의 언어의 외연적 총체성이 정점에 이른다." 벤야민은 이름에서 정점에 달하는 언어의 본질에 대해 이렇게 성찰을 전개한 뒤, 언어-논문의 후반부에서 이 통찰들을 더 분명하게 하기 위해, 말씀으로 인간과 세상을 창조한 신의 이야기를 담은 성서의 「창세기」를 끌어들인다. 그러나 그 자신이 밝히고 있듯이 이것은 성서를 자신의 언어이론의 전제로서 끌어들이거나 자신의 언어이론을 가지고 성서를 해석하기 위함도 아니다. 그가 성서를 끌어들인 이유는, 성서에서 바로 "언어가 그 전개 과정에서 고찰될 수 있는 마지막 현실, 설명할 수 없고 신비스러운 현실로 전제된다"는 점 때문이다.

사물을 명명하는 능력은 구약의 「창세기」에 따르면 말씀으로 세계를 창조한 신으로부터 인간이 부여받은 능력으로서, 인간은 사물에 이름을 부여함으로써 그 사물을 인식한다. 사물을 명명하는 행위와 그 사물의 정신적 본질을 아는 일은 원래 하나였다. 그렇기 때문에 벤야민은 언어의 이러한 본질을 '이름언어'(Namensprache), '아담의 언어'(adamitische Sprache)라고 부른다. 그러나 이른바 선악과를 따먹은 이후, 즉 인간이 선과 악을 구별하고 판단하며 인식하게 된 이후, 이러한 축복받은 언어의 상태, 곧 언어의 본질은 타락했다. 여기서 인식과 언어 사이에 돌이킬 수 없는 분리가 생겨나고 언어몰락(Sprachverfall)의 역사가 시작한다.

마법의 둘째 형식은 벤야민에 따르면 물질의 마법으로서 이것은 사물들의 "물질적 공동체"에 근거를 둔다. 벤야민은 이를 "자연의 말 없는 마법"이라 칭한다. 이 마법 역시 세계를 창조한 신의 섭리에 의거한다. 이 자연의 언어인 "사물언어"(Dingsprache)를 보다 높은 단계의 언어로 옮기는 데 — "번역"하는 데 — 인간의 언어의 본래적이고 창조적인 기능이 있다. 이것은 신학적 차원에서 볼 때 인간이 신으로부터 부여받은 "명명"(Namengebung)의 능력이자 과제에 상응한다. 인간의 언어와 신의 말씀은 근본적으로 구별되는데, 신은 말씀을 통해 사물을 창조한 반면, 인간은 이름을 통해 인식만 할 수 있기 때문이다. "인간의 언어는 이름에 비친 이 말씀의 반영물일 따름이다." (II/1, 149)

마지막으로 마법의 셋째 형식은 선악을 판별하는 말과 같은 재판하는 말에 내재하는 "판단의 마법"(Magie des Urteils)으로서, 이 마법은 "이름의 마법과는 다르면서도 마법인 점에서는 똑같다"(II/1, 153). 이름의 마법을 대신하여 등장한 이 판단의 마법에서 역사적으로 여러 언어적 혼란이 생겨나고 언어몰락의 역사가 시작된다. 여기서 잠깐 암시할 뿐인 이 셋째 형식의 마법은 벤야민이 비판 대상으로 삼는 마법으로서, 언어철학적 성찰의 차원을 넘어 죄와 속죄의 연쇄로서 신화가 지닌 폭력, 그 신화적 폭력을 극복했다기보다 오히려 상속했다고 보는 것이 타당한 '법과 법적 폭력의 본질에 대한 성찰로까지 확대된다. 이 맥락에 관해 벤야민은 「폭력 비판을 위하여」와 「운명과 성격」과 같은 에세이에서 집중적으로 고찰하고 있다(『선집』 제5권 참조). 사실 벤야민 사상의 요체가 비평과 비판에 있다면, 그의 이런 비판은 법이론, 인식론, 문예학, 예술철학, 역사관 등 인간정신의 모든 발현 속에 작용하는 이 신화적·마법적 폭력성에 대한 비판으로 수렴한다고까지 말할 수 있다.

벤야민에게서 강조적 의미의 언어마법은 첫째 형식의 마법으로서 언어의 이름언어적 요소이고 또 그것의 "매체적 성격"을 지칭한다. 이것을 그는 "언어의 가장 내적인 본질" "내포적 총체성의 총괄 개념" "순수언어" 혹은 "언어의 언어"(II/1, 144) 등의 개념들로 지칭한다. 궁극적으로 벤야민은 자신의 이러한 언어이론을 가지고 두 방향의 언어관에 대해 맞선다. 하나는 언어를 관습에 따라 규정된 단순한 기호의 체계로 보는 일반적 〔부르주아적〕 시각이고, 다른 하나는 말을 사물의 본질과 직접적으로 동일시하는 언어신비론적 입장이다. 언어를 의사소통이나 사물인식의 단순한 수단 이상의 것으로 본다는 점에서 벤야민의 언어형이상학은 신비론적 입장에 근접해 있지만, 언어신비론이 주장하듯 "사물의 인식은 언어로부터의 자발적인 창조"인 것이 아니라고 본다는 점에서 오히려 그러한 신비론에 반대한다. 그가 파악하는 언어 또는 오성의 창조성과 자발성은 오히려 수용성에 바탕을 두고 있다. 사실 이 창조성을 비판하고 수용성을 강조하는 이 모티프는 미메시스론을 위시하여 벤야민적 인식론 전체에 큰 함의와 파급력을 갖는 모티프이지만, 우선 언어이론적 맥락에서 살펴보고자 한다.

"인간이 사물에 부여하는 이름은 그에게 그 사물이 어떻게 전달되어 오느냐[=사물이 자신을 전달하느냐 — 옮긴이]에 근거를 둔다. 신의 말씀은 이름에서 창조적인(schaffend) 것으로 남아 있지 못했다. 신의 말씀은 그 일부가 수용(受容)적으로(empfangend) — 비록 언어를 통한 수용일망정 — 되었다. 바로 사물들 자체의 언어에 — 이 사물들에서 다시금 신의 말씀이 소리 없이, 그리고 자연의 말없는 마법 속에서 빛을 발하고 있는데 — 그 수용이 향하고 있다." (II/1, 150)

이 수용성(Empfänglichkeit)이 인간이 사물을 명명하는 행위, 곧 그의 "언어 능력"의 핵심을 이루고, 또한 이것이 다름 아닌 벤야민의 "번역" 개념을 구성하며, 더 나아가 그의 **미메시스론**의 중요한 측면을 이룬다. 다시 말해 인간의 창조성(Kreativität) 내지 자발성(Spontaneität)은 바로 이 수용 능력을 전제로 하며, 미메시스적 수용성은 그렇기 때문에 창조적·생산적인 성격을 띠는 것이다. 번역과 미메시스의 구조적 동일성에 대해 벤야민은 이렇게 말한다.

"해설과 번역이 텍스트에 대해 갖는 관계는 양식(樣式)과 미메시스가 자연에 대해 갖는 관계와 같다. 이들은 다른 시각에서 본 똑같은 현상들일 따름이다. 해설과 번역은, 성스러운 텍스트라는 나무에서는 영원히 바스락거리는 잎사귀들이고, 세속적 텍스트라는 나무에서는 제때 익어 떨어지는 열매들이다." (IV/1, 92;「일방통행로」,『선집』제1권, 80쪽)

여기서 우리는 벤야민의 번역 개념이 그의 언어이론과 미메시스론을 매개하는 연결고리의 역할을 하고 있음을 확인할 수 있다. 또한 여기서 주목할 점은 미메시스가 대상의 비생산적 모방이나 복제를 뜻하는 것이 아니라 ─ "열매"라는 말이 시사하듯이 ─ 실제적·실천적 가치와 의미를 띠는 생산적 과정이라는 점이다. 이와 마찬가지로 번역 역시 수용성에 바탕을 둔 창조적 작업이다.

언어-논문으로 다시 돌아가 이야기하자면, 인식이라는 것이 인간의 언어에서 "자발적으로" 생겨나는 것이 아니라 "사물언어"의 수용에서 생겨나는 것처럼, 경험 대상은 동일성의 논리에 따라 개념적으로 판별하는 의식의 인식 대상이 되기에 앞서 미메시스적 지각의 대상으로 주어져 있다. 이러한 미메시스적 수용과 지각의 과정에서 객체와 주체 모두 어떤 변화를 겪게 된다면, 중요한 것은 이 과정을 통해 객체가 주체에 의해 점점 더 인식 대상으로서 이용 가능하게 된다는 점이 아니라, 주체가 바로 이 미메시스적 수용 과정을 통해 대상에 대한 진정한, 객관적인 인식에 도달한다는 점이다. 언어의 매체적 성격 역시 이러한 수용성으로부터 설명될 수 있다. 즉 언어는 "외부로부터의 인식"을 위한 단순한 수단이 아니라 그것이 수용하는 것으로 충일(充溢)되어 있다. 이러한 의미에서 벤야민이 언어의 "소리형식이나 글자의 기호가 세계의 연관관계들이 저장된 창고"라고 한 말을 이해할 수 있다.[9] "수용이면서 동시에 자발성"을 뜻하는 언어행위, "이름 없는 것을 이름 속에 수용하는 일"을 벤야민은 넓은 의미의 "번역"으로 정의한다. 그것은 "사물들의 언어를 인간의 언어로 옮기는" 행위 일반을 지칭한다(II/1, 150).

"번역 개념은 (신의 말씀을 제외하고) 모든 상위의 언어가 다른 모든 언어의 번역이라는 사실을 통찰할 때 그 의미를 온전하게 획득할 수 있다. 각각의 언어들 사이의 관계는 여러 상이한 농도를 갖는 매체들 사이의 관계일 뿐이라는 점에서 언어의 상호 번역 가능성(Übersetzbarkeit)이 주어져 있다. 번역이란 한 언어를 변형의 연속체를 통해 다른 언어로 변환한다는 것을 뜻한다. 번역은 어떤 추상적인 동일성 혹은 유사성의 영역이 아니라 바로 이 변형의 연속체들을 횡단하는 것을 가리킨다." (II/1, 151)

얼핏 보면 이 인용문에서 벤야민은 나중에 그가 「유사성론」에서 전개하는 사상과 모순된 주장을 하고 있는 듯이 보인다. 왜냐하면 그는 여기서 번역의 이념을 언어들 사이의 어떤 유사성 관계로 파악할 수

---

9) Gershom Scholem / Walter Benjamin, *Briefwechsel*, 1933~40, Hrsg. v. Gershom Scholem, Frankfurt a. M., 1985(초판: 1980), p. 208.

없다고 강조하기 때문이다. 그러나 여기서 벤야민이 부정하는 유사성은 강조적 의미의 유사성 개념에 의해 극복되어야 할 현혹적 유사성 관계일 뿐이다.[10] 벤야민은 다른 글에서 이러한 용어상의 혼란을 피하기 위해 피상적이고 가상적인 유비관계에 대비하여 상위의 혹은 객관적 유사성을 지칭하는 말들로 "근친성"(Verwandtschaft), "비감각적 유사성"의 개념들을 사용하기도 한다.[11] 그가 진정한 미메시스의 대상을 '모상'(Vorbild)이 아니라 '원상'(Urbild)이라고 정의한 것도 같은 맥락에 속한다(II/1, 249).

또한 벤야민이 언어들 사이의 "번역 가능성"을 신학적·형이상학적으로 요청하는 것은 그가 미메시스론에서 천체의 현상의, 태초의 인간에 의한 "모방 가능성"을 전제하는 것과 동일한 논리 구조를 보여준다. 즉 벤야민은 언어활동이나 미메시스의 주체에게 "언어 능력" "언어정신" 내지 "미메시스 능력"을 전제하듯이 그것들의 대상에 대해 역시 "번역 가능성" 내지 "모방 가능성"을 전제하는 것이다. 벤야민은 언어-논문에서 강조적 의미의 인간의 언어와 사물의 언어 사이뿐만 아니라, 「번역자의 과제」에서 경험적·역사적 언어들 사이에도 원초적 근친성과 상호 번역 가능성을 전제하는데, 여기서 그의 언어철학이, "언어 보충에의 거대한 동경"(IV/1, 14; 18)이라고 표현한 데서도 읽을 수 있는, 언어와 언어의 발전에 대한 기본적 신뢰에 바탕을

---

10) 달리 말하면 유사성의 개념에 바로 상승적 요소(Steigerungsmoment)가 들어 있고, 더 나아가 "유사한 것"은 미메시스적 과정에서 자기 변증법적 상승과 지양의 관계 속에서 파악될 수 있다.
11) VI, 43 f.: "Analogie und Verwandtschaft"(유비와 근친성, 이 『선집』에 실려 있음) 참조.

두고 있음이 드러난다.

3. 「번역자의 과제」

"외국어를 모르는 사람은 자기 자신의 언어에 대해서도 전혀 알지 못한다." ―괴테[12]

"번역한다는 것은 두 주인을 섬긴다는 뜻이다. 즉 번역하는 일은 아무도 못한다." ―프란츠 로젠츠바이크[13]

벤야민은 샤를 보들레르(Charles Baudelaire)의 『악의 꽃』(Les Fleurs du Mal)에 들어 있는 「파리의 풍경」(Tableaux parisiens) 부분을 독일어로 번역하여 출간할 때 그 서문으로 번역자-논문을 썼다. 그는 이 에세이에서 번역의 개념을 언어-논문에서의 번역 개념에 비해 좁은 의미로 사용하고 있지만 그 개념의 바탕을 이루는 언어철학적 기본입장은 동일하다. 벤야민은 번역을 번역의 원전에 의존해 있으면서 동시에 그로부터 상대적으로 독립한 하나의 고유한 '형식'(IV/1, 9)으로 파악한다. 번역이 하나의 '형식'이라는 정의에는 번역이란 원작의 내용

---

[12] Johann W. v. Goethe, *Maximen und Reflexionen*, Nr. 1015, in: *Hamburger Ausgabe*, Bd. 12, p. 508: "Wer fremde Sprachen nicht kennt, weiß nichts von seiner eigenen."

[13] Franz Rosenzweig, "Die Schrift und Luther"(1926), in: Hans Joachim Störig (Hg.), *Das Problem des Übersetzens*, Darmstadt: Wissenschaftliche Buchgesellschaft, 1963, p. 220.

(의미)을 번역자의 언어로 단순히 복제하는 일 이상의 창조적 작업이라는 뜻이 함축되어 있다. 실제로 벤야민은 이 에세이에서 번역에 대해 문학창작에 버금가는 의미와 지위를 부여하고 번역의 궁극적 과제를 "진리의 언어"를 드러내는 데 있다고 보면서 번역의 정신을 철학적인 정신에 귀속시킨다.

그러나 그는 여기서 번역이론의 구체적이고 기술적인 문제들이나 번역의 역사를 다루고 있지는 않고 번역에 관해 근본적인 철학적 성찰들을 전개할 뿐이다. 따라서 이 에세이는 번역학을 위한 일종의 '서문'(Prolegomena)이라고 할 수 있다(VI, 193 참조). 그리고 그의 언어-논문을 특징짓는 형이상학적·신학적 기본 어조는 이 에세이에서도 변함없이 유지되고 있다. 또한 "언어운동의 통일성"에 대한 형이상학적 요청이 여기서도 분명하게 언명되고 있다. 더 나아가 번역이 하나의 궁극적인 해답이라기보다 무한한 '과제'를 나타내는 점 역시 언어-논문에서와 마찬가지이다. 그러나 벤야민의 이러한 사변적 번역철학은 오늘날 독일에서 번역 연구의 주류를 이루는 것이 아니다. 오히려 경험적 연구에 정향한 번역학 내지 번역이론이 활발하게 전개되고 있는 것이 현실이다.[14] 그럼에도 우리가 언어와 번역의 본질을 성찰할 때 벤야민의 번역철학이 중요한 시사점과 자극을 주는 것은 틀림없다.

---

14) 심재기, 「최근 문학번역이론의 흐름과 번역비평의 나아갈 길—언어학적 입장에서의 고찰」, 『번역연구』, 제1집, 1993, 67~104쪽 참조.

1) 원작과 번역의 관계

벤야민에서 원작과 번역의 관계가 어떻게 파악되고 있는지를 살펴보기 위해 우선 원작에 대한 그의 이해를 살펴볼 필요가 있다. 벤야민은 도스토예프스키의 소설 『백치』에 대한 한 서평(1917)에서 "예술작품은 존재해야 할 선험적 이상(理想), 필연성을 지닌다"는 노발리스(Novalis)의 말을 강조하여 인용한다(II/1, 238). 이 말의 뜻을 쉽게 가늠하기 어렵지만 적어도 벤야민이 예술과 문학에 일종의 종교적 '계시'에 버금가는 성격을 부여하고 있다는 것을 짐작할 수 있다. 다시 말해 이 말은 진정한 예술작품이 진리의 영역에 속한다는 것을 암시하고 이처럼 예술작품에서 진리내용을 논구하는 관찰에서는 수용자에 대한 고려가 과격하게 배제될 수밖에 없다.

"결코 어떤 예술작품이나 예술형식을 대할 때 수용자를 고려하는 것이 그것의 인식을 위해 생산적인 것으로 드러나는 법이 없다. …… 왜냐하면 어떤 시도 독자를 위해, 어떤 그림도 관객을 위해, 어떤 교향악도 청중을 위해 있는 것이 아니기 때문이다." (IV/1, 9)

이러한 사고는 일견 20세기에 활발하게 전개된 수용미학적 입장을 완고하게 거부하는 보수적인 생산미학적, 아니 존재론적 입장을 천명하는 듯이 보인다. 그리고 수용자를 배제하는 이러한 벤야민의 사고는 그의 비평관에도 그대로 적용된다. 『새로운 천사』(Angelus Novus)라는 잡지를 기획하면서 권두언으로 쓴 에세이(1922)에서 그는 비평의 과제 중 하나를 "시대정신의 현재성"을 표출하는 일이라고 말하면서, 대중 독자를 고려하지 않은 평론지의 모범적 예로서 낭만주의자들이 펴낸 잡지 『아테네움』을 든다.[15]

그런데 벤야민이 예술작품과 비평에 대한 성찰에서 이처럼 독자를 철저하게 배제하는 것은 진리, 이념, 객관성을 추구하는 그의 인식비판적 입장 때문이다. 그 때문에 그는 예술철학적 논의에서 모든 종류의 주관적 심리주의를 배격한다. 이러한 반심리주의는 그의 비평관과 마찬가지로 그의 번역관에도 똑같이 적용된다. 번역은 원작의 언어를 이해하지 못하는 독자를 위해 있는 것이긴 하지만 번역이 지향하는 것은 독자가 아니라 원작이고, 더 정확하게 말하자면 번역을 요구하는, 원작 속에 들어 있는 어떤 요소, 번역 불가능한 요소이다. 물론 번역이 없이도 원작은 계속 존재하지만 벤야민에 따르면 위대한 작품들은 '번역 가능성'을 내포하고 있다. 그리고 경험적 의미에서 어떤 원작의 번역이 불가능할지라도 그것의 '번역 가능성'은 형이상학적으로 요청된다. 즉 특정 작품의 번역 가능성은 경험적·역사적으로 그에 대한 번역이 실제로 존재하지 않았을 경우에도 부정되지 않는다. 그에 따라 벤야민은 극단적으로 실제의 번역이 이루어지지 않았을 경우에도 번

---

[15] "그 현재성이 역사적 요구를 가지지 못하는 잡지는 존재할 권리가 없다. 이러한 역사적 요구를 어떤 것에도 비견할 수 없을 정도로 강력하게 제기했다는 점에서 바로 낭만주의자들의 『아테네움』(*Athenäum*)이라는 잡지는 모범적이다. 그리고 그와 동시에 필요하다면 이 잡지는 진정한 현재성을 재는 척도가 전혀 대중 독자에 있지 않다는 점에서도 모범이 되는 잡지이다. 무릇 잡지는 『아테네움』처럼 사고에 있어 철저하고, 언술에 있어 흔들림이 없으며, 필요할 경우 **대중 독자를 전혀 고려하지 않으면서** 모든 새로운 것 혹은 가장 새로운 것 — 이러한 새로운 것들을 먹어치우는 일은 신문에게 맡겨야 할 것이다 — 이라는 불모의 표피 아래에서 진정으로 현재적인 것으로서 형성되는 것을 고수해야 할 것이다." (II/1, pp. 241~46. 여기서는 pp. 241~42. 강조는 옮긴이)

역 가능성은 "신의 기억" 속에서 보증된다고 주장한다. 그리고 이 번역 가능성은 번역의 궁극적 의미의 근거가 번역 자체에 있지 않고 원작의 특정 내용에도 있지 않으며 제3의 것, 즉 언어들의 통일성과 이 통일성이 바탕을 두는 총체성 속에 있음을 시사한다. 번역 가능성이, 그와 더불어 언어들의 총체성의 근거가 궁극적으로 인간에게 달려 있지 않다는 것은 언어가 인간의 의사소통적 기능으로 환원되지 않다는 점, 언어의 본질이 '전달'(내용, 의미)의 차원을 넘어서는 데 있다는 점, 오히려 번역의 요구와 필연성이 '선험적'이라는 점을 뜻한다.

어쨌든 원작의 '번역 가능성'을 통해 그 원작과 번역은 상관관계를 맺는다. 벤야민은 이 상관관계를 '삶'의 상관관계라고 본다. 여기서 삶은 유기체의 자연적 삶이라는 의미를 넘어 '역사'라는 뜻을 갖는다. 예술작품의 삶은 그것이 탄생하는 당대에 그치는 것이 아니라 예술가의 사후에도 계속되고 특히 이 사후에 지속되는 삶, '사후의 삶'(Fortleben)에서 그 예술작품의 영향력과 권위가 더 크게 발휘된다.

그렇다면 번역은 원작에 대해 어떤 관계를 갖는가? 원작의 의미와 언어는 그 원작의 '사후의 삶' 속에서 변화 과정을 겪는다. 번역의 언어 역시 시간이 흐르면서 변한다. 번역은 원작의 모사, 재현, 복제가 아니다. 그렇다고 번역이 원작에서 독립된 새로운 창작인 것은 더욱 아니다. 일단 번역은 원작에 종속되어 있으면서 독자적인 성격을 갖는 어떤 작업이라고 볼 수 있다. 번역이 원작에 종속되어 있는 것은 자명해 보인다. 열악한 번역은 원작에 손상을 입히고 원작이 발하는 빛을 가린다(IV/1, 18). 벤야민은 수용자의 의미 지향적 해석과 번역을 비판하는 점에서 원작에 대한 충실성, 즉 '직역'(Wörtlichkeit)의 원칙을 어느 사상가보다 강조한다. 그는 원작을 그것의 의미에 따라 번역자의 모국어에 맞게 (등가적으로) 변형시키는 의미에서의 번역을 강하게 비판한다. 번역자의 언어로 만들어진 원작처럼 읽히는 번역은 좋은 번역이 아니다. 오히려 그는 "구문(構文) 번역에서의 직역"의 중요성을 강조한다. 이처럼 원작의 권위에 충실한 점에서 그는 해석학의 전통을 이어받고 있다고 볼 수 있다.[16]

반면에 번역이 비평과 더불어 원작의 '지속되는 삶'에 속하면서 독자적 가치를 갖는 이유는 번역이 원작이 내포하는 고정되고 완성된 어떤 의미의 단순한 복제, 모사, 재현 이상의 것을 나타내기 때문이다. 즉 번역은 일정한 역사적 시기에 원작의 언어와 번역자의 언어 사이를 매개하는 역할을 한다. 원작의 언어는 번역자의 언어와 마찬가지로 불충분한 언어이고, 또 시간이 흐르면서 원작도 역시 변화한다. 번역의 대상은 엄밀하게 말해 초시간적으로 확정지을 수 있고 확정지어야 하는 원작의 의미가 아니라는 점에서, 그리고 원작의 언어 역시

---

16) 말할 것도 없이 원작의 권위를 두고 볼 때 최고의 위치에 있는 텍스트는 『성서』이다. 그리하여 벤야민은 번역의 원상을 중세에 이루어진 『성서』의 '행간 번역'(Interlinearversion)에서 본다(IV/1, 21). 이로써 그의 에세이는 문학작품의 번역에 대한 성찰을 종교 차원으로 회귀시킨다. 벤야민에게 성서가 "순수한 번역 가능성"을 드러내는 데 반해 — 성서에서 계시와 언어가 합일되고 있는 데 상응하여 행간 번역에서는 직역과 자유가 합일된다 — 자크 데리다는 벤야민의 에세이를 꼼꼼히 해체주의적으로 읽으면서 그의 번역이론을 그 성서에 나오는 바벨탑의 알레고리적 이야기로 환원시킨다(『창세기』, 11: 1~9). 그에 따르면 벤야민에서 언어의 '성장' 혹은 '전개'라고 표현된 것은 실은 바벨탑 이야기 — 번역을 강요하면서 동시에 번역을 금지하는 이야기 — 로의 귀환이라는 것이다. "신이 해체한다." 데리다는 언어의 언어성 자체가 바로 이 바벨탑의 신화에서 형성되었다고 해석한다. [Jacques Derrida, "Babylonische Türme. Wege, Umwege, Abwege" (1985), in: Alfred Hirsch (Hrsg.), *Übersetzung und Dekonstruktion*, Frankfurt a. M., 1997, pp. 119~65.]

번역자의 언어와 마찬가지로 결함 있는 언어라는 점에서 번역의 독자성과 창조성을 이야기할 수 있고 또한 모든 번역은 '잠정적'이라고 말할 수 있다.[17]

원작에 대한 번역의 관계가 이처럼 종속적이면서 독자적이라면 그 둘의 관계는 더 근원적으로 어떻게 특징지을 수 있을까? 번역을 가능케 하는 것이 무엇이고, 번역이 궁극적으로 지향하는 원작의 요소는 더 정확하게 무엇이라고 규정할 수 있는가? 대답을 앞질러 말하자면, 번역을 가능케 하는 것은 언어들 사이의 원초적 '근친성'이고, 번역이 지향하는 대상은 원작의 의미가 아니라 원작이 담고 있는 '순수언어'(die reine Sprache)이다. 이에 따라 원작과 번역의 관계는 언어들 사이의 원초적 근친성에 바탕을 둔 상보적 관계로 특징지어진다. 번역자의 과제는 원작에서 상징적으로 표현되는 '순수언어'를 번역자의 언어로 표현함으로써 원작의 언어를 '보완'하는 데 있다.[18] 그리하여 이처럼 '순수언어'에 근거를 둔 언어들 사이의 근친성은 개별적 낱말이

---

[17] 벤야민에서 원작과 번역은 넓은 의미의 번역에 속하기는 하지만, 그는 좁은 의미에서 그 둘의 차이를 다음과 같이 설명한다. 첫째, 원작은 특정한 언어적 내용 연관(의미)을 지향하는 데 반해, 번역은 언어 자체와 언어의 총체성을 지향한다. 둘째, 작가의 의도는 "소박하고 일차적이며 구체적"인 데 비해, 역자의 의도는 "파생된" 의도이고 "궁극적이며 이념적"이다. 셋째, 그리고 원작은 언어의 유한한 형상물들 속에서 무엇인가를 "상징하는 것"인 반면, 번역은 언어의 생성 과정 자체 속에서 "상징된 것"이다. 그리하여 벤야민에 따르면 "상징하는 것을 상징된 것 자체로 만드는 일, 순수언어를 형상화된 모습으로 언어운동에 되찾아오는 일이야말로 번역의 강력하고 독특한 능력"이다(IV/1, 19).

[18] 이러한 "보완"은 비평 기능에도 해당한다. 낭만주의 예술비평의 개념에 대한 논문에서 벤야민은 낭만주의자들이 진정한 비평의 기능을 작품에 대한 판단이 아니라 작품을 보완하고 완성하는 일로 파악했다는 점을 드러낸다.

나 의미론적 차원에서의 작품의 피상적이고 정태적인 등가관계 혹은 유사성 관계로 파악할 수 없다. 번역자의 과제는 원전의 언어와 번역자의 언어 사이의 이러한 근친성, 더 나아가 모든 언어들 사이의 근친성을 근거짓는 요소를 원전으로부터 표현하는 데 있다. 그리고 원작의 번역 가능성은 언어들 사이의 '선험적' 근친성에 바탕을 둔다.

"두 언어 사이의 근친성은 역사적 근친성을 차치한다면 어디에서 찾을 수 있을까? 어쨌거나 문학작품들 사이의 유사성에서도 아니고 그것들의 말들 사이의 유사성에서도 아니다. 오히려 언어들의 초역사적 근친성은 각각의 언어에서 전체 언어로서 그때그때 어떤 똑같은 것이, 그럼에도 그 언어들 가운데 어떤 개별 언어에서가 아니라 오로지 그 언어들이 서로 보충하는 의도의 **총체성**(Allheit)만이 도달할 수 있는 그러한 똑같은 것이 의도되어 있다는 점에 바탕을 둔다. 그것은 곧 **순수언어**이다. 즉 서로 낯선 언어들의 모든 개별적 요소들, 단어, 문장, 구문들은 서로를 배제하는 반면, 이 언어들은 그것들의 의도 자체에서는 서로 보완한다." (IV/1, 13 f. 강조는 옮긴이)

이 '순수언어'의 요소는 의미를 전달하는 도구로서의 언어를 통해 표현되기는 하지만 언어의 의미론적·의사소통적 기능과는 다른 요소이다. 오히려 이 '순수언어'는 언어에서 '전달'을 넘어서는 요소로서 작품의 본질을 이루고, "파악할 수 없는 것, 비밀스러운 것, '시적인 것'"을 이루며 이것을 번역자의 언어로 옮기는 것이 번역의 과제이다. 어떤 의미에서 이것은 '번역 불가능한 것'이고 그렇기 때문에 번역에 '과제'로서 주어져 있다.

2) 직역과 의역의 대립과 화해

원작의 '의미'가 아니라 그 속에 숨어 있는 '순수언어', 원작이 유한한 언어 속에서 '상징하는 것'이 원작의 본질이고 이것이 번역에서 드러내야 할 대상을 이룬다면 전통적으로 상호 배타적인 관계에 있는 직역의 충실성과 의역의 자유 사이의 관계는 보다 더 높은 차원에서 화해된다. 벤야민이 "구문에서의 직역"의 원칙을 고수하면서 의역의 주관적 자의성을 비판하는 이유는 대부분 의역이 원작의 의미, '의도하는 방식'과 결합되어 있는 '의도된 것'을 고려함 없이 '의도된 것' 자체를 등가적으로 대체하는 데 머물기 때문이다. 그리하여 벤야민은 자유의 원칙을 직역의 충실성의 원칙에 바탕을 둠으로써 전통적인 이해를 전도한다.

"번역의 자유는 전달되어야 하는 의미를 통해 그 정당성을 획득하는 것은 아니다. 이러한 전달의 의미로부터 해방되는 것이 바로 충실성의 과제이다. 오히려 번역의 자유는 순수언어를 위해 번역자의 언어에서 실증되어야 한다. 낯선 〔원작의〕 언어의 마력에 걸려 꼼짝 못하고 있는 순수언어를 번역자 자신의 언어를 통해 해방시키고 또 작품 속에 갇혀 있는 언어를 그 작품의 재창작(Umdichtung)을 통해 해방시키는 것이 번역자의 과제이다. 이 순수언어를 위해 번역자는 자신의 언어의 낡은 장벽을 무너뜨린다. 루터, 포스, 횔덜린, 게오르게는 독일어의 경계를 확장했다." (IV/1, 19)

"표현할 수 없는 말, 창조적인 말로서 모든 언어 속에 의도된 것"을 지칭하는 '순수언어'는 "한 언어적 형상물의 의미"를 가리키지 않는다. 후자는 언어적 형상물에서 '전달'로서 표현된 것 속에서 소진된다. '순수언어'는 번역의 충실성이 향하는 본래적 대상이다. 그러나 번역에서 자유의 원칙은 그러한 충실성을 위해 동시에 원전을 해방시킨다는 원칙으로 입증됨으로써, 즉 원전 속에 '순수언어'의 요소인 것을 원전의 언어가 지우는 모든 "무겁고 낯선 의미"의 하중(荷重)에서 해방시킨다는 의미에서, 모순되는 두 원칙의 화해가 이루어진다. 즉 두 원칙은 보다 높은 단계에서 번역자의 동일한 과제의 양면으로 나타나게 된다.

3) 모국어의 생산적 변형 — 동화(同化)의 원칙 대 이화(異化)의 원칙

앞의 인용에서 벤야민은 독일어의 경계를 확장한 역사적 인물들을 예거했다. 이들은 번역에서 원작의 언어를 독일어에 동화하기보다(의역), 오히려 독일어를 원작의 언어에 닮게 만들려고(직역) 노력함으로써 — 그로써 독일어를 변형하고 낯설게 만듦으로써 — 독일어를 확장하고 풍부하게 한 것이다. 벤야민은 이와 같은 방향의 사고를 표현한 동시대 작가 루돌프 판비츠를 인용한다.

"우리의 번역은, 비록 그것이 가장 좋은 번역이라고 하더라도 잘못된 원칙에서 출발하고 있다. 이들 번역은 독일어를 힌두어화, 그리스어화, 영어화하는 대신 힌두어, 그리스어, 영어를 독일어화하려고 하기 때문이다. 우리 번역자들은 외국 작품의 정신에 대해서보다는 그들 자신의 언어 사용에 대해 더 큰 존경심을 갖고 있다. …… 번역자의 기본적 오류는, 자신의 언어가 외국어를 통해 강력하게 영향을 받도록 하는 대신 자신의 언어가 처해 있는 우연적 상태를 고수하는 데 있다. 번역자는 특히 그 자신의 언어와는 멀리 떨어진 언어에서 번역할 때에는, 언어 그 자체의 궁극적 요소들, 즉 말과 형상과 어조가 하나로 합쳐지는 점에까지 소급하지 않으면 안 된다. 그는 외국어의 수단을 통해 자신의 언어를 확대하고 심화하지 않으면 안 된다. 우리는 어느 정도까지 그것이 가능하고 또 어느 정도까지 모든 언어가 변화할 수 있는지를, 그리고 마치 방언과 방언이 서로 다른 것처럼 언어와 언어 또한 서로 다르다는 점을 전혀 이해하지 못하고 있다. 그러나 우리가 언어를 너무 가볍게 여기지 않고 이를 매우 심각하게 생각한다면 이런 점이 사실이라는 것을 알 수 있을 것이다."[19] (IV/1, 20)

전통적 의미에서의 의역의 원칙에 바탕을 둔 번역에서 사람들이 원전의 언어를 역자의 언어로 동화하는 작업에서 번역의 의의와 기능을 찾았다면, 벤야민은 이와는 반대로 역자의 모국어를 원전의 언어를 향해 확장·변형하는 데 번역의 과제와 생산적 기능이 있음을 강조한다.[20] 이처럼 원전의 언어를 위해 자신의 모국어를 변형, 소외, 파괴하

---

19) Rudolf Pannwitz, *Die Krisis der europäischen Kultur*, Nürnberg, 1917, 특히 pp. 240, 242; Walter Benjamin, "Die Aufgabe des Übersetzers"에서 재인용.
20) 옮긴이가 이 글 첫머리에 모토로 인용한 로젠츠바이크도 이와 유사한 견해를 피력한다. 그는 부버아 더불어 20세기 대표적인 유대 종교철학자로서 벤야민괴도 교류한 적이 있다. 로젠츠바이크는 중세 종교시인 유다 할레비의 찬가와 시들을 히브리어 원전에서 독일어로 번역하면서 후기에서 다음과 같이 쓰고 있다. "우리가 번역의 과제란 낯선 것을 독일어화하는 데 있다고 본다면 그것은 전적으로 오해한 소치이다. …… 낯선 어조를 낯선 그 모습으로 재현하는 일, 그러니까 낯선 것을 독일어화

기 때문에, 또 의미 이해를 위한 의역보다 원전의 개개의 낱말, 원작자가 "의도하는 방식"에 자신의 언어를 상응하려는 노력을 기울였기 때문에 번역사에서 기념비적인 번역들, 예를 들어 횔덜린의 소포클레스 번역들은 "기괴한 예들"(Ⅳ/1, 17)로 전해내려 온다는 것이다.

번역의 과제는 원작의 모사가 아니라 원작이 불충분한 언어로 지시하는 것, 상징적으로 형상화한 것을 "표현"하는 일이다. 번역은 원작이 담고 있는 '순수언어'를 번역자의 언어로 표현해야 하는 과제를 떠맡는다. 번역이 중시해야 하는 것은 원작의 내용(의미)이 아니라 그 내용이 원작의 언어(형식)와 어떻게 결합되어 있느냐, 즉 '의도된 것'이 '의도하는 방식'과 어떻게 결합되어 있느냐이다. 모든 언어에서 '의도된 것'은 동일하다고 전제하는 벤야민은 '의도된 것'은 언어(문화)와 시간(역사)에 따라 변화하며, 바로 이 '의도된 것'이 표현되는 방식, 원작이 의도한 것을 '의도하는 방식'을 번역해야 한다고 말한다. '의도된 것'은 모든 언어가 그것을 '의도하는 방식'들의 '총체성'(Allheit) 속에서 비로소 온전하게 드러난다는 것이다.

이러한 총체성이 언어의 통일성을 보증해주는 것이지, 통일성이

시키는 것이 아니라 오히려 독일어를 낯설게 하는 것이 번역의 과제라고 말한다면 우리는 언어에게서 어떤 불가능한 것을 요구하는 것일까?"(F. Rosenzweig, "Nachwort zu den Hymnen und Gedichten des Jehuda Halevi", in: Rosenzweig, *Kleinere Schriften*, Berlin, 1937, pp. 200~19, 여기서는 pp. 201~02). 그 밖에도 벤야민의 친우였던 지크프리트 크라카우어도 역시 부버와 로젠츠바이크가 번역한 『성서』(*Die Schrift*, 1925)에 대한 서평에서 "히브리어는 독일어화되어서는 안 되고 오히려 독일어가 그 히브리어 속으로 확장되어야 한다"고 말하면서 동화의 원칙보다 소외의 원칙을 주장한다(Siegfried Kracauer, "Die Bibel auf Deutsch. Zur Übersetzung von Martin Buber und Franz Rosenzweig", In: Kracauer, *Das Ornament der Masse*, 1977, pp. 173~86, 여기서는 p. 174).

총체성을 보증해주는 것이 아니다. 즉 언어는 경험적 언어들의 통일화와 표준화를 통해서가 아니라 서로 상보적 관계에 있고 또 친족관계에 있는 여러 언어들 사이의 상호보완적 형성 과정을 통해, 즉 상호대체가 아니라 '보충'을 통해 역동적으로 변화하고 '성장'하게 된다. 벤야민은 원작과 번역의 '보완'관계를 "사기그릇의 파편들"이라는 이미지를 통해 이렇게 설명한다.

> "어떤 사기그릇의 파편들이 다시 합쳐져 하나의 그릇이 되기 위해서는 가장 미세한 파편 부분들이 하나하나 이어져야 하면서 그 파편들이 서로 닮을 필요는 없는 것처럼, 이와 마찬가지로 번역도 원작의 의미에 스스로를 비슷하게 만드는 대신 애정을 가지고 또 그 세부에 이르기까지 원작이 의도하는 방식에 자신의 언어로 스스로를 동화시켜 원작과 번역 양자가 마치 사기그릇의 파편이 사기그릇의 일부를 이루듯이 보다 큰 언어의 파편으로 인식되도록 하지 않으면 안 된다." (IV/1, 18)

이 "사기그릇"의 비유에서도 드러나듯이 경험적·역사적 언어들의 '다수성'(Vielheit)은 인간의 상호이해에 장애가 되는 부정적 요소로 작용하는 것이 아니라 오히려 장점이 된다. "번역이 무수히 많은 만큼 언어도 무한히 많다"라고 그는 언어-논문에서 쓰고 있다(II/1, 152).

언어-논문에서 이 언어의 다수성은 수직적 차원의 번역, 즉 낮은 등급의 "사물언어"에서 상위 등급의 인간의 언어로 번역될 때 그 번역의 연속체에서 나타나는 언어의 모습이었다면, 번역자-논문에서 그 다수성은 역사적으로 변천하는 인간의 경험적 언어들의 수평적 관계에 해당한다. 경험적 언어는 그 자체가 불완전하고 역사적으로 변하기 때문에 그 다수성은 무한성을 띠며, 번역 역시 그에 따라 하나의 "무한한 과제"(unendliche Aufgabe)(VI, 51 f.)로 파악된다.

4) 번역의 의미 — 원작의 언어를 번역자의 언어로 재현하기

결론적으로 말해 번역은 원작을 대체하는 것이 아니다. 원작에 대해 번역이 갖는 관계는 피상적이고 "모호한 유사성"에 바탕을 두는 상(Bild)과 "모사"(Abbild)의 관계가 아니다. 원작 역시 고정되어 있지 않고 그것의 지속되는 '사후의 삶' 속에서 원작의 언어와 함께 변화하기 때문이다. 이러한 변화를 벤야민은 발생론적 메타포로 원작의 '맹아' 속에 내재한 경향들의 "사후에 성숙하는 과정"이라고 지칭한다. 그에 따라 원작 속에 가능태로 잠재해 있는 것을 현실화하는 것, 원작에서 "상징하는 것을 상징된 것으로 만드는 일"이 번역의 과제이다. 그리고 언어와 원작의 의미의 이러한 역사적 변화의 주체는 "인간"이 아니라 언어 자체이지만 그것을 수행하는 것이 "번역자"라는 점에서 인간의 역할이 다시금 강조된다.[21]

---

21) 폴 드 만(Paul de Man)은 언어의 발전과 변화 과정의 주체가 인간이 아니라는 점을 강조하는 벤야민의 이론에서 현실 및 인간에 관련된 지시 관계를 관찰에서 배제하면서 언어 내적 논리를 추적하는 자신의 해체론적 수사학을 뒷받침하는 언어관을 발견하지만, 다른 한편 그는 벤야민이 "과제"라는 말을 통해 인간 주체의 역할을 강조하고 있다는 점을 간과하고, 언어의 지시적 성격과 수사적 성격 사이의 대립을 물화하는 경향을 보여준다. 이 점에 대해서는 신광현, 「시간/주체/언어 — 폴 드 만의 시간성의 수사」(『현대비평과 이론』, 제5권, 제2호(통권 10호), 1995년 가을/겨울, 144~69쪽), 그리고 나의 논문 「폴 드 만의 해체주의적 읽기이론에 대한 비판적 고찰」(『독일문학』, 제65집, 1998, 230~59쪽); 「폴 드 만의 해체론적 수사학」(『문예미학』, 제6집, 1999, 297~318쪽) 참조.

번역의 대상이 원작의 의미가 아니라면, 번역과 원작의 관계는 원작이 전달하고 있는 특정 의미의 언어적 등가관계가 아니라 언어들 자체 사이의 관계이다. 번역의 과제는 원작의 언어(출발언어)와 번역자의 언어(목표언어) 사이의 원초적 근친성을 드러내고, 언어의 상보적 성격을 드러내는 데 있다. 그리하여 벤야민은 "원작의 언어를 번역자의 언어 속에서 재현하는 일"이 번역의 과제라고 말한다(VI, 160). 이로써 번역은 한 예술작품의 "사후의 삶"을 이루는 중요한 요소일 뿐만 아니라, 더 나아가 문화의 매개, 언어의 매개에서 결정적 역할을 한다는 점이 드러난다.

  원작의 번역이 그 원작이 속하는 문화의 번역이라는 점은 이미 번역이 매개하는 것이 특정 원작의 의미가 아니라 그 원작이 속한 문화를 담지하는 언어 전체라는 점에서 분명해진다. 이에 따라 한 단어를 외국어로 번역한다는 것은 그 단어가 속한 언어 전체를 번역하는 일이다. 이것은 비트겐슈타인이 한 단어를 사용한다는 것은 그 단어가 속한 언어 전체를 사용하는 일이라고 한 말과 상통한다. 한 문화는 그 문화의 언어 속에 담겨 있고, 그 문화의 고유한 특징은 그 문화 속에서 창조된 언어적 형상물이 특정 의미를 의미하는 방식에서 드러나며, 다름 아닌 이것을 바로 번역이 미메시스적으로 수용하여 번역자의 언어로 표현함으로써 창조적인 문화의 수용이 이루어진다.

  벤야민의 번역자-논문은 번역의 선험적 필연성을 설파한 이론이다. 그리고 번역의 대상은 원작의 의미가 아니라, 오히려 그 원작에서 의미를 넘어서는 것, 곧 '번역할 수 없는 어떤 것'이다. '순수언어'는 표현될 수 없기 때문에 번역과 해석의 대상이 된다. 언어화되지 못한 것을 언어화하는 일이 번역의 과제이자 나중에 미메시스의 본래적 과제가 된다. 문학이 자연(혹은 현실)에 대해 행하는 넓은 의미의 번역 작업을 좁은 의미의 번역이 원작에 대해 똑같이 행한다. 원작의 언어가 불충분하고 번역에 의해 보충되어야 하듯이, 자연의 '말없는 언어'는 인간의 언어로 번역되기를 요구하고, 이 요구를 바로 예술가가 감지하는 것이다. 이 언어 발견, 언어 부여의 작업에서 예술·해석·비평·번역은 작품의 '사후의 삶'에 속한 형식들로서 각각의 고유한 특징이 있으면서 모두 창조적인 행위들이다. 이들은 모두 '완성하는 미메시스'(vollendende Mimesis)[22]이다.

4. 새 언어이론으로서 미메시스론

1) 미메시스론의 구상

언어-논문과 번역자-논문에서 언어의 본질을 형이상학적·신학적 관점에서 고찰한 벤야민은 이제 「유사성론」과 「미메시스 능력에 대하여」에서 '미메시스 능력'(das mimetische Vermögen)이라는 카테고리를 가지고 똑같은 언어라는 대상에 접근한다. 그에 따르면 인간이 유사성을 지각하는 능력은 미메시스 능력에서 연원한다. 원래 발표할 목적으로 쓰지 않은 이 짤막한 프로그램적 논문에서 벤야민은 언어의 역사적 발전 과정을 인간의 미메시스 능력의 계통 발생적 변

---

[22] "예술은 자연에 대한 개선제안(改善提案, Verbesserungsvorschlag)이다. 그것은 따라하기(Nachmachen)이기는 하지만 이 행위의 가장 내밀한 본질은 먼저 해 보이기(Vormachen)이다. 달리 말해 예술은 완성하는 미메시스이다." (I/3, 1047)

천 과정과 독특하게 결합하고 있다. 벤야민은 1933년 초 베를린을 떠나 파리를 거쳐 프랑스 남단 지중해에 있는 이비자 섬으로 가기 직전에 이 글을 썼다. 그것은 자신의 유년기 회상을 담은 『1900년경 베를린의 유년시절』을 쓰기 시작한 지 얼마 지나지 않은 뒤였다. 스스로 자신의 '새 언어이론'이라고 부른 이 글에 관해 그는 당시 예루살렘에 있던 친구 숄렘에게 보낸 편지에서 유년기 회상의 첫 단편들을 쓰다가 그 착상이 떠올랐다고 밝힌다.[23] 하지만 미메시스에 대한 그의 구상은 그가 경도한 프랑스의 작가 마르셀 프루스트(Marcel Proust)에게서 영향을 받은 바가 컸던 것으로 추측된다. 벤야민이 말하는 유년기 회상의 단편은 후일 「무메렐렌」(Die Mummerehlen)임이 밝혀졌는데, 그 단편에서 썼고 후에 「유사성론」에서 부분적으로 그대로 원용하고 있는 특징적 구절은 다음과 같다. "유사성을 파악하는 능력은 실은 유사해지고 또 유사하게 행동하지 않으면 안 되는 오래된 강제가 미약하게나마 남은 잔재나 다름없다. 내게 이러한 강제를 행사한 것은 바로 낱말이었다. 나를 예의바른 행동의 모범과 닮게끔 하는 낱말이 아니라, 집, 가구, 옷들과 유사하게 만드는 낱말이 그러하다."(IV/1, 261; 『선집』 제3권, 81쪽)

이 무렵 나치가 집권하면서 신변의 위협을 느끼자 벤야민은 망명길에 올라 지중해 연안의 이비자 섬으로 간다. 그곳에서 벤야민은 「유사성론」을 약간 변경·축약한 글을 또 하나 쓰게 되는데, 이 글에 「미메시스 능력에 대하여」라는 세목과 '언어이론을 위하여'라는 부제

---

23) Walter Benjamin, *Briefe II*, p. 563.

를 붙였고, 그 뒤 이 글을 다시 자필로 수정할 때 부제를 삭제했다. 이 두 번째 글을 쓰기 직전에 벤야민은 숄렘에게 편지를 보내 자신이 17년 전에 썼던 언어-논문을 조속히 송부해줄 것을 당부한다. 벤야민의 첫 언어이론이자 그의 초기 언어철학적 사상이 집약되어 있는 이 논문 역시 당시에 발표할 목적으로 쓰지도 않았고 숄렘을 비롯하여 몇몇 가까운 친구들에게 빌려주어 읽게 한 적이 있는데, 벤야민은 숄렘이 필사본을 한 부 보관하고 있다는 사실을 알고 있었던 것이다. 서재를 비롯하여 거의 모든 자료를 베를린에 두고 떠나온 뒤 급변한 정치적 상황 때문에 당분간 다시 되돌아갈 수 없는 처지에 있던 벤야민은 자신이 과거에 쓴 언어이론과 이번에 새로 쓴 언어이론을 스스로 비교해보고 싶은 절박한 욕구를 느꼈다. 하지만 결국 이 두 언어이론의 비교에서 벤야민은 언어에 관한 근본적 견해에 그간 하등의 결정적 변화가 없었음을 스스로 확인하게 된다. 「유사성론」을 「미메시스 능력에 대하여」로 개작하게 된 동기는 분명하게 밝혀지지 않았으나 아마도 이 에세이를 받아볼 수신자에 대한 고려가 작용한 듯이 보인다. 왜냐하면 첫째 논문에 비해 둘째 논문에서는 언어신비론적 용어들이 눈에 띄게 절제되어 사용되고 있기 때문이다. 그럼에도 불구하고 미메시스에 대한 기본적 구상이나 논지 전개의 줄기에는 변화가 없다. 다만 특기할 점은 둘째 논문의 말미에 첫째 논문에 들어 있지 않은 '마법의 해체'(Liquidation der Magie)에 관한 명제가 추가된 점이다. 여기에 미메시스 구상의 변증법적 성격 및 유물론적 성격이 암시되고 있는데, 이 부분은 나중에 다시 살펴볼 것이다.

2) 미메시스론의 인간학적·역사철학적 구상

어쨌든 초기의 언어-논문과 이 미메시스-논문의 기저에 놓인 언어관은 근본적으로 동일하다. 이 언어관의 핵심은 우선 언어는 사람들 사이에 '약속된 기호의 체계' 이상의 것으로서, 무엇인가를 전달하는 단순한 수단 이상의 것이라는 언어형이상학적 신념이다. 단지 '새 언어이론'에서 달라진 것이 있다면 인간의 '언어 능력'을 미메시스 능력에 귀속하고 있다는 점일 뿐이다. 벤야민에 따르면 미메시스의 능력과 대상은 역사적으로 변천해왔는데, 일견 미메시스적 관계나 미메시스 능력이 역사가 흐르면서 점차 사라진 것처럼 보일지라도 이것은 겉보기에만 그럴 뿐이고, 실제로 미메시스의 대상은 '자연적 상응관계'에서 언어 속으로 점차 철수하거나 전이해왔을 따름이다. 즉 미메시스 능력은 인간의 다른 능력에 의해 대체됨으로써 사라진 것이 아니라 언어 능력으로 변화했다는 것이다. 태초에 천체의 운행을 비롯한 자연현상이 인간에 의해 모방될 수 있었다고 가정하고, 인간이 지니는 모든 상위의 능력들 가운데 미메시스 능력이 작용하지 않은 능력이 없다고 전제함으로써 벤야민은 미메시스 능력을 인간학적으로 정초한다. 그가 미메시스 능력을 이처럼 인간학적으로 정초하려는 시도는 언어-논문에서 인간의 언어 능력을 형이상학적으로 전제하고 있는 것과 유사한 맥락에서이다.

그럼에도 이 미메시스-논문에서는 언어-논문에서와는 달리 유물론적인 성격을 띤 역사철학적 구상이 선명하게 드러나 있다. 무엇보다 읽기의 템포라든지, '마법의 해체'에 관한 테제가 그것을 입증한다. 실제로 이 논문은 벤야민 사상의 발전 과정에서 '언어마법'과 '순수언어'를 중심으로 전개된 초기의 언어형이상학이 메시아주의적 성격을 띤 독특한 유물론적 역사철학으로 특징지어지는 후기 사상으로 넘어가는 중간지점에 위치해 있다. 물론 1920년대 중반에 시작된 『일방통행로』를 위시하여 특히 「초현실주의」 에세이에서 엿볼 수 있듯이 벤야민의 아방가르드적이면서 유물론적 색채를 띤 글쓰기는 훨씬 일찍 시작되었다. 그러나 급박하게 전개되는 정치사, 그리고 교수자격논문이 좌절된 뒤 자유기고가로서 글쓰기를 시작한 이래 초기의 언어철학적 기본입장을 점검해볼 수 있는 충분한 시간적 여유가 없었을 것으로 짐작된다. 그렇기 때문에 언어와 문자에 대한 새로운 방향, 즉 미메시스의 구상에서의 해석 시도를 계기로 자신의 언어관에서의 변화를 스스로 점검하고자 하는 욕구가 컸던 것이다. 1938년 숄렘은 벤야민과 파리에서 재회했을 때 벤야민이 중요하게 여기고 있는 이 미메시스론을 두고 집중적으로 토론할 기회를 가졌다. 여기서 그는 벤야민 특유의 야누스적 얼굴을 읽어낸다. 그것은 신비주의와 합리주의, 형이상학과 유물론, 신학과 정치의 두 얼굴이기도 하다. 숄렘이 보고하는 대화 상황에 따르면 벤야민이 이 둘 사이의 매개를 위해 스스로 끊임없이 성찰하고 있음을 알 수 있다.

"그는 신비적 언어이론에 경도해 있으면서 이것을 마르크스주의적 세계관의 연관 속에서 극복해야 할 필요성 또한 강하게 느꼈기 때문에 분명히 내적으로 짓찢겨 있는 상태였다. 내가 이것을 지적하자 그는 자신의 이러한 모순을 숨김없이 시인했다. 그는 [미메시스론을 두고 말하기를 ― 옮긴이] 자신이 아직 풀지 못한 과제라면서, 하지만 여기서 뭔가 큰 것을 해내겠다고 다짐했다. 그의 '야누스의 얼굴'이 여기서도 여전히 생생하게 살아 있음을 느낄 수 있었다."[24]

숄렘에 따르면 '야누스의 얼굴'은 벤야민이 스스로 자신을 특징짓는 데 썼던 말이다. 이 표현을 숄렘은 앞서 인용한 벤야민 전기에서 나름대로 벤야민의 사유방식을 특징짓기 위해 종종 사용한다. 유물론과 형이상학의 양면성뿐만 아니라 한 방향의 사상 내에서도 벤야민은 이러한 양면적 태도를 보여왔는데, 특히 유대교에 대한 그의 태도를 숄렘은 이렇게 평가한다. "유대교의 정치철학의 양극…… 즉 한편으로는 어떠한 마법적 요소이든 합리적인 비의(秘儀) 속에서 퇴치해내면서, 다른 한편으로 엄격한 마법적·신비적 견해를 강하게 표출해보는 것이 그것이다."[25]

그러나 미메시스에 관한 글이 씌어진 당시의 이러한 갈등적 상황에도 불구하고 우리가 숄렘의 말을 벤야민의 미메시스론의 내적 모순을 암시하는 증거로 삼으려 한다면 성급한 판단을 내리는 셈이다. 벤야민의 미메시스론의 타당성을 제대로 평가하기 위해서는 그의 이론적 저술과 문예비평적 저술들에 암시적·명시적으로 나타나 있고 그의 전 사상을 관류하고 있는, 미메시스와 연관되는 여러 모티프들의 얽힘 관계를 살펴볼 필요가 있다. 이를 통해 미메시스에 대한 그의 구상에 깔려 있는 의도도 보다 더 분명하게 드러날 것이다. 내가 생각하

---

24) Gershom Scholem, *Walter Benjamin. Die Geschichte einer Freundschaft*, Frankfurt a. M., 1976, p. 260.
25) Gershom Scholem, 앞의 책, p. 250.

는 테제들 가운데 하나를 미리 말하자면, 벤야민의 미메시스론이 외견상 갖는 '야누스의 얼굴'이 바로 미메시스라는 현상 자체의 양면성, 더 나아가 미메시스적 과정의 자기변증법적인 구조(selbstdialektische Struktur)를 표현해준다는 점이다. 벤야민은 「유사성론」을 쓸 무렵 적어둔 메모에서 미메시스의 변증법적 성격을 잠시 스쳐 지나간 적이 있다. 그러나 우리는 그의 다른 저작들에서도 미메시스의 그러한 성격을 드러내는 구절을 드물지 않게 찾아볼 수 있다.

앞서 언급했듯이 벤야민이 자신의 "새 언어이론"으로서 미메시스-논문에서 인간의 미메시스 능력을 인간학적으로 정초한 것은 그가 언어-논문에서 인간의 언어 능력 내지 언어정신을 형이상학적으로 전제한 것에 상응하지만, 우리가 이 사실만을 확인한다면 그의 미메시스론을 절반밖에 이해하지 못한 셈이다. 그는 개체발생적 차원에서 볼 때 미메시스적 태도가 두드러지게 나타나는 어린아이들의 경우 놀이에서 흉내 내는 대상이 사람들에 한정되어 있지 않고 물레방아나 기차 등의 사물에까지 다양하게 뻗쳐 있음을 지적한 뒤 미메시스의 유용성 문제를 제기한다. "중요한 것은 이와 같은 미메시스적 태도의 훈련이 어린아이들에게 도대체 어떤 이득을 가져다주느냐이다." 우리는 이 물음을 미메시스론 자체에도 확장하여 적용할 수 있을 것이다. 그리고 실제로 벤야민의 미메시스론도 이 물음에 대한 답을 찾으려는 시도라고 볼 수 있다. 그는 현대를 기술의 가속화된 발전으로 인해 전통적인 "지표세계"(Merkwelt)가 해체, 소멸되는 상황으로 특징짓는다. 벤야민이 사람과 사람 사이, 사람과 주변세계 사이에 시선의 주고받음이 자연적으로 이루어진 상태를 지칭하기 위해 사용한 개념인

"아우라"(Aura)가 특히 복제기술의 발달로 인해 사물들에게서 점차 사라지게 된 것도 현대를 특징짓는 현상에 속한다. 이 모든 것은 미메시스 능력의 점진적 소멸을 입증해주는 듯이 보인다. 그렇지만 벤야민은 미메시스-논문에서 미메시스 능력이 역사적으로 점차 소멸된 것이 아니고 오히려 언어 능력으로 변환되었다는 명제를 제시한다. 이때 언어 능력이란 어떤 언어적 기호 의미를 이해하는 행위로서의 "범속한 읽기"(profanes Lesen)의 능력만을 지칭하지 않는다. 그것은 선사시대에 인간이 갓 태어난 아이의 운명을 그 아이가 태어난 순간의 천체의 현상에서 읽어낸 것과 같은 종류의 능력으로서 마법적·미메시스적 "읽어내기"(Herauslesen)의 능력이다. 이때 읽어내기의 행위는 시간성에 의해 제약받는다. 다시 말해 강조적 의미의 유사성, 벤야민이 "비감각적"이라고 특징지은 유사성을 지각하는 일은 시간적으로 제약되어 있다. 탄생이라는 사건이 순간에 일어나는 사건이듯이, 그리고 천체의 현상도 시시각각 변하고 특정한 한 순간에 파악될 것을 요구하듯이, 무릇 읽음이라는 행위에서는 ― 그리고 쓰기의 행위에서도 마찬가지로 ― 시간적 요소가 결정적 역할을 한다. 읽기에서 핵심 역할을 하는 이 시간적 요소가 바로 벤야민의 미메시스론의 비판적 성격을 규정한다.

"그러나 읽기나 쓰기에서 템포는 바로 그 읽기와 쓰기 과정과 떼어놓고 생각할 수 없는데, 이 빠른 속도는 유사한 것들이 사물들의 흐름에서 번개처럼 순간적으로 떠올랐다가 이내 가라앉아 잠겨버리는 템포에 정신을 참여케 하려는 노력 내지 능력과 같은 것이다. 그리하여 범속한 읽기가 ―

읽는 자가 뭔가를 이해하고자 한다면 — 모든 마법적인 읽기와 함께 공유하는 것이 하나 있다면 바로 이것이다. 즉 읽기행위는 읽는 자가 헛수고를 하지 않기 위해 결코 잊어서는 안 되는 필수적인 템포, 아니 그보다는 어떤 위기의 순간(kritischer Augenblick)에 의해 지배받는다는 점이다."
(II/1, 209 f.)

미메시스 능력은 이처럼 주체가 기호의 흐름 속에 순간적으로 번득이는 유사성의 상을 읽어내기 위해 쓰인다는 점에서 인간학적 성격을 넘어 비판적·역사철학적 의미를 띠게 된다. 「역사의 개념에 대하여」(1940)에서도 벤야민은 역사를 이렇게 읽어내기를 요구하는 어떤 "변증법적 상"으로 파악한다. "정지상태의 변증법"을 보여주는 이 상은 "현재시간"(Jetztzeit)에 읽어내어진 상으로서 '언어'적 성격을 띠며 (V, 577), 말하자면 읽는 주체와는 무관하게 존재하는 것으로 상정되는 역사주의적 상과는 달리 그것이 인식되지 않을 경우 그 상을 읽어내야 할 주체와 함께 사라져버리게 될 상으로서 각 시대에 고유하게 — '과제'로서 — 주어져 있다. 이처럼 벤야민은 읽기와 쓰기의 행위를 개인 차원에서나 역사 차원에서나 '위기의 순간'으로 파악하며, 이것이 그의 미메시스론에 표현되어 있다. 그리하여 언어가 역사적으로 인간의 미메시스 능력이 그 안으로 남김없이 변환되어 들어간, "비감각적 유사성의 완벽한 서고(書庫)"(II/1, 209)가 되었다는 그의 인간학적 명제는 이 서고를 어떻게 이용하느냐에 따라 인류에게 돌이킬 수 없는 재난을 가져올 수도 있고 또 위기를 극복할 열쇠를 줄 수도 있는 정치적 함의를 얻는다. 하지만 벤야민은 미메시스-논문을 쓸 당시 자신이 이해하는 사적 유물론에 의거한 이러한 비판적인 성찰을 위의 인용에서처럼 간접적으로만 제시할 뿐이다. 그 대신 그는 오히려 낙관적 역사철학을 명시적으로 표현하는데, 이러한 역사철학적 입장은 인간의 미메시스 능력이 마법의 힘들을 해체하는 데까지 발전할 것이라는 테제에서 가장 분명하게 드러난다.

3) 미메시스의 내재적 목표: '마법의 해체'

벤야민은 「유사성론」을 「미메시스 능력에 대하여」로 다시 고치면서 줄여 쓸 때 결미에 새로운 명제를 추가한다.

> "이처럼 언어는 미메시스적 태도의 최고 단계가 되었고 비감각적 유사성의 완벽한 서고, 그 안으로 미메시스적으로 생산하고 파악하는 이전의 능력들이 남김없이 전이되어 들어가서 마법의 힘들을 해체할 정도까지 이르게 된 매체가 되었을 것이다." (II/1, 213)

인간이 지닌 미메시스 능력의 발전이 마법을 해체하는 데까지 이른다는 이 결론적 명제는 겉보기에 모순적이다. 이 점은 「유사성론」과의 비교에서 암시되는데, 왜냐하면 이 에세이에서는 바로 이 구절이 나오기 직전에 미메시스적 요소가 언어의 마법적 측면과 동일시되었기 때문이다. 이 겉보기의 모순은 미메시스가 갖는 변증법적 전회(轉回)의 성격을 보여주며 그로써 해소될 수 있다. 즉 미메시스적 읽기는 인간의 최초의 읽기행위("읽어내기")를 특징지으며 오늘날 통상적 의미에서 범속한 읽기, 의미론적 읽기와 달리 마법적 특징을 보이긴 한다. 그러나 결국 이 미메시스적 읽기는 마법을 해체하는 결과를 가져온다. 여기에서 미메시스가 지니는, 탈마법화하는 마법이라는 자기변증법적 기능을 충분히 읽어낼 수 있다. 그러나 이러한 마법의 해체는 다른 한편 미메시스적 읽기와 범속한 읽기의 대립이 역사적으로 지양됨으로써 가능하다. 벤야민은 이러한 역사적 조건이 빠른 템포를 특징으로 하는 현대에 와서 주어졌다고 생각한다. "글쓰기와 읽기의 빠른 속도가 언어 영역에서 기호적인 것과 미메시스적인 것의 융해 과정을 상승시키리라는 것은 예상할 수 있다"(II/1, 213). 벤야민의 미메시스론이 갖는 역사철학적 구상은 두 영역, 즉 기호적인 것과 미메시스적인 것이 서로 하나였는데 역사가 흐르면서 두 영역으로 대립되어오다가 현대에 이르러 다시 지양되는 역사적 조건을 성찰하는 데 그 핵심이 있다.[26] 벤야민은 실제로 이러한 역사철학적 성격이 두드러지게 나타나는 중요한 개념을 도입하는데 그것은 곧 '비감각적 유사성'(unsinnliche Ähnlichkeit)이다. 유사성의 지각은 동일성의 범주가 중심적으로 작용하는 추상적 사고 혹은 인식의 논리에 비해 구체적 상의 지각, 즉 감성을 통한 지각에 더욱더 의존한다고 봤을 때, 이 '비감각적 유사성'은 일견 형용의 모순(contradictio in adjecto)처럼 들린

---

[26] 이러한 대립의 지양은 마치 예술과 학문, 또는 예술과 현실의 대립이 지양되는 상황에 유비된다. 미학에 대한 아도르노의 역사철학적 구상도 이런 맥락에서 이해할 수 있다. 즉 미메시스적인 것이 두드러지게 작용하는 영역으로서의 예술이 이성이 주도하는 학문 또는 합리화된 일상 현실에서 구분되는 자율 영역으로 자리매김한 것이 근대 예술의 상황이었다면 현대에 이르러 다시 예술과 현실 영역의 경직된 대립이 변증법적으로 지양될 것을 요구받은 것이다. 물론 이러한 역사철학적 진단을 공유함에도 불구하고 아도르노와 벤야민은 대중문화나 기술에 대한 입장, 그리고 두 사람이 같이 표방하는 아방가르드 미학의 전략에서 차이를 보이긴 한다.

다. 또한 동일성과 유사성의 관계와 마찬가지로 감각적 유사성과 벤야민이 말하는 '비감각적 유사성'의 관계 역시 반드시 외연의 확장관계가 아니라 갈등과 배제의 관계로 규정될 수 있기 때문에 이 관계를 자세히 살펴볼 필요가 있다. 벤야민의 미메시스에 관한 논의는 이 프로그램적인 글 이외의 저술에서는 산발적으로 등장할 뿐이지만 미메시스적인 것은 그의 사유 태도 및 사유 대상에 결정적으로 작용하고 있다. 이에 관해 상술하는 것은 벤야민의 저작 전체를 훑어가는 또 다른 작업이 될 것이다. 여기서 나는 미메시스의 변증법적 기능을 드러내는 예를 벤야민의 텍스트에서 몇 가지만 간추려 소개하고자 한다.

4) 미메시스의 변증법적 구조의 예: 놀이와 기억

벤야민의 미메시스론의 역사철학적 구상은 "마법의 극복" 내지 "신화의 극복"이라는 말로 요약할 수 있다(II/3, 958). 이때 극복은 변증법적 과정을 통해 이루어지는데, 이러한 변증법적 구조는 개별적인 미메시스적 과정과 미메시스 능력의 계통발생적 발전 과정 모두에 해당된다. 먼저 개별적 미메시스가 갖는 변증법적 구조는 미메시스의 역동성과 관련이 있다. 이 역동성을 드러내는 미메시스의 예로서 벤야민은 인간이 행한 최초의 미메시스적 행위로 추정되는 제의(祭儀)적 춤, 그리고 특히 어린아이들에게서 두드러지게 관찰되는 미메시스적 태도로서의 놀이(유희)를 든다.

"춤을 해석할 때 그 춤이 지닌 역동적 측면―무기, 도구, 영(靈)들로의 에너지 전이(轉移)―을 간과해서는 안 된다. 어쩌면 그 역동적 측면은 춤

추는 사람의 미메시스적 태도와 **변증법적** 관계에 있을 것이다."(II/3, 957. 강조는 옮긴이)

놀이의 경우 벤야민은 그것의 가장 중요한 기능 가운데 하나를 "경험의 충격적인 과정에서 공포의 요소를 완화하는" 작용에서 본다. 장난감이나 놀이에 개인적으로 유달리 관심이 많았던 벤야민은 그 주제로 여러 편의 논문과 서평들을 썼는데, 그 가운데 "놀이와 놀이기구에 대한 정신분석적 인식들"이라는 제하의 메모에 이렇게 쓰고 있다.

"아이들은 무서운 충격적 경험들을 유희를 통해 무디게 하거나, 무모하게 불러내는 일, 패러디 등을 통해 그 공포에서 벗어나려 할 뿐만 아니라 (예컨대 동화를 참조할 것) 그러한 유희를 반복함으로써 승리의 쾌감을 집중적으로 맛보기도 한다. 어른들은 그 상황을 이야기로 들려주지만, 아이들은 똑같은 상황을 거듭 만들어낸다. 어른들에게 '습관'으로서 화석화하여 공허하고 이해할 수 없게 되어버린 것이 놀이의 형식에서는 그 나름의 의미를 갖는다. 어쩌면 여기에 '놀이'라는 독일어가 갖는 이중적 의미의 뿌리가 있을지 모른다. 원래 똑같은 것을 반복한다는 것이 공통점일 것이다. 그러니까 가장 깊고 충격적인 경험을 습관적으로 반복한다는 말이다."[27] (VII/2, 814; III, 131 참조)

---

[27] 유희에 인간학적 의미를 부여하는 벤야민의 이러한 사고는 프리드리히 실러(Friedrich Schiller)의 "유희충동"을 상기하지만, 둘 사이에는 결정적 차이가 있다. 실러의 경우 유희충동의 인간학적 의미는 그의 미적 교육론의 구상에 따라 오로지

벤야민은 이 유희 개념을 「기술복제시대의 예술작품」(제2판)에서 지난 세기 이후 예술의 기능과 의미의 변화에 대한 역사철학적 성찰을 전개할 때 다시 한 번 중요한 개념으로 사용한다. 이 논문에서 그는 가상과 유희를 미메시스의 양극으로 파악하면서, 가상이 근대 이후 쇠퇴의 길로 접어든 이면에, 복제기술의 발달로 인해 유희가 인간 생활에서 차지하는 비중이 점점 커지고 있음을 지적한다. (VII/1, 368 f;『선집』제2권, 71쪽 이하 참조.)

한편 미메시스의 실천적 의미는 벤야민이 「장난감의 문화사」라는 서평에서 모방 개념의 자연주의적 이해를 비판하는 구절에서도 드러난다(III, 116). 그에 따르면 장난감을 갖고 노는 아이들이 행하는 모방행위의 본질은 그 장난감이 그 방향으로 자극하고 유도하는 어떤 표상들을 모사하고 흉내 내는 데 있는 것이 아니라 놀이행위 자체에 있다. "장난감의 표상내용이 아이의 놀이를 규정하는 것이 아니라 실제 사정은 정반대이다. …… 모방은 놀이 속에 있는 것이지 장난감 속에 있는 것이 아니다"(III, 117). 그에 따라 벤야민은 아이가 표상해야 할 내용을 자연주의적으로 정밀하게 모사한 장난감보다는 아이들이 놀

인간의 미적 유희에만 관련되어 있는 반면(Friedrich Schiller, "Über die ästhetische Erziehung des Menschen in einer Reihe von Briefen", in: *Sämtliche Werke*, 5 Bde., Bd. 5, München, 1984, pp. 570~669, 여기서는 p. 618 참조), 벤야민의 유희 개념은 이러한 미학적 성찰의 틀을 갖지 않으며, 그는 유희의 기능과 의미를 보다 더 포괄적인 경험이론적 차원에서 고찰하고 있다. 또 다른 차이는 심러적 미학에서는 "관찰"이라는 시각적 측면이 유희충동의 중심적 역할을 하는 데 비해(앞의 책, p. 657), 벤야민의 경험이론에서는 그가 「기술복제시대의 예술작품」에서 상술하고 있듯이 유희가 "습관"을 만드는 기관으로서, 시각(Optik)보다는 촉각(Taktilität)의 성격을 띠는 활동으로 규정된다(VII/1, 369, 381).

이를 통해 자신의 상상력을 발휘할 수 있는 여지를 주는 질박한 모양의 전통적 장난감을 높이 평가한다. 여하튼 놀이라는 형식의 활동을 통해 인간은 '원초적 경험의 공포를 극복'하는 법을 배우게 된다. 이 놀이는 미메시스적 태도로 특징지어지며, 이때 미메시스는 미메시스의 대상의 극복을 내재적으로 지향하는 자기변증법적 구조를 갖는 생산적 행위와 과정의 성격을 띤다.

이러한 구조를 미메시스의 마법적 측면에 적용할 경우 미메시스의 이중성이 드러난다. 벤야민에 의하면 태초의 인간에게 미메시스의 대상은 자연의 "마법적 상응관계"(II/1, 211)였으며,[28] 언어에서도 그 언어의 마법적 측면이 미메시스의 대상을 이룬다. 다른 한편 대상의 이러한 마법적 성격은 미메시스적 과정을 통해 소멸되고 극복된다. 벤야민은 그 자신이 "의태"(擬態, Mimikry)의 "천재"로 특징지은 프루스트를 염두에 둔 것처럼 보이는 한 메모에서 미메시스가 마법에 대해 갖는 이중적 관계를 언급한다.

"모방은 마법적 행위일지 모른다. 그렇지만 그와 동시에 모방자는 자연의 마법적 성격을 벗겨내는데, 그것은 그가 자연을 언어에 근접시키기 때문이다. 자연을 언어에 근접시키는 것이 바로 희극성(Komik)의 본질이다. 웃음이란 일종의 표현의 혼돈이다." (II/3, 956)

---

[28] 호르크하이머/아도르노는 정령숭배적 시대 이전에 인간의 미메시스의 대상을 "만나"(Manna)로 보는데, 이것은 자연의 배후에 숨어 있는 초자연적 힘으로서 자연과 그 자연의 일부인 인간을 지배한다고 믿은 마법적이고 영적인 존재를 지칭한다. M. Horkheimer/Th. W. Adorno, *Dialektik der Aufklärung*, Frankfurt a. M., 1969, p. 21 u. passim 참조.

프루스트에 대한 에세이(Zum Bilde Prousts, 1929)에서 벤야민은 작가 프루스트의 "유사성에 대한 열정적 숭배"(II/1, 313) 외에도 관찰에의 "호기심"(Neugier), "아첨"(Schmeichelei)(II/1, 318 f.) 등의 특성이 "모방충동"(désirer imiter)(II/1, 319)에서 유래함을 지적한다. 이러한 특성은 또한 에세이스트 내지 비평가로서의 프루스트를 뛰어난 "패러디 작가"(II/1, 318)로 만들며, 벤야민은 그를 "자아의 마법을 냉철하고 무자비하게 벗겨내는 자"(II/1, 319)로 해석한다. 벤야민은 "프루스트의 작품의 전복(顚覆)적 측면"(II/1, 316)을 작가가 탁월하게 구사하는 "위험한 희극성"과 연관하여 지적하는데, 이러한 전복적 성격은 다름 아닌 미메시스가 갖는 자기변증법적 구조와의 연관을 시사해준다. 프루스트의 희극성이 겨냥하는 세계는 작가 자신이 스스로 "속물"(Snob)로서 속한 적이 있던 부르주아지의 세계, 이미 역사를 이끌어갈 주체로서의 능력을 상실하기 시작한 부르주아의 "자기만족에 빠진 사회"(saturierte(n) Gesellschaft)(II/1, 315)이다. 그러나 이 세계를 기억을 통해 재현하는 작가의 시각은 미메시스적 태도로 특징지어진다. 왜냐하면 그것은 그가 몰락해가는 만큼 더욱 악착같이 봉건적 요소들로 자신을 치장하는 "화려한 상류사회"와 "깊은 공범관계"(II/1, 324)로 결탁하고 있기 때문이다. 즉 프루스트는 자신이 묘사하는 대상에 의식적 성찰을 통해 비판적 거리를 취하면서 접근하는 대신, 모방적 태도로 — "호기심"을 갖고, "아첨"하듯 — 대상에 밀착하여 관찰하고 또 그것을 생생하게 재현함으로써 그 대상과 자신의 자아를 감싸고 있던 마법적 껍질을 벗겨내는 것이다. 이 탈(脫)마법화 과정은 깊은 망각 속에 묻혀 있던 과거가 "무의지적 기억"(mémoire involuntaire)

의 마법사로서의 작가에 의해 "언어"를 부여받는 가운데 그것의 "말 없는 마법"(stumme Magie)이 해체되는 과정, 일종의 "번역" 과정이라고 할 수 있다. 이 언어화 과정을 통해 망각에 묻힌 과거와 더불어 현재의 자아는 마법에서 풀려나게 된다. 이 번역 과정은 무한성을 띠는데, 이런 의미에서 벤야민은 『베를린 연대기』(Berliner Chronik)에서 "기억"을 "지나간 과거에 한없이 가필(加筆)하는 능력"이라고 정의한다(VI, 476). 그리하여,

"프루스트가 유희처럼 시작했던 것이 숨 막히는 진실이 된 것이다. …… 기억은 작은 것에서 아주 작은 것으로, 아주 작은 것에서 지극히 미세하고 보잘것없는 것으로 나아가며, 이 소우주들의 세계에서 그 기억이 마주치는 것은 갈수록 엄청나게 불어난다. 이처럼 프루스트가 시작한 유희는 치명적인 유희가 되었고, 이 방면에서 그는 동료를 필요로 하지 않았던 것처럼 그를 필적할 사람 역시 다시 나타난다는 것은 기대하기 힘들다." (VI, 468)

미메시스는 프루스트적 기억의 예에서 볼 수 있듯이 그것의 대상인 마법을 해체하는 것을 숨겨진 목표로 두면서 그 자체가 마법적 성격을 띠는 탈마법화 과정을 나타낸다. 여기에서 미메시스의 이중성이 드러난다. 그렇기 때문에 우리는 미메시스의 마법적 성격과 미메시스의 대상으로서의 마법을 구별할 필요가 있으며, 미메시스의 이중성은 다름 아닌 그것의 변증법적 성격으로 해석될 수 있다. 미메시스가 미메시스의 대상에 대해 갖는 관계는 벤야민이 『파사주』에서 자신의 사

유 태도를 "압지"(壓紙)의 비유를 써서 특징짓는 구절을 상기한다. "내 사유가 신학에 대해 갖는 관계는 압지가 잉크에 대해 갖는 관계와 같다. 이 압지는 잉크를 흠뻑 빨아들인 상태이다. 하지만 그 사유가 압지와 같을 경우, 글로 씌어진 것은 아무것도 남아 있지 못할 것이다"(V/1, 588). 압지가 잉크를 빨아들이듯이 미메시스의 과정을 통해 그것의 객체가 지닌 마법적 힘은 주체에게로 전이하는 것이다. 그리고 이 과정은 객체가 주체에 의해 변증법적으로 극복되는 역사적 과정이라고 말할 수 있다.[29]

미메시스의 이중성 때문에 '언어마법'도 이중적 의미를 띠는데, 이

---

[29] 진정한 미메시스가 대상극복을 내재적 목표로 갖고 있긴 하지만, 다른 한편 이 힘은 다시 그 객체를 이용할 수 있게 하기 위해 주체에 의해 조작되는 대상으로 되고, 미메시스적 경험도 역시 대상을 동일시하는 인식으로 도구화된다. 벤야민은 자신의 미메시스론을 호르크하이머/아도르노가 『계몽의 변증법』에서 인간 이성의 계통 발생사를 비판적으로 성찰하면서 암시하고 있고 아도르노가 더 나아가 『부정적 변증법』과 『미학이론』에서 전개시킨 바 있는, '동일성 사고'(Identitätsdenken)와 미메시스적 사고 사이의 긴장관계에 대한 사변적 성찰들에까지 확장하지는 않았다. 벤야민과 아도르노의 미메시스 구상의 차이를 지적하자면, 벤야민에게서 미메시스는 역사적으로 언어 능력으로 변화한, 인간의 태곳적 능력으로 긍정적으로 나타나는 반면, 아도르노에게서는 미메시스가 "성찰된 미메시스"로 나타난다는 점이다. 아도르노에게서 진정한 미메시스는 동일성 사고에서 배제된 것, 이른바 "비일치적인 것"(das Nicht-identische) 내지 "타자"를 지각하고 경험하는 방식 혹은 그러한 요소들에 합당하고자 노력하는 사고의 의식적 태도로서 작용한다. 그리고 아도르노에서 "미메시스적 충동"은 인간의 삶의 세계가 합리화되고 과학화되어온 역사적 과정에서 예술 영역으로 후퇴하여 그 명맥을 유지하고 있을 뿐인데 반해, 벤야민의 미메시스는 그에 대립한 반대심급이 없이 모든 인간의 상위 능력에 작용하는 힘으로 나타나고 무엇보다 필적 감정학에서 엿볼 수 있듯이 무의식적인 태도로 특징지어진다. 그러니 긴드직 깅엄 개념에 대한 비판이나 "모사론"의 비판에서 나타나듯이 벤야민에게서 미메시스적 경험은 인식비판적 기능을 갖는다는 점을 고려해볼 때, 그의 미메시스 구상은 아도르노의 구상에 합치하는 측면을 보인다. 두 사람의 미메시스론은 실증주의 비판이나 주관주의 비판 등의 역사철학적 구상에서 동일한 궤도 위에 있다.

러한 '언어마법'의 이중성은 벤야민의 초기 언어철학에서도 나타난다. 언어-논문을 쓰기 몇 개월 전 벤야민은 당시 『유대인』이라는 잡지의 편집을 주관하던 마르틴 부버에게 보낸 편지에서 자신의 언어관을 피력한다. 여기서 그는 글쓰기의 목적을 언어에서 "말할 수 없는 것을 제거하는 일"이라고 규정하면서 이것이 "인식과 행위의 관계를 바로 언어적 마법(sprachliche Magie) 내부에서 암시"해준다고 말한다. 벤야민은 주장하기를, 진정한 글이란 행위에 동기 부여를 하여 촉발한다기보다 그 자체가 하나의 행위로 작용하는 글로서, 이러한 글은 바로 "말 없는 것", 언어 "내부의 가장 깊은 곳, 말 없음의 핵심"으로 언어를 이끌어가는 글이다.[30] 글쓰기에 대한 이러한 성찰은 그가 미메시스-논문에서 인간의 가장 오래된 읽기행위로서 "씌어지지 않은 것을 읽기"(II/1, 213)라고 한 언술과 같은 맥락에 있다. 미메시스적 번역 과정으로서의 이러한 읽기와 쓰기는 언어의 마법적 요소를 언어신비론적으로 실체화하는 것이 아니라 오히려 역사의 공간 속에서 "제거"하는 것에 그 내재적 목표가 있다. 언어-논문에서 벤야민이 언어의 본질로 파악한 '언어마법'이 언어의 직접성, 매체적 성격, 언어를 언어로 만드는 형성원칙을 가리킨다면, 이 언어마법적 요소가 미메시스-논문에서는 미메시스의 대상으로 나타난다. 그리고 이 언어마법적 요소는 미메시스적 읽기의 대상이고, 이 미메시스 과정에서 대상은 언어화하고 탈마법화한다.

---

30) Walter Benjamin, *Briefe I*, pp. 126~27.

5) 언어의 표현적 성격과 미메시스

벤야민은 언어의 마법적 측면이 구체적으로 언어의 어떤 요소를 가리키는지 미메시스-논문에서 분명하게 밝히고 있지 않다. 그러나 미메시스에 대한 그의 메모들과 「언어사회학의 문제들」(1935), 그리고 그 밖의 글들을 종합적으로 고찰해볼 때 그것은 "언어의 표현적 성격"(Ausdruckscharakter der Sprache)이라고 말할 수 있다. 벤야민은 『모스크바 일기』의 한 구절에서 "언어적 본질이 갖는 양극성"에 대해 언급한다. 그에 따르면 언어는,

> "표현이자 동시에 전달이다. 여기서 현재[1926~27년] 러시아 문학의 경향에 대해 우리[벤야민과 라이히]가 이미 여러 번 이야기했던 것이 상기될 수밖에 없었다. 왜냐하면 언어에서 전달적인 요소를 무자비하게 키우는[양성하는] 길로 나아갈 경우 바로 언어파괴라는 결과를 초래하기 때문이다. 이 길의 반대편의 끝은 언어의 표현적 성격이 절대적인 것을 향해 신비적 침묵의 형태로 일으키는 반란이다. 언어의 이 두 요소 가운데 최근의 경향은 내가 보기에 일단 전달 쪽에 있는 듯하다. 어떤 형태로든 간에 언제나 둘 사이의 타협이 필요하다." (VI, 331)

'전달'은 벤야민이 「언어사회학의 문제들」에서 언어의 "재현(서술) 능력"(III, 478) 내지 "의미론적 기능"(III, 479)으로 지칭하는 언어의 기능에 상응한다. 미메시스-논문을 쓰고 2년 뒤 『사회연구지』에 기고할 목적으로 언어 기원에 관한 당대의 사회학적·언어학적 연구와 언어심리학의 연구 결과들을 스스로 "배우는 자"[31]의 자세로 종합적으

로 평가, 기술한 이 논문에서 그는 인간의 언어의 뿌리를 "제스처 언어"(Gebärdensprache)로, 그리고 역사적으로 생성, 발전한 음성언어는 다름 아닌 인간이 지닌 원초적 제스처나 표정의 신체적 "표현운동"을 단지 발음을 통해 완전하게 하려는 시도에 불과하다고 보는 언어학자 패짓(R. Paget)과 주스(M. Jousse)의 이론을 여러 언어이론적 모델들 가운데 마지막으로 소개한다. 이때 그는 이들의 이론에 공감을 보내면서 그때까지의 비교적 중립적인 보고자적 태도에서 벗어나 적극적으로 자신의 입장을 드러낸다. 이와 연관하여 벤야민은 언어의 "표현적 성격"을 가령 카를 뷜러(Karl Bühler)가 강조한 언어의 재현적·의미론적 기능보다 더 근원적이고 본질적인 요소로 파악한다. 벤야민이 패짓과 주스 외에도 레온하르트(R. Leonhard)나 베르너(H. Werner)를 인용하면서 강조적으로 사용하는 언어의 "관상학적 힘들"이나 "표현운동"과 같은 용어들은 표현행위가 갖는 무의식적이면서 동시에 역동적인 성격을 암시해준다. 벤야민은 뵈메, 하르스되르퍼, 헤르더 등에 의해 역사적으로 시도되었던, 언어의 기원에 관한 소박한 "의성어적 설명방식"에 뷜러와 마찬가지로 동조하지 않음에도 불구하고, 인간의 언어를 사물언어의 미메시스적 "표현"으로 파악한다는 점에서, 다시 말해 언어와 사물 사이의 관계를 우연적 관계가 아닌 미메시스적 관계로 보는 점에서 언어에 대한 상위 차원의, 혹은 넓은 의미의 의성어적 설명의 가능성을 강하게 시사한다.[32] 어쨌든 「언어

---

31) Walter Benjamin, *Briefe II*, p. 638(숄렘에게 보낸 1934년 12월 26일자 편지).
32) 벤야민 연구자들 가운데 쇼빙거(J.-P. Schobinger)는 벤야민의 초기 언어철학에 영향을 주었거나 적어도 부분적으로 유사한 입장을 가졌던 언어철학자들의 글들을 발

사회학의 문제들」은 그 자신이 고백하듯이 미메시스-논문에서 전개한 언어이론과 동일한 사상적 맥락에 속하기 때문에 그의 "언어형이상학"이 당시의 여러 과학적 언어이론의 모델들에 대해 갖는 입장을 간접적으로 읽어낼 수 있는 자료로서 중요한 가치를 지닌다.

언어적 표현의 무의식적 혹은 비감각적 측면을 설명하기 위해 벤야민이 미메시스-논문에서 드는 또 다른 예는 '필적 감정학'이다(II/1, 208). 글을 쓴 사람의 "무의식"이 "표현"되어 나온 결과로서의 "수수께끼 상"에서 시사되는 언어의 표현적 성격은 글을 쓰는 자의 내면에서 일어나는 단순히 주관적인 심리 과정 이상의 것을 지칭한다.

앞서 인용한 표현과 전달의 양극성에 대한 벤야민의 말에서 읽어낼 수 있듯이 언어에서 표현되어 나오는 것은 말로 표현(전달)할 수 없는 어떤 것이라는 역설이 성립한다. 그가 말하는 유사한 것의 비감각성도 이러한 역설에서 연유한다고 볼 수 있다. 이렇게 볼 때 미메시스란 표현된 것의 모방이나 재현이 아니고, 그것의 숨겨진 목적은 오히려 표현할 수 없는 것의 표현을 읽어내는 데 있다.[33] 이러한 읽기는 그것의 대상인 표현할 수 없는 것을 신비주의적으로 실체화하는 일도 아니고 또 반대로 그 전달 가능한 것을 자연주의적 의미에서 복제하는 일도 아니다.

췌하여 수집했는데, 그 가운데 바로 이러한 의성어적 설명을 시도한 언어철학자들의 전통이 적지 않은 부분을 차지하고 있다. 또한 그는 벤야민의 산문양식 자체가 언어마법적 성격을 강하게 드러낸다는 것을 지적한 최초의 벤야민 해석자들 가운데 하나이다(J.-P. Schobinger, *Variationen zu Walter Benjamins Sprachmeditationen*, Basel: Stuttgart, 1979).

33) 아도르노도 『미학이론』에서 예술의 본질을 "표현 없는 것의 표현"으로 특징짓는다.

미메시스의 내재적인 목표는 미메시스의 주체를 미메시스에의 강압에서 해방하는 데 있다. 이것은 무릇 표현행위의 내재적이고 궁극적인 목적이 표현의 주체를 표현으로 강압하는 것에서 해방하는 데 있는 것과 같은 이치이다.[34] 이 주관적 표현이 아직 객관적 재현(서술)이 되지 못했다는 점에서 언어는 그것이 표현하는 것에 미치지 못한 셈이고, 다른 한편 그 표현이라는 것이 단순히 주관적인 것을 넘어서서 주체를 표현으로 강요하는 것 — 사회, 역사 — 을 표현한다는 점에서 언어는 그것이 표현하는 것 이상을 표현한다고 말할 수 있다.

5. 미메시스적 읽기의 실천적 의미

벤야민의 「유사성론」은 미메시스적 읽기에 관한 언어이론이다. 이 미메시스적 읽기는 태초의 인간에게 생존의 토대 — '유사해져야 하는 강압' — 이자 경험의 토대를 이루었다. 벤야민은 이러한 미메시스적 능력이 시간이 흐르면서 인간의 어떤 창조적 능력으로 대체되었다는 생각에 동의하지 않는다. 그에 의하면 인간이 주변세계에 적응하도록 한 원초적이고 긍정적인 능력으로서 미메시스 능력은 유사성을 지각하는 능력의 원천으로서, 역사가 흘러오면서 점차 언어 능력으로

---

34) 벤야민에게서 미메시스(표현)는 욕구이기 이전에 "강압"에서 연원한다. 이 강압에서의 해방 — 동시에 미메시스에의 욕구의 실현 — 이 바로 미메시스(표현)의 과정에서 이루어져야 할 것이다. 이와 유사한 의미에서 아도르노는 "실천"에 대해 쓰기를, "올바른 실천의 목표는 그 실천 자체를 없애는 일일 것이다"고 한다(Th. W. Adorno, "Marginalien zu Theorie und Praxis", in: *Stichworte. Kritische Modelle 2*, Frankfurt a. M., 1978, pp. 169~91, 여기서는 p. 178).

전화되어온 것이다. 하지만 이 언어의 역사적 변천 과정은 동시에 비기호적인 것의 기호화 과정이기도 하다. 그러나 이 기호화 과정은 하버마스가 말하는 언어의 "의미론적 잠재력"의 축적만을 가리키는 것이 아니라 언어가 단순한 전달 도구로 기능하게 되고 언어가 풍부해지는 그만큼 '추상화'됨으로써 그것이 원래 지녔던 명명적 힘이 사라지거나 왜곡될 위험성을 안고 있음을 의미한다. 언어의 역사적 변천 과정이 내포하는 이러한 이중적 의미에 바로 미메시스적 읽기의 역사철학적 의미가 깃들어 있다. 다시 말해 미메시스적 읽기는 역사를 '위기의 순간'으로 읽어내는 능력이고,[35] 이 위기를 극복할 수 있는 실마리를 찾아내려는 노력이며, 이러한 작업은 분석적 읽기의 자족적이고 실증적인 태도에서는 기대하기 힘든 작업이다. 문헌학을 위시하여 실증주의적인 태도가 과학활동을 지배하는 상황에서 벤야민이 언어의 '표현적 성격'을 강조한 것은, 실증적 과학이 숭배하는 사실성(Faktizität)이 갖는 신화적·마법적 힘에 대한 비판을 함축한다.

또한 벤야민의 미메시스적 읽기의 구상은 그의 언어철학에 뿌리를 둔다. 언어에 그것이 원래 지녔던 명명적 힘을 되돌려주는 것을 목표로 하는 사고와 글쓰기를 해야 한다는 자신의 초기 언어철학적 신념(I/1, 216 f. 참조)을 벤야민은 미메시스론에서 다른 형태로 전개하고 있을 뿐이다. 이때 그의 미메시스론은 어떤 주어진 현상에서 미메시

---

35) 역사의 어느 순간도 '위기의 순간'이라는 벤야민의 생각은 무엇보다 「역사의 개념에 대하여」에 잘 표현되어 있는데, 이 생각의 원천이 유대교적 메시아주의에 있음은 부인할 수 없다. 즉 이 메시아주의에 의하면 시간은 — 그와 함께 역사라는 것은 — "균질하고 공허한 시간"의 연속이 아니고 "매초가 언제라도 메시아가 들어올 수 있는 작은 문"을 의미한다(I/2, 104).

스적 관계가 작용하고 있는지를 밝혀내는 문제가 아니라, 오히려 그 미메시스적인 관계가 인식에 어떻게 유용하게 사용될 수 있느냐에 초점을 둔다. 미메시스에 대한 그의 구상의 성격을 규정짓는 이러한 인식 관심은 그의 미메시스-논문이 초기의 신학적·형이상학적 언어철학과 후기의 비판적·유물론적 역사철학을 독특하게 결합하고 있음을 드러내준다. 이 역사철학적 구상은 궁극적으로 미메시스적 읽기를 요구하고 있다. 미메시스적 읽(어내)기는 미메시스적 글쓰기와 동전의 양면을 이루며, 둘은 결국 미메시스의 과정이 생산적인 언어 발견의 과정이라는 점에서 합치한다. 그리고 이 언어 발견의 과정은 이론적 작업이기 이전에, 아니 그보다 더 실천적으로 중요한 의미를 갖는 과정이다.

미메시스는 서구 철학에서 많은 부분 재현의 논리로 편향되어 이해·논의되어왔고 여기서 많은 혼란이 야기되었다.[36] 그러나 미메시

---

[36] 포스트모더니즘의 미메시스에 대한 이해는 이중적이다(Martin Jay, "Mimesis und Mimetologie: Adorno und Lacoue-Labarthe", in: Gertrud Koch (Hrsg.), *Auge und Affekt. Wahrnehmung und Interaktion*, Frankfurt a. M., 1995 참조). 즉 포스트모더니스트들은 미메시스를 한편으로는 로고스에 봉사하는 재현의 논리로서 폄하하고, 다른 한편으로 로고스 중심주의에 대한 비판을 위해 유용한 개념적 심급으로, 즉 언어의 지시적 관계를 끊임없이 뒤흔들면서 궁극적 인식을 부정하고 인식을 상호 텍스트성, 상호 주관적인 무한한 진동(unendliches Oszillieren)으로 해체하는 데 이용한다. 따라서 포스트모더니즘은 반성철학과 주체철학의 거대주체에 관한 담론에 대한 비판에서 모더니즘과 맥을 함께하면서 인식의 포기(= 주체성 일반의 폐기)로 귀결되는 경향, 인식의 자리에 기표의 상호 텍스트적 관계, 비구속적인 시뮬라크르가 들어서는 경향에서 미메시스에 대한 모더니즘적 이해와는 대조되는 측면을 보인다. 앞서 소개한 마틴 제이의 논문을 바탕으로 이에 대한 논의를 심화한 나의 논문「미메시스와 미메톨로지—아도르노의 미메시스 구상과 오늘날의 미메시스론 연구」(『뷔히너와 현대문학』, 제18집, 한국뷔히너학회 편, 2002, 231~63쪽) 참조.

스는 재현되는 것(재현 대상)과 재현하는 것 사이의 정태적 관계를 지칭하기보다, 오히려 미메시스적 활동의 주체와 대상 사이의 역동적 관계를 지칭하는 개념으로 이해할 필요가 있다. 그리고 우리는 여기서 생겨나는 미메시스의 실천적 의미와 변증법적 성격을 주목할 필요가 있다. 이 점에서 언어와 미메시스에 대한 구상에 바탕을 둔 벤야민의 인식론과 글쓰기 작업은 바로 그에게서 미메시스가 그러한 실천적·변증법적 기능과 차원을 암시한다는 점에서 단순한 미메시스와 언어에 관한 토론을 위한 자료로서의 가치가 아니라 고도의 정치적 함의를 갖는다.

■ 옮긴이의 말

이 『선집』 제6권에 실린 텍스트들의 원전은 모두 벤야민의 『전집』 (Walter Benjamin, *Gesammelte Schriften*, Bd. I~VII, Frankfurt a. M., 1972~89)에서 취했고, 번역 시 영역본도 참조했다. 물론 벤야민의 글들을 선집에서 주제별로 묶을 때 언어 관련 글들도 역사철학을 비롯해 여타의 주제들과 중첩된다. 하지만 그 가운데서 특히 언어라는 주제를 집중적으로 다룬 글들을 이 선집에 모은 것이다.

여러 연구자들이 동의하듯이 벤야민의 사상 전체는 무엇보다도 초기에서 후기까지 관통하는 그의 언어철학적 신념과 통찰에 기초를 두고 있다고 단언할 수 있다. 그의 언어 개념은 기호학에서 말하는 '기호'와 유사하게 그 범위 또는 외연이 매우 크고 넓다. 그래서 그에게는 언어가 문자언어를 넘어 이를테면 '예술'의 언어, '법'의 언어, '기술'(技術)의 언어, 아니 특정 건물의 언어까지도 지칭한다. 그것은 말하자면 '관상학적' 읽기이다. 물론 이때 언어는 특정 법조문이나 기술 용어들을 가리키는 것이 아니다. 벤야민은, 인간과 사물의 '정신적 본질'은 그것이 언어로 전달되는 한 그것들의 '언어적 본질'과 동일하며 그렇기 때문에 예술작품의 내용도 그것의 언어와 동일하다고 말한다.

벤야민의 지적 작업은 철학 · 종교 · 역사 · 예술 · 문학 등의 분야에 집적된 정신적 구성물들에 대한 연구였고 그 대상들은 대개 언어를 매개로 표현되어 있으므로 언어적 자료를 다루었다. 이때 문헌학적 주해와 비평이 해석의 주요 방법이지만 이 방법을 더 깊이 들어가면 예술철학 · 미학 · 신학 · 정치학 등이 어우러져 있다. 그것은 탐구 대상인 언어로 표현된 모든 정신적인 것이 특정 영역으로 분류해넣을 수 없는 것과 마찬가지이다. 또한 벤야민의 넓은 의미의 언어 개념에 따르면 문자언어로 표현된 것만이 비평 대상을 이루는 것이 아니다. 자연 또는 현실 전체가 언어적 표현들이고 텍스트이며 책들이다. 그렇기 때문에 그는 『파사주』 프로젝트에 관해 이렇게 말한다. "자연의 책이라는 말은 현실적인 것을 하나의 텍스트처럼 읽을 수 있다는 점을 가리킨다. 여기서도 19세기의 현실을 그처럼 다루게 될 것이다. 우리는 일어난 일들의 책을 펼친다"(N 4, 2=V, 580). 이처럼 그는 현실을 언어로 읽어낸다. 그리고 당연한 이야기이지만 침묵의 언어도 있듯이 텍스트 내에서도 언어로 표현되지 않는 것을 읽어낸다. 아도르노에서도 그렇듯이 예술이 말할 수 없고 표현할 수 없는 것의 표현이고, 그것을 읽어내는 것이 비평의 과제이다. 이러한 읽기는 역사 전체에도 적용된다. 따라서 중요한 것은 벤야민의 읽(어내)기는 "씌어지지 않은 것을 읽기"라는 점이다. 그것도 이미지로서, "정지 상태의 변증법"으로서 읽어낸다. 그리고 언어는 직접적 영향을 미치기 때문에 어떤 의미에서 글쓰기는 언어를 매개로 이루어지는 '정치적'인 실천이다.

이 선집을 위해 선별한 텍스트들은 다음과 같다. 텍스트들의 탄생 배경과 성격의 일부는 해제에서 설명했지만 다시 한 번 요약해보기로 한다.

● 언어 일반과 인간의 언어에 대하여(1916)

초기 벤야민의 언어관의 핵심이 표현된 언어철학(언어신학, 언어형이상학)적 트락타트이다. 벤야민은 이 논문에서 언어가 사람들 사이에 약속된 기호체계이고 의사소통을 위한 단순한 도구라는 통상적 언어이해, 그리고 말과 사태의 본질을 동일시하는 언어신비론을 둘 다 비판하면서 언어의 본질에 대한 기본적 성찰들을 전개한다. 그 중 특히 '언어마법', 넓은 의미의 '번역', 언어의 '매체적 성격'에 대한 성찰은 주목할 만하다.

● 미래철학의 프로그램에 대하여(1918)

이 글은 미래의 철학이 칸트 철학의 틀을 바탕으로 진정한 인식을 추구할 것을 주문한다. 그는 철학이 칸트적 인식에서 제대로 포착되지 못한 경험, 특히 진정한 경험으로서 종교적 경험을 논리적으로 포착하고 표현하는 데까지 이르러야 하며, 이러한 인식은 칸트 철학이 추구하는 수학적이고 기계론적 방향의 인식 개념을 언어에 정향함으로써 얻을 수 있다고 주장한다. 칸트가 살던 당시 요한 게오르크 하만 (Johann G. Hamann)이 비판한 대로 벤야민 역시 철학이 이성보다 언어에 정향할 것을 강조한다.

● 번역자의 과제(1923)

본격적인 번역이론이라기보다 번역학의 '서문'에 가까운 이 글은 벤야민이 보들레르의 시집 『악의 꽃』에 들어 있는 「파리의 풍경」을 독일어로 번역·출간하면서 그 서문으로 쓴 것이다. 이 논문에서 그는 언어-논문에서 피력한 자신의 기본 입장을 다시 한 번 확인한다. 그는 언어-논문에서 넓은 의미의 번역 개념을 설파한 것과는 달리 여기서는 구체적인 문학작품을 번역하는 일이 갖는 의미를 천착한다. 또한 그는 언어-논문에서 전개한 성찰들을 이어받아 언어들 사이의 '근친성' '순수언어', 언어의 '메시아적 성장'에 관한 비전을 제시한다. 나중에 자크 데리다와 폴 드 만 등 해체주의자들이 집중적으로 논의했던 에세이이다.

● 인식비판적 서론(1925)

3장으로 이루어진 『독일 비애극의 원천』의 제1장에 해당하는 글로서 초기 벤야민의 언어관이 잘 드러나 있다. 언어가 지니는 범속한 의미를 넘어서는 "상징적 성격"을 강조하는 그는 플라톤의 이데아론에 기대어 인식론적 성찰을 전개하면서 언어에게 그것이 원래 지녔던 명명하는 권위(힘)를 되돌려주는 해석과 글쓰기를 해야 한다는 자신의 초기 신념을 재확인하고 있다. 이 책의 본문에서 벤야민은 상투적인 예술철학과 문헌학의 연구방법을 비판하면서 스스로 바로크 비애극들의 언어적 자료들이 보여주는 형식언어적 특성들에서 언어의 상징적 성격을 읽어냄과 동시에 그 언어적 자료를 통해 표현된 그 시대의 역사적 경험을 역사철학적으로 읽어내려 한다.

● 유사성론(1933)

언어-논문을 쓰고 17년이 지난 뒤 미메시스의 관점에서 다시 쓴 언어이론이다. 유사성 관계에 대한 생각은 그 자신이 프루스트의 '무의지적 기억'에서 영향을 받은 것으로 추정되며, 또한 『1900년경 베를린의 유년시절』을 쓰다가 미메시스 능력에 대한 구상이 떠올랐다고 밝힌다. 음성언어와 문자언어와 의도 사이에 '비감각적 유사성'을 상정하는 그는 미메시스 능력이 바로 그러한 유사성을 읽어내는 능력이라고 말하면서 '기호적' 읽기와 '마법적' 읽기라는 읽기의 두 층위를 구별한다.

● 미메시스 능력에 대하여(1933)

「유사성론」을 쓴 뒤 얼마 지나지 않아 이를 다시 축약하여 쓴 논문으로서 신비론적 용어를 의도적으로 줄인 흔적이 엿보인다.

● 언어사회학의 문제들(1935)

사회연구소의 위촉을 받아 쓴 글로서 당시의 언어학, 특히 언어사회학과 언어심리학 및 인류학 분야에서 언어와 관련되어 연구되고 있는 상황을 총괄적으로 개관하며 논평한 글이다. 여기서 그는 2년 전에「유사성론」에서 잠시 성찰한 적이 있는 언어 기원에 대한 의성어적 해석방식을 현대의 언어와 언어연구의 상황에 적용한다. 그는 자신의 논평을 패짓과 주스와 같은 학자들이 제기한 언어에 관한 통찰들로 이끌어가면서 이들의 주장을 통해 지금까지 "사람들이 좁은 의미의 미메시스적 이론이라고 칭할 수 있는 낙후된 의성어적 이론에 대해 매우 넓은 의미의 미메시스적인 이론이 맞서게 된 셈이다"라고 말하면서 언어는 근본적으로 "신체를 통한 표정적 표현운동"이라는 결론을 내린다.

그 밖에 [보충자료]에 언어에 대한 성찰이 담긴 비교적 짤막한 글들을 모아놓았다. 우선 1916년 언어-논문을 쓰기 직전 마르틴 부버에게 보낸 편지는 언어와 글쓰기에 대한 벤야민의 통찰과 신념을 최초로 피력한 글로서 주목할 필요가 있다. 아울러 같은 해에 쓴, 비극과 비애극의 장르와 언어적 특성을 다룬 두 논문「비애극과 비극」과「비애극과 비극에서 언어의 의미」는 『독일 비애극의 원천』에서 본격적으로 전개할 성찰들의 서곡이자 그 요약이라고 할 수 있다. 한편「유비와 근친성」(1919)은 유사성 현상들의 스펙트럼에서 미세하면서 중요한 차이들을 성찰한 글이다. 또한「유사성론」에서 언급하고 있는 데서도 알 수 있듯이 평소 필적 감정학에 관심이 많았던 벤야민은 당시 클라게스와 더불어 이 분야에서 괄목할 만한 연구서를 발표한「안야와 게오르크 멘델스존: 필적을 통해 본 인간」(1928)을 서평하면서 언어의 표현성과 신체성을 다룬다. 그리고「벌라주와의 대화에 대한 기록」(1929)에서 벤야민은 언어 발전의 기원에 대한 독특한 사변을 전개한다.

「점성술에 대하여」(1932)는 「유사성론」을 쓸 무렵 적어둔 메모이다. 그 밖에 「유사성론」과 「미메시스 능력에 대하여」와 관련된 노트들(1934~35)은 벤야민이 그 두 논문을 쓸 무렵 적어둔 생각들로서 두 논문을 이해하는 데 도움을 준다. 「말과 이름의 대립적 측면」(1933) 역시 「유사성론」을 쓰고 나서 17년 전의 언어-논문과 비교하여 적어둔 메모이다. 미소가 지니는 미메시스적 태도의 측면을 다룬 단편 「미소」는 보들레르 논문과 연관되는 듯이 보인다. 그 밖에 서평 「회닉스발트: 철학과 언어. 문제비판과 체계」(1939)는 당시 신칸트주의 철학의 인식론과 저자의 언어에 대한 피상적 이해를 날카롭게 비판한 글인데, 앞부분에서 근대 철학의 흐름을 나름대로 요약하고 있으므로 주목할 만하다.

벤야민의 언어에 대한 성찰은 그 밖에도 여러 글들에 산발적으로 들어 있다. 한편 미메시스에 대한 중요한 성찰로서 「기술복제시대의 예술작품」 제2판을 들 수 있다(『선집』 제2권, 71쪽 이하; 각주 20).

어쨌든 언어와 관련된 벤야민의 중요한 글들을 모은 이번 『선집』 제6권의 출판을 계기로 벤야민의 사상에 대한 연구뿐만 아니라 오늘날 언어·번역·미메시스·매체 등에 대한 토론이 활성화될 수 있는 발판이 마련되기를 기대해본다. 아울러 베를린에서 유학 중이면서 틈틈이 메일로 번역 교정 제안을 해준 임석원 님과 선집 출간을 열성을 다해 도와준 도서출판 길의 이승우 편집장에게 심심한 감사의 말을 전한다.

2008년 6월

최성만

● 차례 ●

■ 해제: 발터 벤야민 사상의 토대: 언어 – 번역 – 미메시스 ——— 5
■ 옮긴이의 말 ————————————————— 59

언어 일반과 인간의 언어에 대하여 ————————— 69
미래 철학의 프로그램에 대하여 —————————— 97
번역자의 과제 ——————————————————— 119
인식비판적 서론 ————————————————— 143
유사성론 ————————————————————— 197
미메시스 능력에 대하여 —————————————— 209
언어사회학의 문제들 ——————————————— 217

보충자료

마르틴 부버에게 보내는 편지 —————————————— 267
비애극과 비극 ———————————————————— 275
비애극과 비극에서 언어의 의미 ——————————— 283
유비와 근친성 ———————————————————— 291
[서평] 안야와 게오르크 멘델스존: 필적을 통해 본 인간 —— 299
벌라주와의 대화에 대한 기록 ———————————— 309
점성술에 대하여 —————————————————— 313
「유사성론」과 「미메시스 능력에 대하여」 관련 노트 ———— 319
말과 이름의 대립적 측면 —————————————— 327
미소 ————————————————————————— 333
[서평] 회닉스발트: 철학과 언어. 문제비판과 체계 ———— 337

● 일러두기
고딕체는 원문에서 이탤릭체로 강조한 부분임.
(   ) 괄호는 원문에서 직접 쓴 부분이거나 옮긴이가 한자·원어 병기를 한 부분임.
〔   〕 괄호는 옮긴이의 추가 설명 부분임.
〔원주〕 표시가 없는 주(註)는 옮긴이 주임. 간혹 전집 편집자가 밝힌 전거가 있을 경우 그것을 표시했음.

언어 일반과 인간의 언어에 대하여
(1916)

Walter Benjamin, *Gesammelte Schriften*, Frankfurt a. M., 1972~89, Bd. II/1, pp. 137~40. (Über Sprache überhaupt und über die Sprache des Menschen)

인간의 정신적 삶을 표출한 것은 모두 일종의 언어로 파악될 수 있다. 그리고 이러한 견해는 진정한 방법론만 적용한다면 어디서든 새로운 문제들을 제기한다. 우리는 음악의 언어나 조형예술의 언어를 이야기할 수 있고, 법정의 언어도 이야기할 수 있다. 이때 법정의 언어라 함은 독일 법률이라든지 영국 법률이 성문화될 때 쓰인 언어와는 직접적으로 아무 상관이 없다. 또한 우리는 기술의 언어라는 것도 이야기할 수 있는데, 이 기술의 언어 역시 기술자들이 사용하는 전문어라는 뜻이 아니다. 언어는 이러한 맥락에서 볼 때 각각의 해당 대상에서, 즉 기술·예술·법률 또는 종교라는 대상에서, 정신적 내용의 전달(Mitteilung, 의사소통)을 지향하는 원칙을 의미한다. 요컨대 정신적 내용을 전달하는 것이면 모두 언어이다. 이때 말로 전달하는 것은 특수한 경우에 불과하다. 즉 말로써 하는 전달은 인간의 언어의 경우이고 그 언어의 근저에 놓여 있거나 그 언어에 근거를 둔 언어(법정, 시문학)의 경우일 따름이다. 언어의 존재는 어떤 의미에서든 항상 언어가 내재되어 있는 인간의 정신적 표출의 제반 영역에만 뻗쳐 있는 것이 아니라 모든 것에 뻗쳐 있다. 살아 있는 자연에서든 살아 있지 않은 자연에서든 어떤 방식으로 언어에 참여하고 있지 않은 사건이나 사물이라는 것은 없다. 왜냐하면 어떠한 사건이나 사물이든 본질적으로 자체의 정신적 내용을 전달하게끔 되어 있기 때문이다. 하지만 이러한 용법에서 "언어"라는 말은 전혀 메타포가 아니다. 왜냐하면 우리가 자체의 정신적 본질을 표현으로 전달하지 않는 어떠한 것도 표상할 수 없다는 것은 온전한 내용적 인식이기 때문이다. 물론 그러한 전달과 가상적으로 (또는 실제로) 결부된 의식의 정도가 크거나 작을 수 있다. 하지만 그러한 의식의 정도 차이에도 불구하고 우리가 언어의 완전한 부재상태를 어떠한 것에서도 표상할 수 없다는 사실은 변함이 없다. 언어와 전혀 아무런 관련도 맺지 않은 존재가 있다면 그것은 하나의 이념이다. 그러나 이러한 이념은 그 전체 영역이 신의 이념을 지칭하는 이념들의 영역에서도 생산적으로 작용할 수 없다.

    이런 가정에서 보자면 무릇 표현이란 그것이 정신적 내용의 전달인 한에서 언어에 귀속시킬 수 있다는 것만은 맞는 말이다. 또한 그 표현이란 그것의 온전하고 내밀한 본질에 따라 볼 때 오로지 **언어**로 이해될 수 있다. 다른 한편 우리는 어떤 한 언어적 존재를 이해하려면 그것이 대체 어떤 정신적 존재에 대한 직접적 표현인지 묻지 않을 수 없다. 다시 말해 이를테면 독일어는 우리가 그 독일어를 **통해** — 짐짓

— 표현할 수 있는 모든 것에 대한 표현이 결코 아니다. 오히려 독일어는 그 독일어 속에서 전달되는 것〔**스스로** 전달하는 것, sich mitteilt〕의 직접적 표현이다. 이 "스스로"(sich)가 정신적 본질이다. 이로써 자명해지는 것은, 우선 언어 속에서 전달되는 정신적 존재는 언어 자체가 아니라 뭔가 그것과는 다른 것이라는 점이다. 한 사물의 정신적 본질이 바로 그 언어에 있다는 견해 — 이 견해는 가설로 이해할 경우 모든 언어이론이 그 속으로 추락할 위험이 있는 거대한 심연이며[1] 이 심연 위에, 다름 아닌 바로 그 심연 위에 떠서 자신을 유지하는 것이 언어이론의 과제이다. 정신적 본질과 그것이 전달되는 언어적 본질을 구별하는 일은 언어 이론적 연구에서 가장 먼저 해야 할 구별이며, 그 둘의 차이는 의심의 여지가 없어 보인다. 그리하여 종종 주장된 정신적 본질과 언어적 본질의 동일성은 해명할 수 없는 심원한 역설을 이루며, 이 역설의 표현을 우리는 로고스라는 말이 갖는 이중적 의미에서 발견했다. 그럼에도 이 역설은 이미 해답이 되어 언어이론의 중심에 자리 잡았고, 그렇지만 역설로 남아 있으며, 그 역설이 시초에 놓여 있는 곳에서 해결 불가능한 채로 남아 있다.

언어는 무엇을 전달하는가? 언어는 그 언어에 상응하는 정신적 본질을 전달한다. 이 정신적 본질이 언어 **속에서** 전달되는 것이지 언어를 **통해** 전달되는 것이 아니라는 것을 아는 것이 핵심이다. 따라서 언어를 말하는 사람이란, 우리가 그 사람을 그 언어를 **통해** 스스로를

---

[1] 〔원주〕 아니면 그것은 오히려 모든 철학하기의 심연을 이루는 이 가설을 시초에 두려는 유혹일까?

전달하는 사람이란 뜻으로 이해한다면 존재하지 않는다. 정신적 본질은 언어 속에서 자신을 전달하지 언어를 통해서 전달하지 않는다. — 다시 말해 정신적 본질은 외부에서 보면 언어적 본질과 동일하지 않다. 정신적 본질은 그것이 전달 가능한 한에서 언어적 본질과 동일하다. 한 정신적 본질에서 전달 가능한 것이 그 본질의 언어적 본질이다. 따라서 언어는 사물들이 지닌 각각의 언어적 본질을 전달하며, 언어가 그 사물의 정신적 본질을 전달하는 것은, 그것이 언어적 본질에 직접적으로 들어 있는 한에서, 즉 그것이 전달 가능한 한에서이다.

언어는 사물의 언어적 본질을 전달한다. 그러나 이 언어적 본질의 명백한 현상은 언어 자체이다. 언어가 무엇을 전달하느냐에 대한 답은 이렇다. **모든 언어는 자기 자신을 전달한다.** 가령 여기 있는 이 전등의 언어는 전등을 전달하는 것이 아니라 — 왜냐하면 전등의 정신적 본질은 그것이 **전달 가능한** 한에서 전등 자체가 아니기 때문이다 — 언어로서의 전등, 전달 속의 전등, 표현 속의 전등을 전달한다. 왜냐하면 언어란 **사물의 언어적 본질이 그것의 언어**라는 사정을 갖기 때문이다. 언어이론에 대한 이해는 바로 이 문장을 동어반복의 기미까지 완전히 없앤 명징(明澄)한 문장으로 만드는 데 달려 있다. 그 문장이 동어반복이 아닌 까닭은 그 문장이, 한 정신적 존재에서 전달 가능한 것이 그것의 언어이다를 뜻하기 때문이다. 이 "이다"(즉 "직접적으로 …… 이다")에 모든 것이 기초한다. — 바로 앞서 이야기한 것처럼 한 정신적 존재에 전달 가능한 것이 가장 명징하게 그것의 언어 속에 **나타나는** 것이 아니라 이 전달 가능한 것이 직접적으로 언어 자체인 것이다. 달리 말해 한 정신적 존재의 언어는 곧 그 존재에서 전달 가능한 것이다. 한 정신적 존재에서 전달 가능한 것, 바로 이것 **속에서** 그것이 전달된다. 즉 모든 언어는 자기 자신을 전달한다. 또는 더 정확히 말해 모든 언어는 자기 자신 속에서 전달되며, 언어는 가장 순수한 의미에서 전달의 "매체"(Medium)이다. 이 매체적인 것, 이것이 모든 정신적 전달의 **직접**성(*Unmittel*barkeit)이며 언어이론의 근본문제이다. 그리고 우리가 이 직접성을 마법적이라고 부른다면, 언어의 근원적 문제는 바로 그것의 마법성(Magie)이다. 그와 동시에 언어의 마법이라는 말은 또 다른 말을 지시하는데, 그것은 언어의 무한성(Unendlichkeit)이다. 이 무한성은 직접성에 의해 생겨난다. 왜냐하면 언어를 **통해** 자신을 전달하는 것이 아무것도 없기 때문에 언어 속에서 자신을 전달하는 것은 외부에서 제한되거나 측정될 수 없기 때문이다. 또한 그렇기 때문에 모든 언어에는 그것의 통분 불가능한, 유일한 종류의 무한성이 내재한다. 언어의 언어적 본질이 언어의 한계를 지시하는 것이지, 언어가 지닌 말로 표현되는 내용들이 언어의 한계를 지시하는 것은 아니다.

사물의 언어적 본질은 사물의 언어이다. 이 문장을 인간에게 적용하면, 이것은 인간의 언어적 본질은 그 인간의 언어라는 뜻이다. 다시 말해 인간은 자기의 고유한 정신적 본질을 그 자신의 언어 **속에서** 전달한다. 인간의 언어는 하지만 말로 표명된다. 따라서 인간은 자신의 정신적 본질을 (이것이 전달 가능한 한에서), 다른 사물들을 명명(命名)함으로써 전달한다. 그러나 우리는 사물들을 명명하는 또 다른 언어들을 알고 있을까? 우리가 인간의 언어 이외에 다른 어떤 언어도 알지 못한다고 반박할 수 없을 것이다. 그것은 옳지 않다. 단지 우리는 인간의 언어 이외에 다른 어떠한 **명명하는** 언어도 알지 못할 뿐이다. 명명하는 언어를 언어 일반과 동일시하는 언어이론은 심오한 통찰을 놓치게 된다. — **따라서 인간의 언어적 본질은 인간이 사물을 명명한다는 점이다.**

무엇을 위해 명명하는가? 인간은 누구에게 자신을 전달하는가? — 그러나 이 물음은 인간에게는 다른 전달들(언어들)에서와는 다른 물음이다. 전등은 누구에게 자신을 전달하는가? 산맥은? 여우는? — 이에 대한 답은 인간에게이다. 그것은 신인동형설[Antropomorphismus, 인간 중심주의]이 아니다. 이 답변의 진실은 인식에서 입증되고 어쩌면 예술에서도 입증된다. 더욱이 전등과 산맥과 여우가 인간에게 전달되지 않는다면 인간은 그것들을 어떻게 명명한단 말인가. 하지만 인간은 그것들을 명명한다. 인간은 그것들을 명명함으로써 자신을 전달한다. 누구에게 전달하는가?

이 물음에 답하기 전에 인간은 어떻게 자신을 전달하는지 다시 한 번 검토할 필요가 있다. 하나의 깊은 차이, 하나의 대안을 제시하여 그 대안 앞에서 언어에 대한 본질적으로 잘못된 견해가 확연히 드러나도록 할 수 있다. 인간은 자신의 정신적 본질을 그가 사물에 부여하는 이름들을 **통해** 전달할까? 아니면 그 이름들 **속에서** 전달할까? 이 물음의 역설 속에 그 답이 들어 있다. 인간이 자신의 정신적 본질을 이름들을 **통해** 전달한다고 믿는 사람은 그가 전달하는 것이 자신의 정신적 본질이라는 것을 가정할 수 없다. 왜냐하면 그것은 사물들의 이름들, 즉 그가 한 사물을 지칭하는 말들을 통해 일어날 수 있는 일이 아니기 때문이다. 그는 자기가 한 사물을 다른 사람에게 전달한다고 가정할 수 있을 뿐이다. 그 까닭은 이러한 일이 내가 한 사물을 지칭하는 말을 통해 일어나기 때문이다. 이러한 견해가 언어에 대한 통속적 견해이고, 이것이 근거 없고 공허하다는 점은 다음의 논의에서 더욱 분명해질 것이다. 그러한 견해는 전달의 수단이 말이고, 전달의 대상은 사태이며, 전달의 수신자는 사람이라는 것을 뜻한다. 그에 맞서는 다른 언어관에 따르면 전달의 수단도 대상도 수신자도 없다. 이 언어관에 따르면 **이름들 속에서 인간의 정신적 본질은 자신을 신에게 전달한다.**

이름(der Name)은 언어 영역에서 오로지 이 의미, 이와 같은 지고의 의미를 갖는다. 즉 이름은 언어의 가장 내밀한 본질 자체이다. 이름은 그것을 **통해** 아무것도 전달되지 않고, 그것 **속에서** 언어 자체가 스스로를 절대적으로 전달하는 무엇이다. 이름에서는 전달되는 정신적 본질이 언어이다. 정신적 본질이 전달 속에서 절대적 전체성을 갖는 언어 자체인 곳에서만 이름이 존재하고, 또한 그곳에서 언어만이 존재한다. 인간의 언어의 유산으로서 이름은 **언어 일반**이 인간의 정신적 본질임을 보증한다. 또한 그렇기 때문에 모든 정신적 존재들 가운데 인간의 정신적 본질만이 남김없이 전달 가능하다. 이 점이 인간의 언어와 사물의 언어가 구별되는 근거이다. 그러나 인간의 정신적 본질이 언어 자체이기 때문에, 인간은 언어를 통해서가 아니라 언어 속에서 자신을 전달할 수 있다. 인간의 정신적 본질로서의 언어가 갖는 이 내포적 총체성의 총괄 개념이 이름이다. 인간은 이름을 부여하는 존재이고, 여기서 우리는 인간에게서 순수언어가 발현됨을 알 수 있다. 모든 자연은 그것이 전달되는 한에서 언어 속에서 전달되고, 궁극적으로 인간 속에서 전달된다. 그렇기에 인간은 자연 만물의 영장이고 사물들을 명명할 수 있다. 사물의 언어적 본질을 통해서만 인간은 자신으로부터 사물들의 인식에 도달한다 — 즉 이름 속에서. 신의 창조는 사물들이 자신의 이름을 인간으로부터 부여받는 가운데, 인간으로부터 이름 속에서 언어가 발현되는 가운데 완성된다. 우리는 이름을 언어의 언어라고 지칭할 수 있고 (여기서 2격은 수단의 관계가 아니라 매체의 관계를 나타낸다는 전제 아래), 또한 이 의미에서 인간이 이름 속에서 말하기 때문에 인간이 언어의 발화자가 되며, 바로 그렇기 때문에 그 언어의 유일한 발화자가 된다. 인간을 발화자로 지칭함으로써 모든 언어는 이러한 형이상학적 인식을 내포한다. (발화자로서의 인간은 이를테면 성서에 따르면 이름을 부여하는 자로 나타난다. "인간이 온갖 살아 있는 짐승을 이름 붙인 대로 그 짐승들은 불릴 것이다.")

하지만 이름은 마지막 외침〔알림〕이기만 한 것이 아니라 언어의 본래적인 부름〔이름 붙이기〕이기도 하다. 이로써 이름에서 언어의 본질적 법칙이 나타나는데, 이 법칙에 따르면 자신을 알리는 행위와 다른 모든 것을 부르는 행위가 하나이다. 언어와 언어 속의 정신적 본질은 오로지 그것이 이름 속에서 말하는 곳에서만, 다시 말해 보편적인 명명행위 속에서 순수하게 자신을 알린다. 그리하여 이름에서 절대적으로 전달 가능한 정신적 본질로서의 언어의 내포적 총체성과 보편적으로 전달하는 (명명하는) 본질로서의 언어의 외연적 총체성이 정점에 이른다. 언어가 그것의 전달적 본질, 그것의 보편성에 따라 볼 때 불완전한 것은 그 언어에서 발현되는 정신적 본질이 그것의 전체적 구조에서 언어적이 아닌 곳, 즉 전달 가능하지 않은 곳에서이다. 오로지 **인간만이 보편성과 집약성에서 완벽한 언어를 지닌다.**

이렇게 인식할 때 이제 혼란에 빠질 위험 없이 지고의 형이상학적 중요성을 가지면서 이 자리에서는 지극히 명징하게 우선 용어상의 물음으로서 제기될 수 있는 어떤 물음이 가능해진다. 곧 정신적 본질, 인간의 본질만이 아니라 (그것은 필연적이므로) 사물들의 본질까지도, 그리하여 정신적 본질 일반을 언어 이론적 관점에서 언어적 본질로 지칭할 수 있느냐이다. 정신적 본질이 언어적 본질과 동일하다면 사물은 그것의 정신적 본질에 따라 전달의 매체이다. 그리고 그 매체 속에서 전달되는 것은 매체적 관계에 따라 볼 때 바로 이 (언어라는) 매체 자체이다. 언어는 그렇다면 사물들의 정신적 본질이다. 정신적 본질은 그에 따라 처음부터 전달 가능한 것으로 설정되며, 아니 오히려 전달 가능성(Mitteilbarkeit) **속으로** 설정된다. 그리고 사물들의 언어적 본질이 그것들의 정신적 본질과 — 후자가 전달 가능한 한에서 — 동일하다는 테제는 "……한에서"라는 단서에서 동어반복이 된다. **언어의 내용이라는 것은 없다. 전달로서 언어는 어떤 정신적 본질, 즉 전달 가능성 일반을 전달한다.** 언어들 사이의 차이는 말하자면 밀도에 따라, 즉 정도에서 구별될 뿐인 매체들의 차이이다. 그것도 전달에서 전달하는 자(명명하는 자)의 밀도와 전달 가능한 것(이름)의 밀도라는 두 가지 관점에서 그러하다. 순수하게 나뉘어 있으면서 인간의 이름언어(Namensprache)에서만 합치되는 이 두 영역은 물론 끊임없이 상응한다.

언어의 형이상학이라는 관점에서 볼 때 정신적 본질이 정도 차이만을 갖는 언어적 본질과 등치됨으로써 모든 정신적 존재의 등급상의 차이가 생겨난다. 이 등급화는 정신적 본질의 내면에서 발생하며 어떠한 상위의 카테고리 아래에 귀속시킬 수 없으며, 그에 따라 그것은 모든 정신적 본질을 스콜라 철학에서 익히 알려진 바와 같이 현존 등급 또는 존재 등급에 따라 구별하는 방향으로 나간다. 그렇지만 정신적 본질과 언어적 본질의 등치는 언어이론적 관점에서 지고의 형이상학적 의미를 갖는다. 그 까닭은 그것이 언어철학의 중심에서 마치 자동적으로 그런 것처럼 거듭 제기되면서 언어철학과 종교철학의 내밀한 결합을 이루어온 개념으로 이끌기 때문인데, 계시(啓示) 개념이 바로 그것이다. — 모든 언어적 형상화 과정 내부에서는 명백하게 언명된 것과 언명할 수 있는 것, 그리고 언명할 수 없고 언명되지 않은 것 양편의 대립이 지배해왔다. 이 대립을 고찰해보면 우리는 언명할 수 없는 것의 전망 속에 동시에 마지막 정신적 본질을 보게 된다. 그런데 정신적 본질과 언어적 본질을 등치하는 가운데 둘 사이의 반비례 관계가 극복된다는 점은 명백하다. 왜냐하면 여기서 제시되는 테제는, 정신이 심오하고 현존적이며 현실적일수록 그 정신은 그만큼 더 명백하게 언명할 수 있는 것이며 언명된 것이라는 점인데, 이처럼 정신과 언어의 관계를 전적으로 명백한 관계로 만드는 일이 바로 위의 등치 관계의 의미이기 때문이다. 그리하여 언어적으로 가장 현존적인 표현, 즉 가장 단단하게 규정된 표현, 언어적으로 가장 충만하고 확고한 것, 한마디로 가장 명백하게 언명된 것이 동시에 순수하게 정신적인 것이 된다. 계시 개념이 바로 그것을 의미한다. 물론 이것은 계시 개념이 말씀의 불가침성을 그 말씀 속에서 언명되는 정신적 본질의 신성함에 대한 유일하고 충분한 조건이자 표지로 여길 경우이다. 종교에서 지고의 정신적 영역은 (계시 개념 속에서) 또한 언명할 수 없는 것이라는 것을 모르는 유일한 영역이다. 왜냐하면 그 영역은 이름 속에서 불리고 계시로서 언명되기 때문이다. 그러나 여기서 예고되는 사실은, 종교에서 나타나는 것 같은 지고의 정신적 본질만이 인간과 인간 속의 언어에 순수하게 바탕을 둔다는 점이다. 이에 비해 시문학을 위시한 예술은 모두 언어정신(Sprachgeist)의 최종적인 총괄 개념에 바탕을 두는 대신 사물적 언어정신에 — 그것의 완성된 아름다움 속에서일지라도 — 바탕을 둔다. "**언어**, 이성의 **어머니**이자 **계시**, 그것의 알파와 오메가"라고 하만[2]은 말했다.

언어 자체는 사물들 자체 속에서는 완전하게 표명되어 있지 않다. 이 문장은 비유적 의미와 감각적 의미에서 이중적 뜻을 갖는다. 사물들의 언어는 불완전하고 말이 없다. 사물들은 순수한 언어적 형식원칙인 음성(Laut)이 없다. 사물들은 오로지 다소 소재(素材)적인 공동체를 통해 서로 의사소통할 수 있다. 이 공동체는 언어 전달의 공동체처럼 직접적이고 무한하다. 그 공동체는 마법적이다(왜냐하면 물질의 마법이라는 것도 있기 때문이다). 인간의 언어가 갖는 탁월함은 그 언

---

[2] Johann Georg Hamann, 1730~88 : 독일의 철학자·시인·종교사상가. 이마누엘 칸트 외에 요한 헤르더, 모제스 멘델스존, C. F. 니콜라이, J. 야코비 등과 넓은 교우관계를 가졌다. 계몽사상의 이성주의를 비판하고 감성적 경험을 숭히 여긴 입장을 바탕으로 성서를 통해 신의 말씀, 즉 계시로부터 인간과 세계, 신앙과 언어, 구제의 해명을 시도하였다. 19세기 이후 그는 슈트름 운트 드랑[질풍노도], 경건주의의 신앙각성 운동의 고무자, 독일 낭만주의 선구자로 높이 평가되었다. 또한 쇠렌 키르케고르, 자유주의 신학자, 변증법 신학자도 그의 사상을 높이 평가했다.

어가 사물들과 맺는 마법적 공동체가 비물질적이고 순수하게 정신적이라는 점이다. 음성이 바로 그것의 상징이다. 성서는 이 상징적 사실을 신이 인간에게 숨결(Odem)을 불어넣었다고 말하면서 증언해준다.[3] 이 숨결은 생명이자 정신이고 또 언어이다. —

다음에서 언어의 본질이 「창세기」 제1장에 토대를 두고 고찰될 터인데, 이것은 성서를 해석하기 위한 것도 아니고 성서가 이 자리에서 계시된 진리로서 객관적으로 성찰의 토대로 제시된다는 뜻도 아니다. 오히려 언어의 본성을 두고 성서 텍스트에서 도출될 수 있는 것을 찾아보자는 뜻이다. 우선 이 점에서 성서는 불가결하다. 그 까닭은 여기서 진행되는 논의들이 원칙적으로 언어가 그 전개 과정에서 고찰될 수 있는 마지막 현실, 설명할 수 없고 신비스러운 현실로 전제된다는 점에서 성서를 따르기 때문이다. 성서는 자기 스스로를 계시로 바라보기 때문에 필연적으로 언어적 기본 사실들을 전개하지 않을 수 없다. —「창세기」 제2장은 숨결을 불어넣는 일을 전해주는 동시에 인간은 흙으로 빚어졌다는 점도 보고하고 있다. 이것은「창세기」 전체에서 조물주의 물질에 대해 이야기하는 유일한 장소로서, 이 물질에서 조물주는 그 밖에는 직접적으로 창조적인 것으로 생각되는 자신의 의지를 표현하고 있다. 이「창세기」 제2장에서 인간의 창조가 — 신은 말했고, 그렇게 이루어졌다는 식으로 — 말씀을 통해 이루어지지 않는다. 오히려 이렇게 말씀으로 창조되지 않은 인간에게 이제 언어 **능력**이 부여되며 인간은 자연 위

---

3)「창세기」, 제2장 7절.

에 세워진다.

그러나 창조행위가 인간을 겨냥할 때 이루어지는 이 독특한 혁명은 「창세기」 제1장에서도 분명하게 엿볼 수 있다. 이 창조행위는 다른 맥락에서는 똑같이 확고하게 인간과 언어 사이의 특수한 연관을 창조행위로부터 보증한다. 제1장의 창조행위가 갖는 다양한 리듬은 인간을 창조하는 행위만이 그로부터 벗어나는 일종의 기초형태를 허락한다. 물론 여기서 어느 곳도 인간에서든 자연에서든 이들을 창조한 물질에 대한 분명한 관계를 다루고 있지는 않다. "신이 하시다"는 말에서 그때마다 물질로부터의 어떤 창조 같은 것이 이루어졌다고 생각할 수 있는지는 여기서는 논의하지 않겠다. 하지만 자연의 창조(「창세기」 제1장에 따라)가 이루어진 리듬은 "있으라 — 하시다(만드시다) — 칭하시다"이다. 개별적인 창조행위(1: 3; 1: 11)에서는 "있으라"는 말만 등장한다. 창조행위의 시초와 종말에 이루어지는 이 "있으라"와 "칭하시다" 속에 매번 창조행위가 언어에 대해 갖는 깊고 명백한 관계가 나타난다. 창조행위는 언어의 창조적 전능을 가지고 시작하며, 종국에는 언어가 창조된 것을 동화하여 그것을 명명한다. 따라서 언어는 창조하는 무엇이고 완성하는 무엇이며, 언어는 말씀이고 이름이다. 신 속에서는 이름이 창조적인데, 그것은 이름이 말씀이기 때문이다. 또한 신의 말씀은 인식을 만들어내는데, 그것은 그 말씀이 이름이기 때문이다. "그리고 하나님이 보시기에 좋았더라"는 말은 하나님이 그것을 이름으로 인식했다는 뜻이다. 이름이 인식에 대해 갖는 절대적 관계는 오로지 신 속에서만 가능하고, 신 속에서만 이름이 가장 내밀한 부분에서 창조적 말씀과 동일하므로 인식의 순수한 매체가 된다. 다시 말해 신은 사물들을 이름으로 인식할 수 있게끔 만든다. 하지만 인간은 인식에 따라 그 사물들을 명명한다.

인간을 창조할 때에는 자연을 창조할 때의 이 3박자의 리듬이 다른 질서로 이행한다. 즉 인간을 창조할 때 언어는 다른 의미를 갖는다. 창조행위의 3박자는 여기서도 유지되지만, 그만큼 더 강력하게 드러나는 것이 바로 병렬관계 속의 간격, 즉 3중의 "그는 창조하시다"이다(1: 27).[4] 신은 인간을 말씀으로 창조한 것이 아니고, 또한 인간을 명명하지 않았다. 신은 인간을 언어의 지배 아래 두고자 하지 않았고, 인간에게 신은 **자기에게** 창조의 매체로 쓰인 언어를 방출했다. 신은 인간에게 자신의 창조성을 위임하고 쉬었다. 이 창조성이 신적인 현실성을 탈각하고서 인식이 된다. 인간은 신이 창조주였던 언어를 인식하는 자가 된다. 신은 인간을 자신의 형상대로 창조했고, 신은 인식하는 자를 창조하는 자의 형상대로 창조했다. 그에 따라 인간의 정신적 본질이 언어라는 문장은 설명이 필요하다. 인간의 정신적 본질은 창조를 담당한 언어이다. 말씀 속에서 창조되었고, 신의 언어적 본질은 말씀이다. 모든 인간의 언어는 이름에 비친 이 말씀의 반영물일 따름이다. 이름은 말씀에 이르지 못하며 인식은 창조에 이르지 못한다. 모든 인간의 언어가 갖는 무한성은 신의 말씀이 갖는 절대적·무제한적·창조적 무한성에 비해 볼 때 제한적이고 분석적인 성격을 띤다.

이 신성한 말씀의 깊은 모사(模寫)가, 그리고 인간의 언어가 단순한

---

[4] "하나님이 자기 형상 곧 하나님의 형상대로 사람을 창조하시되 남자와 여자를 창조하시고."

말씀의 신적인 무한성에 내밀하게 참여하는 지점, 인간의 언어가 유한한 말씀이 될 수 없고 또 인식이 될 수 없는 지점이 인간의 이름이다. 자기 이름[Eigenname, 고유명]의 이론은 유한한 언어가 무한한 언어에 대해 갖는 경계에 관한 이론이다. 신이 명명하지 않은 유일한 존재가 인간이었듯이 모든 존재 가운데 인간은 자기 자신을 명명하는 유일한 존재이다. 어쩌면 제2장 20절의 후반을 이런 맥락에서 읽는 것은 과도할지 모르나 불가능한 것도 아니다. 즉 인간은 모든 존재를 명명**했지만**, "아담에게 그를 도울 배필이 없었다." 따라서 아담은 배필을 얻자마자 그 배필을 명명했다. (제2장에서는 여자라 칭했고, 제3장에서는 하와라 칭했다.) 이름을 부여함으로써 부모는 아이들을 신에게 바친다. 부모가 여기서 아이들에게 부여하는 이름에는 ― 어원학적이 아니라 형이상학적으로 이해했을 때 ― 아무런 인식도 상응하지 않는데, 그들은 아이들을 갓 태어나자마자 이름 붙이기 때문이다. 엄격한 정신에 따르면 어느 누구도 그 이름에 (어원적 의미에 따라) 부응하지 않을 것이다. 왜냐하면 자기 이름은 인간의 음성으로 불리는 신의 말씀이기 때문이다. 자기 이름을 통해 인간은 모두 자기가 신에 의해 창조되었음을 보증받으며, 이 의미에서 그 이름 자체가 창조적이다. 이것은 신화에서 (드물지 않게 찾아볼 수 있듯이) 인간에게 자기 이름은 운명이라고 말하는 관점과 같다. 자기 이름은 인간이 신의 **창조적** 말씀과 함께 이루는 공동체이다. (이것은 유일한 공동체가 아니며, 인간에게는 신의 말씀과 맺는 또 다른 공동체가 있다.) 말씀을 통해 인간은 사물의 언어와 결합된다. 인간의 언어는 사물의 이름이다. 이로써 말이 사태와 맺는 관계가 우연적이라는 언어관, 말은 모종의 인습에 의해 정해진 사물(또는 사물의 인식)을 표시하는 기호라는 통속적인 언어관에 상응하는 생각은 더 이상 등장할 수 없다. 언어는 결코 **단순한** 기호들을 주지 않는다. 그러나 신비주의 언어이론을 가지고 이러한 통속적 언어이론을 배격하는 것도 언어를 잘못 이해한 소치이다. 신비주의에 따르면 말 일반은 사태의 본질이라는 것이다. 이것이 옳지 않은 이유는 사태 자체가 말이 아니라 신의 말씀에서 만들어졌고, 인간의 말을 통해 그 이름 속에서 인식되기 때문이다. 그러나 사태의 인식은 자발적인 창조가 아니다. 사태의 인식은 창조처럼 언어에서 절대적이고 무제한적이며 무한하게 이루어지지 않는다. 오히려 인간이 사물에 부여하는 이름은 그에게 그 사물이 어떻게 전달되어 오느냐[사물이 자신을 전달하느냐]에 근거를 둔다. 신의 말씀은 이름에서 창조적인(schaffend) 것으로 남아 있지 못했다. 신의 말씀은 그 일부가 수용(受容)적으로(empfangend) — 비록 언어를 통한 수용일망정 — 되었다. 바로 사물들 자체의 언어에 — 이 사물들에서 다시금 신의 말씀이 소리 없이, 그리고 자연의 말 없는 마법 속에서 빛을 발하고 있는데 — 그 수용이 향하고 있다.

 수용이자 동시에 자발성인 — 그 둘의 독특한 결합은 언어 영역에서만 찾을 수 있는데 — 언어의 이러한 특성을 지칭하는 말이 있는데, 이 말은 이름 없는 것을 이름 속에 수용하는 행위에도 해당된다. 사물의 언어를 인간의 언어로 번역하는 일이 바로 그것이다. 번역의 개념을 언어이론의 심층에서 근거짓는 일이 필수적이다. 왜냐하면 번역 개념은 지금까지 종종 의도된 것처럼 어떤 하나의 관점에서 추가적으로 다룰 수 있기에는 그 의미와 파급력이 너무 크기 때문이다. 번역 개념은 (신의 말씀을 제외하고) 모든 상위의 언어가 다른 모든 언어의 번역이라는 사실을 통찰할 때 그 의미를 온전하게 획득할 수 있다. 각각의 언어들 사이의 관계는 여러 상이한 농도를 갖는 매체들 사이의 관계일 뿐이라는 점에서 언어의 상호 번역 가능성(Übersetzbarkeit)이 주어져 있다. 번역이란 한 언어를 변형의 연속체를 통해 다른 언어로 변환한다는 것을 뜻한다. 번역은 어떤 추상적인 동일성 혹은 유사성의 영역이 아니라 바로 이 변형의 연속체들을 횡단하는 것을 가리킨다.

사물의 언어를 인간의 언어로 번역하는 일은 무언의 것을 음성으로 번역하는 일일 뿐만 아니라, 이름 없는 것을 이름으로 번역하는 일이기도 하다. 따라서 번역은 불완전한 언어를 보다 더 완전한 언어로 옮기는 일이고, 번역은 다름 아닌 무엇인가를 덧붙일 수 있는데, 곧 인식이 그것이다. 하지만 이러한 번역의 객관성은 신 안에 보증되어 있다. 왜냐하면 신은 사물들을 창조했고, 그 사물들 속의 창조적 말씀은 신이 각각의 사물을 창조한 뒤 마지막에 그것들에 이름을 부여했듯이 인식하는 이름의 싹이기 때문이다. 그러나 이 명명은 분명 창조적 말씀과 인식하는 이름이 신 안에서 동일함을 표현한 것일 뿐, 신이 인간 자신에게 맡긴 과제, 즉 사물들을 명명한다는 과제에 대한 선행적 해답은 아니다. 인간은 스스로 사물의 이름 없는 무언의 언어를 수용하여 그것을 음성 속의 이름으로 옮기는 가운데 그 과제를 해결한다. 그 과제는 인간의 이름언어와 사물의 이름 없는 언어가 동일한 창조적 말씀에서 근친적(verwandt) 관계로 방출되지 않았다면, 그리하여 신의 창조적 말씀이 사물에서는 마법적 공동체 속에 있는 물질의 전달이 되고, 인간에게서는 축복받은 정신 속에서 인식하기와 이름언어가 되지 않았다면 해결될 수 없을 것이다. 하만은 말했다. "인간이 태초에 듣고 눈으로 보고 …… 손으로 만진 것은 모두 …… 살아 있는 말씀이었다. 왜냐하면 신은 말씀이었기 때문이다. 입과 가슴속의 이 말씀으로써 언어의 기원은 지극히 자연스러우며, 아이들의 놀이처럼 지극히 가깝고 쉽다." 화가 프리드리히 뮐러(Friedrich Müller)는 그의 시 「아담의 처음 깨어남과 최초의 복된 밤들」에서 신이 인간으로 하여금 다음 말을 통해 이름을 부여하도록 일깨운다. "흙에서 난 사람이여, 가까이 오라. 바라봄으로써 더 완전해지고, 말씀을 통해 더 완전해질 지어다!" 바라봄과 명명하기의 이러한 결합 속에 내적으로 사물들(짐승들)의 전달하는 무언성이 그 전달을 이름 속에 수용하는 인간의 언어를 향해 있음이 암시되어 있다. 이 절은 사물을 창조한 말씀만이 사물의 명명을 인간에게 허락한다는 시인의 깨달음을 표현해주고 있다. 여기서 신의 말씀은 짐승들의 다양한 언어 속에서 비록 말 없음 속에서일지라도 다음의 이미지 속에서 전달된다. 즉 신은 짐승들에게 차례로 징표〔기호〕를 주었는데, 이 징표에 따라 짐승들은 명명되기 위해 인간 앞에 등장한다. 거의 숭고하다 할 방식으로 말 없는 피조물과 신 사이에 맺어진 언어 공동체가 징표의 이미지 속에 주어져 있는 것이다.

   사물의 존재 안에 있는 무언의 말이 인간의 인식 안에 있는 명명적 말 아래 무한히 멀리 떨어져 있듯이, 그리고 이 명명적 말이 또다시 신의 창조적 말씀 아래 무한히 멀리 떨어져 있듯이, 인간의 언어들이 다양하게 존재하는 이유도 주어져 있다. 사물의 언어는 인식과 이름의 언어 속으로 오로지 번역을 통해 들어설 수 있다. 번역이 무수히 많은 만큼 언어도 무한히 많다. 즉 인간이 단 하나의 언어만을 알았던 낙원의 상태에서 일단 쫓겨나자마자 그렇게 된 것이다. (성서에 따르면 이 낙원에서의 추방의 결과는 물론 나중에 나타난다.) 인간의 낙원적 언어는 완전하게 인식하는 언어였음이 틀림없다. 반면 나중에 다시 한 번 모든 인식은 다양한 언어 속에서 무한히 분화되어, 이름 속의 창조보다 낮은 단계에서 갈라져야 했다. 즉 낙원의 언어가 완전한 인식을 주었다는 사실은 인식의 나무라는 존재로도 은폐할 수 없다. 인식의 나무에 열린 사과들은 무엇이 선하고 악한지에 대한 인식을 주기로 되어 있었다. 하지만 신은 일곱 번째 날 창조의 말씀을 통해 인식했다. 이렇게 만드신 모든 것을 하느님께서 보시니 참 좋았다.[5] 뱀이 유혹하던 인식, 선악에 대한 지식은 이름 없는 것이다. 그 지식은 심오한 의미에서 헛된 지식이며, 바로 그 자체가 낙원의 상태가 아는 유일한 악이다. 선악에 대한 지식은 이름을 떠나며, 그것은 외부에서의 인식이고, 창조적 말씀에 대한 비생산적 모방이다. 이름은 이 인식에서 자기 자신으로부터 떨어져나온다. 원죄〔Sündenfall, 인류 타락〕는 **인간의 말**이 태어나는 순간으로서, 이 말 속에서 이름은 더 이상 훼손되지 않은 채 살아 있지 못한다. 그 인간의 말은 명백하게, 말하자면 외부로부터 마법적이 되기 위해 이름언어, 인식하는 언어, 어떤 의미에서 내재적인 자체의 마법에서 뛰쳐나온 것이다. 말은 (자기 자신 이외의) **무엇인가를** 전달해야 했다. 이것은 실제로 언어정신의 타락이다. 외적으로 전달하는 말로서의 말, 마치 명백하게 간접적인 말

---

5) 「창세기」, 제1장 31절.

이 명백하게 직접적인 말, 창조적인 신의 말씀에 대해 행하는 패러디, 그리고 그 둘 사이에 있는 복된, 아담적 언어정신의 타락이다. 즉 실제로 뱀의 약속에 따라 선악을 인식하는 말과 외적으로 전달하는 말은 근본적으로 동일하다. 사물의 인식은 이름에 바탕을 둔다. 그러나 선악의 인식은 키르케고르가 파악한 심오한 의미에서 "수다"[6]이고, 수다스런 사람, 죄인이 그 아래에 처해진 것처럼 정화와 상승만 알 뿐이다. 즉 법정이 그것이다. 판정하는 말에게는 선악의 인식이 직접적이다. 판정하는 말의 마법은 이름의 마법과는 다르지만 마법인 점에서는 똑같다. 판정하는 말은 최초의 인간들을 낙원에서 밀어냈다. 그들이 그것을 어떤 영원한 법칙에 따라 스스로 집행했다. 이 법칙에 따르면 판정하는 말은 자기 자신을 깨우는 행위를 유일한 죄, 가장 깊은 죄로서 처벌하며 또 기다린다. 이름의 영원한 순수성이 더럽혀진 원죄 속에서 판정하는 말, 곧 보다 더 엄격한 판단의 순수성이 고개를 들었다. 언어의 본질적 맥락에서 원죄는 (여타의 다른 의미를 여기서 언급하지 않는다면) 3중의 의미를 갖는다. 인간은 순수한 이름의 언어에서 스스로 떨어져나오면서 언어를 수단으로 (즉 그 자신에게 부적절한 인식의 수단으로) 만들고, 그로써 일부에서는 어쨌든 **단순한 기호**로 만든다. 그리고 이것은 나중에 언어가 여러 언어로 분화되는

---

6) Geschwätz : 키르케고르에 따르면 인간은 신의 말씀을 듣고 싶어하면서도 쉴 새 없이 소음을 만들고 수다를 늘어놓아 신의 말씀을 듣지 못한다. 인간의 모든 시도와 전달은 결국 대중집단을 자극하고 소음을 확대하는 행위일 뿐이기에 그는 인간이 "침묵"을 만들어내야 한다고 역설한다(Søren Kierkegaard, "Zur Selbstprüfung der Gegenwart anbefohlen", in: *Gesammelte Werke*, 27~29 Abt., Hg. v. E. Hirsch, Düsseldorf, 1953, pp. 41~120, 여기서는 pp. 84~85 참조).

결과를 낳는다. 두 번째 의미는 원죄로부터 이제 그 속에서 손상된 이름의 직접성을 복구하는 행위로서 새로운 마법, 즉 판단의 마법, 더 이상 자신 속에 복되게 거하지 않는 마법이 등장한다는 점이다. 그리고 어쩌면 추측해봄직한 세 번째 의미는, 추상화(Abstraktion)의 기원도 언어정신의 능력으로서 원죄상황에서 찾을 수 있으리라는 점이다. 다시 말해 선악은 명명할 수 없고 이름 없는 것으로서, 인간이 이러한 물음의 심연 속에서 떠나버린 이름언어의 외부에 있다. 이름은 이제 현존하는 언어와 관련해볼 때 단지 언어의 구체적 요소들이 뿌리를 두는 토대를 제공할 뿐이다. 하지만 추상적 언어요소들은 ― 추측해보건대 ― 판정하는 말, 판단에 뿌리를 두고 있다. 추상의 전달 가능성의 직접성(그 전달 가능성의 언어적 뿌리)은 법정 판단에 놓여 있다. 추상의 전달 속에 있는 이 직접성은, 인간이 원죄를 저지름으로써 구체적인 것의 전달 속의 직접성을 떠나고 이름을 떠나서 모든 전달의 간접성이라는 심연, 수단으로서의 말, 허영을 추구하는 말의 심연, 수다의 심연으로 추락했을 때 판정하면서 등장한다. 왜냐하면 ― 다시 한 번 강조하건대 ― 수다는 창조 이후 세계에서의 선악에 대한 물음이었기 때문이다. 인식의 나무는 그 나무가 줄 수 있었을 선악에 대한 해명 때문에 신의 정원에 서 있었던 것이 아니라 묻는 자에 대한 법정의 징표로 서 있었던 것이다. 이 엄청난 아이러니가 법의 신화적 기원을 가리키는 징표이다.

언어를 간접적인 것[수단]으로 만듦으로써 언어가 여러 개로 갈라지는 원인이 된 낙원추방 이후 언어 분규에 이르는 데는 단 한 걸음이 남았을 뿐이다. 사람들이 이름의 순수함을 훼손한 이상, 이제 이미 타격을 받은 언어정신의 공동 토대를 사람들에게서 빼앗기 위해서는 인간이 사물의 언어를 이해하는 관조행위를 이반(離反)하는 일만 일어나면 되었다. 기호는 사물들이 착종된 곳에서 혼란에 빠질 수밖에 없다. 수다 속에서 언어를 노예화하는 일에 이어 그것의 불가피한 결과로서 어리석음 속에 사물들을 노예화하는 일이 등장한다. 노예화를 뜻하는 사물로부터의 이러한 이반 속에서 바벨탑 건축의 계획과 그와 더불어 일어난 언어 분규가 생겨난다.

순수한 언어정신 속에서의 인간은 복된 삶을 누렸다. 그러나 자연은 말이 없다. 이처럼 인간이 명명한 무언성 자체가 어떻게 해서 — 낮은 단계일망정 — 축복이 되었는지는 「창세기」 제2장에서 분명하게 느낄 수 있기는 하다. 뮐러는 아담으로 하여금 아담이 그에게서 이름을 부여받은 뒤 그를 떠나가는 짐승들에 대해 이렇게 말하게 한다. "그리고 나는 그 짐승들이 사람이 어떤 이름을 붙여주니까 뛰쳐나가는 고결한 모습을 보았다." 하지만 낙원추방 이후 밭가는 일을 저주한 신의 말씀과 함께 자연의 모습도 심각하게 변화한다. 이제 자연의 또 다른 무언성이, 우리가 자연의 깊은 비애라고 말할 때 의미하는 무언성이 시작한다. 모든 자연은 언어가 부여되면 탄식하기 시작하리라는 말은 형이상학적 진실이다. (이때 "언어의 부여"는 물론 "자연이 말할 수 있게 만든다"는 것 이상이다.) 이 문장은 이중적 의미를 갖는다. 우선 그 문장은 자연이 언어 자체에 대해 탄식하리라는 것을 뜻한다. 언어가 없다는 것은 자연이 갖는 커다란 아픔이다. (그것을 구원하기 위해 자연 속에 인간의 삶과 언어가 있는 것이며, 우리가 추측하듯이 시인의 그것만 있는 것은 아니다.) 둘째로 이 문장은 자연이 탄식할 것이라는 것을 뜻한다. 그러나 탄식은 언어의 가장 미분화되고 무력한 표현이다. 탄식은 거의 감성적 입김만을 내포할 뿐이다. 식물들이 살랑거리는 소리를 내는 곳에서도 일종의 탄식이 함께 울려 나온다. 자연은 말이 없으므로 슬퍼한다. 하지만 이 문장의 도치는 자연의 본질 속으로 더 깊이 이끈다. 즉 자연의 슬픔이 자연을 침묵케 한다. 모든 슬픔에는 말없음으로의 깊은 경향이 내재한다. 그리고 이러한 경향은 전달할 수 없는 무능함이나 전달하고 싶지 않은 마음보다 훨씬 더 크다. 슬픈 것은 인식할 수 없는 것에 의해 자신이 속속들이 인식되었다고 느낀다. 이름을 부여받는다는 것은 이름을 부여하는 자가 신과 같은 존재이거나 복된 자라고 할지라도 늘 슬픔의 예감으로 남아 있다. 하물며 이름의 복된 낙원의 언어를 통해서가 아니라 이름이 이미 시들어버린, 그럼에도 신의 언명에 따라 사물들을 인식하는 숱한 인간의 언어를 통해 명명된다는 것은 더더욱 슬픈 일이다. 사물들은 신 속에서밖에는 어떠한 자기 이름도 갖고 있지 않다. 왜냐하면 신은 창조적 말씀 속에서 사물들을 그 고유의 이름으로 불러내기 때문이다. 하지만 인간의 언어에서는 사물들이 과다 명명〔Über-benennung, 중복 명명〕된다. 인간의 언어가 사물의 언어에 대해 갖는 관계 속에는 우리가 "과다 명명"이라고 얼추 칭할 수 있는 무언가가 놓여 있다. 즉 과다 명명은 모든 슬픔과 (사물의 측면에서 봤을 때) 모든 말없음의 심원한 언어적 근거이다. 슬픈 존재의 언어적 본질로서의 과다 명명은 언어의 또 다른 희한한 관계를 시사하는데, 말하는 사람들의 언어 사이의 비극적 관계를 지배하는 과다 규정이 바로 그것이다.

조형예술의 언어, 회화의 언어, 시문학의 언어가 있다. 시문학의 언어가 인간의 이름언어 속에만은 아니더라도 여하튼 그 속에 함께 바탕을 두고 있듯이, 마찬가지로 조형예술이나 회화의 언어도 어쩌면 모종의 사물언어(Dingsprache)들에 바탕을 두고 있을지 모른다는 것, 그리하여 그 조형예술과 회화의 언어에서는 사물의 언어(Sprache der Dinge)가 훨씬 상위에 있는 언어로, 그러면서 어쩌면 동일한 영역에 있는 그러한 상위의 언어로 번역되어 있다는 것을 충분히 상상할 수 있다. 이러한 언어들은 이름 없는 언어, 음성으로 발성되지 않는 언어이며, 물질로 이루어진 언어이다. 이때 전달의 측면에서 사물들의 물질적 공동체라는 것을 상정할 수 있다.

한편 사물들의 전달은 세계 전체를 나뉘어 있지 않은 하나의 전체로 포괄할 정도로 모종의 공동체적 성격(Gemeinschaftlichkeit)을 띠고 있음이 분명하다.

예술형식들을 인식하려면 그 형식들을 모두 언어로 파악하고 그것들과 자연언어들의 연관을 찾을 필요가 있다. 그것이 음향 영역에 속하기 때문에 충분히 생각해볼 수 있는 예로서 노래와 새들의 언어 사이의 근친성을 들 수 있다. 다른 한편 분명한 것은 예술의 언어는 기호론과의 깊은 관계 속에서만 이해될 수 있다는 점이다. 이 기호론이 없이는 어떠한 언어철학도 전적으로 단편에 불과하다. 그 이유는 언어와 기호의 관계가 원초적이고 근본적이기 때문이다. (인간의 언어와 문자 사이의 관계는 그에 대한 전혀 특수한 예라고 할 수 있다.)

이것은 언어의 전 영역을 지배하고, 앞서 언급한 협의의 언어와 기호 — 언어와 기호는 함부로 등치시킬 수 없는데 — 사이의 대립과 중요하게 관련된 또 다른 대립을 지칭할 기회를 준다. 다시 말해 언어는 어떤 경우이든 전달 가능한 것의 전달이기만 한 것이 아니라 동시에 전달 불가능한 것의 상징이기도 하다. 이 언어의 상징적 측면은 그 언어가 기호에 대해 갖는 관계와 연관된다. 하지만 그 측면은 이를테면 어떤 관계에서는 이름과 판단에까지도 뻗친다. 이름과 판단은 전달 기능만 갖는 것이 아니라 그것과 밀접하게 결부된, 여기서는 분명하게 시사하지 않은 상징적 기능도 가질 가능성이 크다.

  그에 따라 이러한 숙고 뒤에 비록 아직 불완전하나마 어떤 정화된 언어 개념이 남는다. 한 존재의 언어는 그 속에서 자신의 정신적 본질을 전달하는 매체이다. 이 전달의 부단한 흐름은 가장 아래 단계의 존재에서 인간에 이르기까지, 그리고 인간에서 신에 이르기까지의 전 자연을 관통해 이어진다. 인간은 그가 자연과 동류 인간에게 (자기 이름 속에서) 부여하는 이름을 통해 자신을 신에게 전달하며, 자연에게는 그가 그 자연에서 받는 [수용하는] 전달에 따라 이름을 부여한다. 자연 전체는 이름 없는 무언의 언어, 인간 속에서 인식하는 이름과 인간에 대해 판결하는 판단으로 군림해온 창조하는 신의 말씀의 잔재인 무언의 언어로 채워져 있다. 자연의 언어는 각각의 위치가 다음 위치에게 자신의 언어로 전달하는 비밀스런 암호에 비견될 수 있다. 하지만 이 암호의 내용은 그 위치의 언어 자체이다. 모든 상위의 언어는 하위의 언어의 번역이고, 이 번역은 이 언어운동의 통일인 신의 말씀이 마지막 명징함 속에서 전개될 때까지 지속된다.

미래 철학의 프로그램에 대하여
(1918)

Walter Benjamin, *Gesammelte Schriften*, Frankfurt a. M., 1972~89, Bd. II/1, pp. 157~71. (Über das Programm der kommenden Philosophie)

다가올 철학의 핵심 과제는 철학이 시대로부터, 그리고 거대한 미래에 대한 느낌으로부터 길러내는 심오한 예감들을 칸트적 체계와의 관계를 통해 인식이 되게끔 하는 데 있다. 칸트적 체계에 부응함으로써 보장되는 역사적 연속성은 동시에 결정적이고 체계적인 중요성을 갖는 유일한 연속성이기도 하다. 왜냐하면 칸트는 직접적으로 인식의 범위와 깊이가 아니라 무엇보다도 그리고 우선적으로 인식의 타당성을 중시한 철학자들 가운데 가장 최근의 철학자이면서 플라톤과 함께 어쩌면 유일한 철학자이기 때문이다. 이 두 철학자에게 공통된 점은 우리가 가장 순수하게 해명할 수 있는 인식이 동시에 가장 심오한 인식이 될 것이라는 확신을 가진 점이다. 두 철학자는 깊이에 대한 요구를 철학에서 추방한 것이 아니라 그 요구를 타당성에 대한 요구와 동일시함으로써 독특한 방식으로 그 요구에 부응했다. 다가올 철학이 어떻게 전개될지 예측하기 어렵고 또 대담하게 전개된다면, 그럴수록 철학은 확실성(Gewißheit)을 추구하지 않을 수 없으며, 이 확실성의 기준은 체계적인 통일성 또는 진리라고 할 수 있다.

그렇지만 진정으로 시대와 영원성을 의식하는 철학이 칸트에 정향할 때 맞닥뜨리게 될 가장 중요한 난관은 다음과 같은 데서 찾을 수 있다. 즉 그러한 시도가 그것의 인식, 그리고 그것과 함께 인식을 확실성과 진리에 정초하고자 하는 현실이라는 것이 낮은 등급, 어쩌면 가장 낮은 등급의 현실이라는 점이다. 모든 거대한 인식론의 문제와 마찬가지로 칸트의 인식론이 지닌 문제는 두 측면을 갖는데, 칸트는 그 둘 중 하나에 대해서만 유효한 설명을 할 수 있었다. 그것은 첫째 지속성을 갖는 인식의 확실성에 대한 물음이고, 둘째 무상하게 소멸한 어떤 경험이 지니는 위엄(Dignität)에 대한 물음이었다. 왜냐하면 보편적인 철학적 관심은 늘 인식의 무시간적인 타당성과 함께 그 인식의 가장 유일한 대상은 아닐지언정 가장 가까운 대상이라 여겨지는 어떤 시간적인 경험의 확실성을 지향하기 때문이다. 다만 철학자들에게 이 경험은 그것의 전체 구조를 두고 볼 때 독특한 시간적 경험으로 의식되지 않았으며, 칸트에게도 역시 그런 경험으로 의식되지 않았다. 칸트 역시 무엇보다 『형이상학 서설』[1]에서 경험의 원칙들

---

[1] 1783년 간행된 칸트의 저작. 원제는 *Prolegomena zu einer jeden künftigen Metaphysik, die als Wissenschaft wird auftreten können*(과학으로 등장할 수 있는 미래의 모든 형이상학에 대한 서설)이다. 프롤레고메나는 어떤 학문에 대한 서론 내지 서설(序說)이라는 뜻이다. 칸트는 이 책에서 『순수이성비판』을 간행한 후 같은 취지를 분석적으로 설명하고자 시도했다. 이 책은 학문에 대한 서설이며 여기에서 학문이란 형이상학을 뜻한다.

을 과학에서 특히 수학적 물리학에서 이끌어내고자 했다면, 그에게는 우선, 그리고 『순수이성비판』에서도, 경험은 그 자체가, 그리고 절대로 과학의 대상 세계와 동일하지 않았다. 또한 나중에 신칸트학파의 사상가들에게 이루어진 것처럼 경험이 과학의 대상 세계와 동일했다손 치더라도 그렇게 동일시되고 규정된 경험 개념은 여전히 예전의 경험 개념으로 머물 것이다. 이 경험 개념의 두드러진 특징은 그것이 순수한 의식에 대해서만 아니라 동시에 경험적 의식에 대해서도 갖는 관계이다. 하지만 바로 그것이 문제이다. 즉 적나라하고 원시적이며 자명한 경험이라는 표상이 그것이다. 그것은 어떻게든 자기 시대의 지평을 공유한 인간으로서 칸트에게 유일하게 주어진 경험, 아니 유일하게 가능한 경험으로 비친 그 경험이다. 그렇지만 이미 시사했듯이 이 경험은 독특하면서 시간적으로 제한된 경험이었다. 그리고 사람들이 특징적인 의미에서 **세계관**(Weltanschauung)이라고 칭할 수 있을 그 경험은 그것이 일정한 방식으로 모든 경험과 공유하는 이러한 형식을 넘어 계몽주의 시대의 경험이었다. 그러나 그 경험은 여기서 가장 본질적인 특성들을 두고 볼 때 근대의 다른 세기에서의 경험과 그다지 다르지 않다. 이 경험은 세계에 대한 가장 낮은[비속한] 경험 또는 견해들 중 하나이다. 칸트가 자신의 엄청난 저작을 바로 계몽주의의 성좌구조[상황] 아래에서 착수할 수 있었다는 것은 그의 저작이 말하자면 의미의 영점 내지 최소치로 축소된 경험을 상대로 기도되었다는 것을 뜻한다. 심지어 사람들은 그의 시도의 위대함, 그의 고유한 과격함은 그와 같은 경험, 즉 그 고유한 가치가 제로에 근접했고 어떤 하나의 (슬프다고 말할 수 있을) 의미를 그것의 확실성을 통해서만 얻을 수 있었을 그러한 경험을 전제로 했다고 말해도 좋다. 칸트 이전의 어느 철학자도 이러한 의미에서 인식론적 과제에 직면한 적이 없었다. 그렇지만 그 정수(精髓)와 최상의 요소가 뉴턴의 물리학이었던 경험이 하등 고통도 받지 않은 채 거칠고 난폭하게 다루어져도 좋았다는 점에서, 어느 누구도 칸트만큼 그 과제를 자유롭게 다룬 적이 없었다. 사람들이 아무 비판 없이 예속되어야 한다는 의미가 아니라 경험에 어떤 거대한 내용을 부여할 능력이 있을 정신적 권력들이라는 의미의 권위들은 계몽주의 시대에는 없었다. 그 시대의 경험이 갖는 비천하고 낮은 요소를 이루는 것, 그 경험이 놀라울 정도로 적은 특수한 형이상학적 의미를 갖게 만드는 측면, 그것은 이 비속한 경험 개념이 칸트의 사유에도 어떻게 제한적으로 영향을 미쳤는지를 지각하는 데서 암시될 수 있을 뿐이다. 여기서 물론 사람들이 계몽주의 시대의 종교적 · 역사적 맹목성으로 종종 부각시킨, 하지만 어떤 의미에서 계몽주의의 이러한 특징들이 근대 전체에 해당하는지 인식하지 못한 채 부각시킨 정황과 똑같은 정황이 문제가 되고 있다.

칸트의 사유에서 어떤 요소들이 수용되어서 가꾸어져야 하고, 어떤 요소들이 변형되어야 하며, 또 어떤 요소들이 폐기되어야 하는지를 인식하고 가려내는 작업은 다가올 미래의 철학에게 지고의 중요성을 갖는다. 칸트에 접맥해야 한다는 모든 요구는 다음과 같은 확신에 바탕을 둔다. 즉 그 형이상학적 측면을 모제스 멘델스존이나 크리스티안 가르베[2]와 같은 사람이 충족시킨 어떤 경험을 대면하게 된 칸트의 체계는 인식의 확실성과 타당성 이후 비범한 경지에 이르기까지 상승된 추가 연구를 통해 그 체계가 아직 다가올 새롭고 높은 종류의 경험에 적합한 것으로 드러나도록 해줄 깊이를 끌어내고 발전시켰다는 확신이다. 이로써 현금의 철학에 대한 주요 요구가 제기된 동시에 그 요구의 충족 가능성이 주장된 셈이다. 다시 말해 칸트적 사유의 유형(Typik) 아래에서 상위의 경험 개념을 인식론적으로 정초하는 작업이 바로 그것이다. 그리고 이것이야말로 다가올 철학이 주제로 삼아야 할 것이다. 그것은 상위의 경험에 상응할 수 있는 어떤 유형을 칸트적 체계 속에서 드러내고 뚜렷하게 부각시키는 일이다. 형이상학의 가능성을 칸트는 결코 부인하지 않았으며, 단지 그러한 가능성이 개별적 경우에서 입증될 수 있는 기준들을 제시했다고 주장한다. 칸트 시대의 경험은 어떤 형이상학도 필요로 하지 않았다. 역사적으로 볼 때 칸트 시대에는 형이상학의 요구들을 파괴하는 것이 유일하게 가능한 일이었다. 왜냐하면 형이상학에 대한 동시대인들의 요구는 약점이거나 위선이었기 때문이다. 미래의 형이상학에 대한 서설을 칸트가 세운 유형을 토대로 얻어내고 여기서 이 미래의 형이상학, 이러한 상위의 경험을 주시하는 일이 중요하다.

하지만 미래의 철학에 칸트를 수정하는 작업이 중요한 것은 경험과 형이상학의 측면에서 봤을 때에만이 아니다. 또한 방법적으로, 즉

---

2) Moses Mendelssohn, 1729~86 : 독일 계몽주의 시대 유대계 철학자이다. Christian Garve, 1742~98 : 역시 계몽주의 시대 독일의 철학자로서 라이프치히 대학 교수를 지냈다. E. 버크의 『숭고와 아름다움의 이념의 기원에 대한 철학적 탐구』 (*The Philosophical Inquiry into Origin of our Ideas on the Sublime and the Beautiful*) 등을 번역했고, 1783년에는 칸트의 『순수이성비판』을 비평하여 칸트를 자극하기도 했다.

본래의 철학 일반으로서 경험과 형이상학의 측면에서가 아니라 인식 개념의 측면에서 수정 작업이 필요하다. 칸트의 인식론이 지니는 결정적 오류들은 의심할 여지 없이 그가 염두에 둔 경험의 공허함에서도 기인한다. 그리하여 새로운 인식 개념을 만들어내고 세계에 대한 새로운 표상을 만들어내는 이중 과제 역시 철학의 터전 위에서 단 하나의 과제가 될 것이다. 칸트의 인식 개념이 지닌 취약점은 그의 이론〔가르침, Lehre〕의 부족한 급진성과 일관성이 느껴지는 가운데 종종 지적되었다. 칸트의 인식론이 형이상학의 영역을 해명해주는 것은 그의 인식론 자체가 다른 모든 형이상학을 배제하는 어떤 비생산적인 형이상학의 원시적 요소들을 자체 내에 담고 있기 때문이 아니다. 인식론에서 모든 형이상학적 요소는 일종의 병원균으로서 그것은 인식을 경험 영역 전체의 자유와 깊이로부터 차단하는 데서 표출된다. 철학의 발전은, 인식론 속의 이러한 형이상학적 요소들을 척결하는 작업이 그와 동시에 이 요소들을 어떤 보다 깊은 형이상학적으로 성취된 경험 쪽으로 지시한다는 점을 통해 기대할 수 있다. 경험과 인식론, 즉 그것에 대한 보다 깊은 연구가 결코 형이상학적 진실들로 이끌어줄 수 없는 어떤 경험, 그리고 형이상학적 연구의 논리적 장소를 아직 충분히 규정할 능력이 없는 인식론, 이 둘 사이에는 가장 심오한 관계가 있으며, 여기에 미래 철학의 역사적 맹아가 놓여 있다. 어쨌거나 칸트가 이를테면 "자연의 형이상학"[3]이라는 용어를 사용할

---

3) Immanuel Kant, *Gesammelte Schriften*, hg. von Königlich Preußischen Akademie der Wissenschaften, 1. Abt.: Werke, Bd. 3, Berlin, 1911, pp. 26, 546. (*Kritik der reinen Vernunft*, 2. Aufl. 1787, Vorrede: Der transzendentalen Methodenlehre

때 그 의미는 인식론적으로 규명된 원리들을 토대로 경험을 탐구하는 방향에 있는 것처럼 보인다. 경험과 형이상학의 측면에서 불충분한 점들은 인식론 자체의 내부에서는 사변적 (즉 퇴화해버린) 형이상학의 요소들로서 표출된다. 이러한 요소들 가운데 가장 중요한 것들은 다음과 같다. 첫째로 모든 단초에도 불구하고 칸트에게서 궁극적으로 극복되지 못한 관점으로서, 인식을 어떤 주체들과 객체들 또는 어떤 주체와 객체 사이의 관계로 보는 관점이 그것이다. 둘째로 역시 단초에서만 극복된 관계로서, 인식과 경험이 인간의 경험적 의식에 대해 갖는 관계가 그것이다. 이 두 문제는 서로 밀접하게 관련되어 있으며, 칸트와 신칸트학파 학자들이 감정들의 원인으로서 물 자체의 객체적 성격을 극복했다고 주장하더라도 인식하는 의식의 주관적 성격은 여전히 척결되지 않은 채로 남는다. 그러나 인식하는 의식의 주관적 성격은 그 의식이 경험적 의식, 그러니까 결국 객체를 자기 앞에 마주하고 있는 그런 경험적 의식과의 유비 속에서 형성되었다는 점에서 기인한다. 이 모든 것은 인식론에서 전적으로 형이상학적인 잔재이다. 바로 이 몇 세기 동안 지배한 얄팍한 '경험'의 한 조각이 인식론 속에 잠입해온 것이다. 다시 말해 감각들을 수단으로 감정들을 수용하고 그 토대 위에서 자신의 표상들을 형성하는 자아, 개인적 영육(靈肉)이라는 그 자아의 관념, 제아무리 승화되었다고 해도 그렇게 표상된 자아 관념이 칸트의 인식 개념에서 가장 중요한 역할을 한다는 점은 결코 의심할 수 없다. 그렇지만 이러한 관념은 신화

---

drittes Hauptstück); Werke, Bd. 4, p. 469 et passim(*Methaphysische Anfangsgründe der Naturwissenschaften*, Vorrede).—전집 편집자

(Mythologie)이며, 그것의 진리 내용을 두고 볼 때 다른 모든 인식의 신화와 등가적이다. 우리는 자신들을 성스러운 동물이나 식물들과 동일시하고 자신들을 그러한 동식물로 부르는, 이른바 정령숭배 이전 단계의 토착민들을 알고 있다. 우리는 자신을 역시 그들이 지각한 객체들과 부분적으로 동일시하는 광기(Wahnsinn)에 사로잡힌 자들, 그러니까 그 객체들이 자신들에게 더 이상 객체들로 마주 서 있지 않는 그런 자들을 알고 있다. 우리는 자기 신체의 느낌들을 자기 자신이 아니라 다른 존재와 관련짓는 환자들, 그리고 적어도 다른 사람들이 지각한 것을 자기가 지각한 것으로 수용할 수 있다고 주장하는 예언가들을 알고 있다. 감각적 (그리고 정신적) 인식에 대한 일반인의 표상, 칸트와 칸트 이전의 시대뿐만 아니라 우리 시대도 지배하는 그 표상 위에 열거한 것들처럼 전적으로 신화에 불과하다. **이러한** 점에서 칸트적 '경험'은 지각을 수용하는 일에 대한 소박한 관념에 관한 한 형이상학이거나 신화이며, 그것도 현대적인 신화이고 종교적으로 특히 불모의 신화일 뿐이다. 개인적 영육의 인간과 그의 의식과의 관련에서 파악되고 오히려 인식의 체계적인 특수화로 파악되지 않는 경험은 그것의 모든 종류를 두고 볼 때 다시금 이러한 실제적 인식의 단순한 **대상**에 불과하며, 그것도 그 인식의 심리학적 분지(分枝)의 대상이다. 이 인식은 경험적 의식을 광기의 종류들로 체계적으로 분류해넣는다. 인식하는 인간, 인식하는 경험적 의식은 일종의 광기어린 의식이다. 이 말은 다름 아닌 경험적 의식 내부에서는 그것의 여러 종류 사이에 정도상의 차이만 있을 뿐이라는 점을 의미한다. 이 차이들은 동시에 가치의 차이이기도 하다. 그렇지만 그 가치의 기준

은 인식의 옳고 그름일 수 없으며, 경험적이고 심리학적인 영역에서 그러한 옳고 그름이 결코 문제되지 않는다. 의식의 종류들이 갖는 가치상의 차이를 판별하는 진정한 기준을 정하는 일은 다가올 철학의 최고의 과제들 가운데 하나가 될 것이다. 경험적 의식의 종류들에는 그 종류들만큼 많은 경험의 종류들, 즉 경험적 의식에 대한 그 관계를 두고 볼 때 진리에 관한 한 단지 환상이나 환영의 가치만을 가질 뿐인 경험의 종류들이 상응한다. 왜냐하면 경험적 의식과 객관적 경험 개념 사이의 객관적 관계라는 것은 불가능하기 때문이다. 모든 진정한 경험은 순수한 인식론적인 의식 — 이 용어를 그것이 모든 주관적인 것을 탈각했다는 전제 아래 아직 사용할 수 있다면, (선험적) 의식에 바탕을 둔다. 순수한 선험적 의식은 모든 경험적 의식과 유가 다르며, 그렇기 때문에 여기서 의식이라는 용어를 사용하는 것이 적절한지는 의문이다. 심리학적인 의식 개념이 순수한 인식의 영역 개념과 어떤 관계에 있는지는 철학의 주요 문제로 남으며, 이 문제는 아마도 스콜라 철학의 시대로부터만 복구할 수 있을 것이다. 여기가 현상학이 최근에 다시 제기하고 나온 많은 문제들의 논리적 지점이다. 철학은 인식의 구조 속에 경험의 구조가 놓여 있으며 또 경험의 구조를 인식의 구조로부터 전개할 수 있다는 데 바탕을 둔다. 이 경험은 진정한 경험으로서 종교를 포괄하는데, 이때 신이나 인간이 경험의 객체 또는 주체가 아니다. 어쩌면 이 경험은 순수한 인식에 바탕을 두고 있고, 철학은 그 인식의 총괄 개념으로서만 신을 사유할 수 있고 또 사유해야 할 것이다. 인식에 대해 객체와 주체의 개념과 관련하여 완전한 중립성을 띠는 영역을 찾아내는 것이 미래 인식론의 과제이다. 그것은 다시 말하자면 인식 개념이 더 이상 두 개의 형이상학적 실재 사이의 관계를 지칭하지 않는 그런 인식의 자율적이고 근원적인 영역을 찾아내는 일이다.

이렇게 인식론을 정화하는 작업은 칸트가 급진적인 문제로 제시할 수 있게 했고 또 제기하지 않으면 안 되도록 만들었다. 그러한 작업과 함께 새로운 인식 개념뿐만 아니라 그와 동시에 새로운 경험 개념도 칸트가 둘 사이에서 찾아낸 관계에 따라 제시될 것이라는 점은 미래 철학의 프로그램적 명제로 내세울 수 있다. 물론 여기서 인식과 마찬가지로 경험은 경험적 의식과 관련되지 않아야 할 것이다. 그러나 여기서도 인식의 조건들이 경험의 조건들이라는 점이 유지될 것이며, 심지어 그 점이 그 본래의 의미를 획득할 것이다. 새로운 인식 조건들에 바탕을 둘 이 새로운 경험 개념은 그 자체가 형이상학의 논리적 장소이고 논리적 가능성이 될 것이다. 왜냐하면 칸트가 형이상학을 거듭해서 문제시했고 경험을 인식의 유일한 토대로 삼은 이유는 다름 아니라 그의 경험 개념으로부터는 예전의 형이상학들이 (물론 형이상학 일반이 아니라) 가진 의미에서의 형이상학의 가능성은 배제된 것으로 나타날 수밖에 없었기 때문이다. 그러나 형이상학의 개념에서 특출한 것은 그것의 인식들이 갖는 부당성(Illegitimität)에 있는 것이 아니라 — 적어도 칸트에게는 그러한데, 그렇지 않았다면 그는 형이상학에 대한 서설을 쓰지 않았을 것이다 — 형이상학이 갖는 보편적 권위, 경험 전체를 이념들을 통해 신의 개념과 직접 결부하는 그 권위에 있다. 그렇기 때문에 다가올 철학의 과제는, 경험 개념도 함께 **오로지** 선험적 의식에 결부하는 가운데 기계적 경험뿐만 아니라 종교적 경험도 논리적으로 가능케 하는 인식의 개념을 찾아내거나 만들어내는 일로 파악될 수 있다. 그렇다고 해서 인식이 신을 가능케 한다고 말하려는 것은 결코 아니지만 인식이 신에 관한 경험과 이론을 비로소 가능케 할 것이다.

여기서 요구되고 또 사태에 맞게 관찰된 철학의 발전을 가리키는 징표를 우리는 신칸트주의에서 이미 엿볼 수 있다. 신칸트주의의 주요 문제는 직관과 지성의 차이, 인식 능력들에 관한 전체 이론이 칸트에서 차지하는 위치에서 찾아볼 수 있는 형이상학적 잔재를 제거하는데 있었다. 그와 함께 — 그러니까 인식 개념을 변형하는 작업을 통해 — 곧바로 경험 개념을 변형하는 작업이 시작되었다. 다시 말해 모든 경험을 과학적 경험으로 환원하는 일은, 그것이 여러 가지 점에서 역사적인 칸트를 발전시키는 일이라 할지라도, 칸트의 경우 이렇게까지 독점적으로 이루어지도록 의도되지는 않았다는 점은 의심의 여지가 없다. 칸트의 경우 경험을 개별 과학 영역으로 파편화하고 분할하는데 반하는 경향이 분명히 존재한다. 또한 나중에 인식론이 통상적 의미의 경험으로 귀환하는 일을 차단하지 않으면 안 될지라도, 다른 한편 경험의 연속성에 대한 관심에서 볼 때 신칸트주의가 제시하는 것처럼 경험을 과학들의 체계로 서술하는 일은 아직 결함이 있으며, 순수하게 체계적인 경험의 연속체를 형성할 가능성을 형이상학 속에서 찾아야 한다. 아니 경험의 본래적 의미는 바로 여기서 찾아야 할 것처럼 보인다. 그러나 칸트에서 근본적인 형이상학적 사상이 아닌 어떤 한 사상을 신칸트주의적으로 수정하는 작업에서 곧바로 경험 개념의 변화가 생겨났다. 그것도 특이하게도 비교적 공허한 계몽주의적 경험 개념의 기계적 측면을 극단적으로 발전시키는 데서 이루어졌다. 물론 기계적 경험 개념과의 독특한 상관관계 속에 자유 개념이 놓여 있고 그에 따라 그러한 자유 개념이 신칸트주의에 의해 계속 발전된 점은 간과할 수 없다. 그러나 여기서도 윤리학의 전체 맥락이 계몽주의와 칸트와 칸트주의자들이 윤리에 대해 갖는 개념 속에서 사라지는 것이 아니라는 점, 그것은 마치 형이상학이 그들이 경험이라 부르는 것 속에서 사라지는 것이 아닌 것과 같다는 점이 강조되어야겠다. 따라서 새로운 인식 개념과 함께 경험 개념뿐만 아니라 자유 개념도 결정적인 변형을 겪게 된다.

  이제 사람들은 여기서 다음과 같은 견해를 표방할 수 있을 것이다. 즉 형이상학의 논리적 장소를 제시할 경험 개념을 찾아내면서 자연의 영역과 자유의 영역 사이의 차이 전반이 지양되었다는 것이다. 그렇지만 여기서 나는 연구의 결과가 아니라 연구의 프로그램을 다루기 때문에 다음과 같은 정도만 말해두고자 한다. 새로운 선험적 논리학의 토대 위에서 변증법의 영역, 즉 경험이론과 자유이론 사이의 이행이 일어나는 영역이 변형되는 것은 필연적이고 불가피할지라도, 이러한 변형이 자유와 경험의 혼합으로 수렴해서는 안 될 것이다. 그것은 형이상학적 의미의 경험 개념이 어쩌면 아직 알려지지 않은 의미의 자유 개념에 의해 변형된다고 할지라도 그렇다. 왜냐하면 여기서 연구를 위해 열리는 변형 과정들이 예측할 수 없게 진행된다 할지라도, 칸트 체계의 삼분 구조(Trichotomie)는 보존되어야 할 유형의 위대한 중심 부분에 속하며, 무엇보다 그 삼분 구조가 유지되어야 하기 때문이다. 이 체계의 둘째 부분이 여전히 윤리학을 다루어야 하는지 (셋째 부분의 난점은 차치하더라도), 또는 인과성의 범주가 자유에 의해 어떤 다른 의미를 갖게 될지는 문제삼아도 좋을 것이다.[4] 이 삼분 구조는 ─ 이 삼분 구조가 지닌 형이상학적으로 심오한 관계들은 아직 발견되지 않았는데 ─ 칸트의 체계에서 이미 관계 범주들[5]의 삼원성(三元性)에 그 결정적인 근거를 두고 있다. 이러한 체계의 절대적 삼분 구조는 바로 이러한 삼분성에서 문화의 전체 영역과 관련되는데, 그러한 구조 속에 칸트의 체계가 이전의 철학자들에 대해 갖는 세계사적 우월성 중의 하나가 놓여 있다. 그렇지만 칸트 이후의 체계들이 갖는 형식주의적 변증법은 테제(Thesis)가 정언적인 관계로, 안티테제(Antithesis)가 가언적 관계로, 그리고 진테제(Synthesis)가 선언적 관계로 규정되는 데 근거를 두고 있지 않다. 하지만 진테제의 개념 이외에도 어떤 다른 개념 속에 두 개념이 일종의 비(非)진테제로 관계를 맺는 것도 체계의 관점에서 매우 중요하게 될 것이다. 왜냐하면 진테제 이외에도 테제와 안티테제 사이의 또 다른 관계가 가능하기 때문이다. 그렇지만 이것은 관계 범주의 사원성(四元性)으로 나아갈 수는 없을 것이다.

거대한 삼분 구조가 철학의 분류를 위해 보존되어야 하고, 설사 이 분지들 자체가 잘못 규정되어 있다 할지라도 그렇다면 이것은 체계의 모든 개별 도식에 대해서도 무조건 타당한 것은 아니다. 예를 들어 마르부르크학파가 이미 선험적 논리학과 선험적 미학 사이의 차

---

[4] I. Kant, 앞의 책, Bd. 3, p. 308(*Kritik der reinen Vernunft*, Der Antinomie der reinen Vernunft dritter Widerstreit der transcendentalen Ideen. Thesis). ─ 전집 편집자
[5] I. Kant, 앞의 책, p. 93(Tafel der Kategorien, 범주표). ─ 전집 편집자

이를 지양하는 작업을 시작했듯이(이러한 구별과 유사한 구별이 상위의 단계에서 다시 나타나야 할지는 의문일지라도), 지금 일반적으로 요구되고 있는 형태의 범주표는 완전히 수정되어야 한다. 그렇다면 바로 여기서 인식 개념의 변형 작업은 새로운 경험 개념을 획득하는 작업 속에서 예고될 것이다. 그 이유는 아리스토텔레스의 범주들은 한편으로 자의적으로 제시되었고, 다른 한편으로 칸트에 의해 기계적 경험과 관련해 아주 일방적으로 착취되었기 때문이다. 무엇보다도 범주표가 지금의 형태대로 개별화되고 매개되지 않은 채로 머물 수밖에 없는지, 그 범주표가 질서들에 관한 이론에서 여타 분지들 속에 한 위치를 차지하거나 스스로 그러한 위치로 구축됨으로써 논리적으로 그에 선행하는 원(原)개념들에 토대를 두거나 그 원개념들과 결합될 수 있을지는 숙고해볼 일이다. 그렇다면 질서들에 관한 그와 같은 이론에는 칸트가 선험적 미학에서 논의한 것,[6] 더 나아가 기계역학뿐만 아니라 기하학, 언어학, 심리학, 기술적(記述的) 자연과학 및 여타 많은 과학들의 기초 개념들 전체도 — 그것들이 범주나 그 밖의 최고 철학적 질서 개념들과 직접적 관계를 맺고 있는 한 — 속할 것이다. 이에 대한 탁월한 예로서 문법의 기초 개념들을 들 수 있다. 더 나아가 사람들은 인식론에서 인식의 생성에 대한 숨겨진 물음에 대해 숨겨진 답변을 주는 모든 요소들을 과격하게 배제함으로써 허위 내지 오류의 거대한 문제가 등장한다는 점, 이제 그것의 논

---

[6] I. Kant, 앞의 책, pp. 47~73(*Kritik der reinen Vernunft*, Die transcendentale Ästhetik).—전집 편집자

리적 구조와 질서도 진리의 그것과 꼭 마찬가지로 밝혀져야 한다는 점을 예상해야 한다. 진리라는 것이 정직한 지성을 가지고 설명되어서는 안 되는 것처럼 오류는 더 이상 착각으로부터 설명되어서는 안 된다. 허위와 오류의 논리적 성격에 대한 이 연구를 위해서도 예상컨대 질서들에 관한 이론에서 범주들을 찾아야 할 것이다. 즉 현대 철학 도처에서 범주적 질서와 그와 유사한 질서가 다양한 층위를 갖는 경험을 인식하고 또 기계적이지 않은 경험도 인식하는 데 결정적으로 중요하다는 인식이 확산되고 있다. 예술·법학·역사와 같은 영역을 비롯해 여타 모든 영역들도 칸트가 한 것과는 전혀 다른 집중도를 갖고 범주론에 정향해야 할 것이다. 하지만 그와 동시에 선험적 논리학과 관련해 체계의 가장 커다란 문제들 중 하나, 즉 체계의 셋째 부분에 대한 물음, 다시 말해 칸트가 선험적 논리학의 터전 위에서 다루지 않은 과학적 (생물학적) 경험 종류들에 대한 물음, 그리고 왜 그가 그것을 다루지 않았는지의 물음이 제기된다. 더 나아가 예술이 이 셋째 체계와 갖는 맥락, 윤리학이 둘째 체계와 갖는 맥락에 대한 물음이 제기된다. 칸트에서 알려지지 않은 동일성(Identität)의 개념을 확정하는 일은, 그 개념이 범주표에 들어 있지 않다는 점에서, 그럼에도 선험논리적 개념들 가운데 최상위의 개념을 이룰 거라고 추측된다는 점에서, 그리고 어쩌면 인식 영역을 주체-객체의 용어를 벗어나 자율적으로 규명하기에 참으로 적합하다는 점에서 예상컨대 선험적 논리학에서 커다란 역할을 할 것으로 보인다. 선험적 변증법은 칸트의 버전[7]에서는 이미 경험의 통일성을 위한 토대를 이루는 이념들을 보여준다. 그러나 심화된 경험 개념을 위해서는 이미 말했듯이 통일성 이외에 연속성이 불가결하며, 이념들 속에서 그러한 속류적 (俗流的)이지 않은 경험, 그리고 과학적이기만 한 것이 아니라 형이상학적이기도 한 경험의 통일성과 연속성의 근거가 제시되어야 한다. 이념들이 최상의 인식 개념으로 수렴한다는 점이 증명될 필요가 있다.

칸트의 이론 자체가 자신의 원리들을 찾아내기 위해 과학을 — 이 과학과의 관련 속에서 그의 이론이 그 원리들을 정의할 수 있었는데 — 대면해야 했듯이 현대 철학도 그와 비슷한 상황에 처하게 될 것이다. 수학적이고 기계론적인 방향을 일방적으로 지향하는 인식 개념을 대상으로 이루어져야 할 거대한 변형과 교정의 작업은 인식을 언어(Sprache)와 관련짓는 가운데 얻을 수 있는데, 이것은 칸트 생전에 하만(J. G. Hamann)이 이미 시도한 것이기도 하다. 철학적 인식이 절대적으로 확실하고 선험적인 인식이라는 점을 의식하면서, 즉 이처럼 수학과 동등한 철학의 측면들을 의식하면서 칸트에게서 완전히 후퇴해버린 것이 있다. 철학적 인식은 자신의 유일한 표현을 언어 속에서 지니고 있지 공식이나 숫자 속에 지니고 있지 않다는 사실이 바로 그것이다. 그러나 이 사실은 궁극적으로 결정적인 사실로 주장할 수 있을 것이며, 그 사실 때문에 철학이 모든 과학에 대해서도 보유하는 체계적 우위, 수학에 대해서도 갖는 그런 우위가 궁극적으로 주장할 수 있는 것이다. 인식의 언어적 본질에 대한 성찰에서 획득되는 인식 개

---

7) I. Kant, 앞의 책, pp. 244~461(*Kritik der reinen Vernunft*, Die transcendentale Dialektik).—전집 편집자

념은 그에 상응하는 경험 개념을 만들어낼 것이며, 이 경험 개념은 칸트가 진실하고 체계적인 정돈을 이루어내지 못한 영역들도 포괄하게 될 것이다. 그 영역들 중 최상의 영역은 종교라고 할 수 있다. 그리고 이로써 다가올 철학에 제기되는 요구를 다음과 같은 말로 요약할 수 있다. 그것은 어떤 경험에 대해 인식이 그 가르침[이론]이라 할 때 이러한 경험 개념에 상응하는 인식의 개념을 칸트의 체계를 토대로 만들어내는 일이다. 그와 같은 철학은 그것의 일반적 부분에서 스스로 신학이라 칭할 수도 있고, 그것이 이를테면 역사적으로 철학적인 요소들을 포함하는 한 그 신학 위에 위치할 수도 있을 것이다.

경험은 인식의 통일적이고 연속적인 다양성이다.

추기(追記)

철학과 종교의 관계를 해명하고자 하는 관심에서 앞서의 내용을 철학의 체계적 도식과 관련된 부분에서 다시 한 번 서술하고자 한다. 여기서 다루는 것은 우선 인식론과 형이상학과 종교, 이 세 개념의 관계이다. 전체 철학은 인식론과 형이상학으로 분할되거나, 칸트를 인용하자면 비판적 부분과 독단적 부분으로 분할된다.[8] 그렇지만 이 분류는 내용에 대한 언급으로서가 아니라 분류의 원칙으로서는 근본적 중요성을 갖지 않는다. 이렇게 분류하면서 다만 말해둘 것은, 인식 개

---

8) I. Kant, 앞의 책, pp. 21~22(Vorrede). — 전집 편집자

념들과 인식 개념의 모든 비판적 규명 작업을 바탕에 깔고 이제 그에 관해 인식 개념이 우선 제일 먼저 인식 비판적으로 확정된 어떤 것에 관한 이론이 구축될 수 있다는 점이다. 어디에서 비판적인 것이 그치고 독단적인 것이 시작하는지는 아마도 정확하게 드러낼 수 없다. 그 이유는 독단적인 것이라는 개념이 단지 비판에서 이론으로, 일반적인 기초 개념들에서 특수한 기초 개념들로 넘어가는 과정을 특징지을 뿐이기 때문이다. 전체 철학은 따라서 인식론이고 바로 이론일 뿐이다. 즉 모든 인식에 대한 비판적 이론과 독단적 이론일 뿐이다. 두 부분, 즉 비판적 부분과 독단적 부분은 철학적인 것의 영역에 완전히 귀속된다. 사정이 그렇기 때문에, 즉 예를 들어 독단적 부분이 개별 과학적 부분과 합치하는 것이 아니기 때문에, 철학과 개별 과학 사이의 경계에 대한 물음이 자연스럽게 제기된다. 앞서 서술하면서 도입한 형이상학적인 것이라는 용어의 의미는 이제 이러한 경계를 존재하지 않는 것으로 선언하는 데 있다. '경험'이 '형이상학'으로 변혁되었다는 것은 형이상학적인 부분이나 독단적 부분 속에 ─ 최상의 인식론적 부분, 즉 비판적 부분이 이 형이상학적 또는 독단적 부분으로 넘어간다 ─ 이른바 경험이 잠재적으로 내포되어 있다는 것을 의미한다. (이 관계를 물리학의 영역에 대해 예시한 글로서 설명과 기술에 대한 내 논문[9] 참조.) 이로써 아주 일반적으로 인식론·형이상학·개별 과학의 관계가 그려졌다면, 두 가지 물음이 여전히 남는다. 첫째 윤리학과

---

9) Walter Benjamin, "Versuch eines Beweises, daß die wissenschaftliche Beschreibung eines Vorgangs dessen Erklärung voraussetzt," in: *Gesammelte Schriften*, VI, pp. 40~43.

미학에서 비판적 요소와 독단적 요소의 관계에 대한 물음인데, 여기서는 상론하지 않을 것이다. 그것은 체계의 관점에서 볼 때 이를테면 자연이론의 영역에서와 유사한 의미에서 해답을 가정해야하기 때문이다. 둘째로는 철학과 종교의 관계에 대한 물음이다. 우선 분명한 것은 근본적으로 철학과 종교의 관계에 대한 물음이 아니라 철학과 종교의 이론과의 관계에 대한 물음이 문제가 된다는 점이다. 그것은 달리 말하자면 인식 일반과 종교에 관한 인식의 관계에 대한 물음이다. 종교·예술 등의 현존재(Dasein)에 대한 물음 역시 철학적으로 어떤 역할을 할 수 있지만, 그것은 그러한 존재에 대한 철학적 **인식**을 묻는 물음이라는 길을 통해서만 가능하다. 철학은 전적으로 항상 인식에 대해서만 물으며, 여기서 그러한 것들[종교·예술]의 현존재에 대한 인식의 물음은 인식 일반에 대한 물음의 변형 — 그것이 비할 데 없이 특출한 변형이라 할지라도 — 에 불과하다. 심지어 다음과 같이 말해야 할 것이다. 즉 철학 일반은 그것의 문제 제기들에서 결코 현존재의 통일체에 맞닥뜨리는 것이 아니라 언제나 법칙들의 새로운 통일체들에만 맞닥뜨린다는 점, 이 법칙들의 적분[통합]이 그 '현존재'라는 점이다. 인식론적인 간(幹)개념 또는 원(原)개념은 이중 기능을 갖는다. 우선 그것은 자신의 특수화를 통해 인식 일반의 일반 논리적 근거에 따라 개별적인 인식 종류들의 개념들 쪽으로, 그로써 특수한 경험 종류들 쪽으로 파고든다는 점이다. 이것이 그 원개념의 본래적으로 인식론적인 의미이면서 동시에 그 원개념의 형이상학적 의미의 한 측면, 취약한 측면이다. 그렇지만 인식의 간개념과 원개념은 이 맥락에서는 경험의 구체적 총체성에 이르지 못하며, 현존재에 관한 어떤 개념에도 이르지 못한다. 하지만 결코 경험들의 총화로 이해될 수 없는 어떤 경험의 통일성, 이론으로서의 인식 개념이 자신의 연속적인 전개 속에서 **직접적으로** 관련되는 그런 통일성이 있다. 이러한 이론의 대상과 내용, 경험의 이 구체적인 총체성이 종교이다. 하지만 이 종교는 철학에게 우선 이론으로서만 주어져 있을 뿐이다. 그런데 현존재의 원천은 경험의 총체성 속에 놓여 있고, 철학은 이론 속에서 비로소 절대적인 것, 현존재로서 그 절대적인 것에 맞닥뜨리며, 그와 함께 경험의 본질에 있는 연속성에 맞닥뜨린다. 이 연속성을 등한시한 것이 바로 신칸트학파의 결함이 아닐까 추정해볼 수 있다. **순수하게** 형이상학적인 관점에서 볼 때 경험의 간개념은 그것의 개별적인 특수화의 형태인 학문들로 넘어갈 때와는 전혀 다른 의미에서 그 경험의 총체성으로 넘어간다. 즉 직접적으로 넘어가는데, 여기서 직접성의 의미는 위의 간접성과 대비해 더 규정되어야 할 것이다. 하나의 인식이 형이상학적이라는 말은 엄격한 의미에서 볼 때, 그 인식이 인식의 간개념을 통해 경험의 구체적 총체성, 다시 말해 **현존재**와 관련 맺는다는 것을 뜻한다. 철학적인 현존재 개념은 종교적 가르침의 개념에 대해 자신을 입증해야 하지만, 이 종교적 가르침의 개념은 인식론적 간개념에 대해 자신을 입증해야 한다. 이 모든 것은 단지 대체적인 윤곽으로 암시한 것에 불과하다. 이렇게 종교와 철학의 관계를 규정하는 작업의 기본 경향은, 첫째로 종교와 철학의 잠재적인 통일성에 대한 요구를, 둘째로 종교에 대한 인식을 철학으로 귀속하는 일에 대한 요구를, 셋째로 체계의 삼분 구조의 온전함에 대한 요구를 똑같이 충족하는 일이다.

번역자의 과제
(1923)

Walter Benjamin, *Gesammelte Schriften*, Frankfurt a. M., 1972~89, Bd. IV/1, pp. 9~21. (Die Aufgabe des Übersetzers, in: Charles Baudelaire, *Tableaux parisiens*, übertragen von Walter Benjamin)

결코 어떤 예술작품이나 예술형식을 대할 때 수용자를 고려하는 것이 그것의 인식을 위해 생산적인 것으로 드러나는 법이 없다. 어떤 특정 관객이나 그 관객의 대표자에 대한 모든 관계가 제 길에서 벗어나게 하는 것만이 아니라 심지어 '이상적인' 수용자라는 개념도 모든 예술이론적 논의에서 해롭다. 그 이유는 이러한 논의들이 단지 인간 일반의 존재와 본질을 전제하게끔 되어 있기 때문이다. 예술 역시 그 자체가 인간의 신체적이고 정신적인 본질을 전제하기는 한다. — 그러나 어떤 예술작품도 인간의 주의력(Aufmerksamkeit)을 전제하지 않는다. 왜냐하면 어떤 시도 독자를 위해, 어떤 그림도 관람객을 위해, 어떤 교향악도 청중을 위해 있는 것이 아니기 때문이다.

번역이란 원작을 이해하지 못하는 독자들을 위해 있는 것일까? 이것은 예술 영역에서 원작과 번역의 등급상의 차이를 설명하는 데 충분한 것처럼 보인다. 게다가 '똑같은 것'을 반복해서 말한다는 것이 유일하게 가능한 근거인 것처럼 보인다. 도대체 한 편의 시는 무엇을 '말하는' 것일까? 시는 무엇을 전달하는가? 그 시를 이해하는 사람에게 전달할 것은 거의 없다. 시에서 본질적인 것은 전달(Mitteilung)이나 진술(Aussage)이 아니다. 그럼에도 매개〔전달〕하고자 하는 번역은 전달 이외의 아무것도 매개하지 못할지 모른다. 그러니까 비본질적인 것만 전달할지 모른다. 그렇지 않아도 이것이 바로 열악한 번역들을 알아보게 하는 한 표지이다. 하지만 한 편의 시에 전달 이외에 들어 있는 것 — 그리고 열악한 번역자도 그것이 본질적이라는 것을 인정한다 — 그것은 일반적으로 파악할 수 없는 것, 비밀스러운 것, '시적인 것'으로 여겨지지 않는가? 그러니까 번역자 역시 시작(詩作)을 함으로써 재현(wiedergeben)할 수 있는 것이 아닐까? 여기서 실제로 열악한 번역의 두 번째 특징이 연유하는데, 사람들은 이러한 열악한 번역을 그에 따라 어떤 비본질적인 내용의 부정확한 전달로 정의해도 좋을 것이다. 이러한 상태는 번역이 독자에게 기여할 것을 요구하는 동안에는 변하지 않는다. 그러나 번역이 독자를 위해 있는 것이라면 원작 역시 독자를 위해 있어야 할 것이다. 원작이 독자를 위해 존재하는 것이 아니라면 번역은 이 관계에서 어떻게 이해될 수 있을까?

번역은 하나의 형식이다. 번역을 그 자체로서 파악하려면 원작으로 되돌아갈 필요가 있다. 왜냐하면 원작 속에 그 번역의 법칙이 그 원작의 번역 가능성(Übersetzbarkeit)을 통해 결정되어 있기 때문이다. 한 작품의 번역 가능성에 대한 물음은 이중적 의미를 갖는다. 그것은 작품의 독자들 전체 가운데 언젠가 그 작품을 충분히 번역할 사람을 찾게 될 것인가라는 물음을 뜻한다. 또는 보다 본래적인 물음으로서, 작품은 그 본질에 따라 볼 때 번역을 허용하는지, 그리고 그에 따라 — 이 형식의 의미에 맞게 — 그 번역을 요구하기도 하는지라는 물음이다. 근본적으로 첫 번째 물음은 단지 문제성 있는 것으로, 두 번째 물음은 정언(定言)적인(apodiktisch) 것으로 결정할 수 있다. 피상적인 사유만이 후자의 물음이 갖는 독자적인 의미를 부인함으로써 그 두 물음이 동일한 의미를 갖는 물음이라고 선언할 것이다. 그러한 사유에 대해서는 특정한 상관 개념들은 그것들이 처음부터 오로지 인간에게만 관련되지 않는다면 훌륭한 의미, 아니 어쩌면 최상의 의미를 보유할 것이라는 점을 주지할 필요가 있다. 그리하여 어떤 잊을 수 없는 삶이나 순간에 대해 설사 사람들이 그것들을 잊었다고 할지라도 말할 수 있을 것이다. 그러니까 그 삶과 순간이 잊히지 않을 것을 요구한다면 그러한 술어는 전혀 잘못된 것이 아니며, 오히려 사람들이 부응하지 않는 어떤 요구를 내포할 것이고, 그와 동시에 어쩌면 그 요구에 부응할 수 있을 어떤 영역, 즉 신의 기억(Gedenken Gottes)에 대한 지시까지도 내포할 것이다. 그와 유사하게 언어적 형상물들의 번역 가능성은 그것들이 사람들에게 번역 불가능할 경우일지라도 고려할 수 있는 것으로 남을 것이다. 그리고 언어적 형상물들은 엄격한 의미의 번역 개념에서는 실제로 어느 정도까지는 그렇지 않을까? 이처럼 〔문제를〕 분리하는 가운데 특정 언어적 형상물들에 대한 번역을 요구할 수 있는가의 물음을 제기할 수 있다. 왜냐하면 번역이 하나의 형식이라면 번역 가능성은 특정 작품들에는 본질적일 수밖에 없다는 명제를 내세울 수 있기 때문이다.

  번역 가능성이 특정 작품들에는 본질적으로 속한다. 이 말은 그 작품들의 번역이 그 작품들 자체에 본질적이라는 뜻이 아니라 원작들에 내재하는 어떤 일정한 의미가 그 원작들의 번역 가능성 속에서 표출된다는 것을 뜻한다. 하나의 번역은 그것이 제아무리 훌륭하다 할지라도 결코 원작에 대해 무엇인가를 의미할 수 없다는 점은 이해가 간다. 그럼에도 그 번역은 원작의 번역 가능성 덕택에 원작과 밀접한 연관 속에 있다. 아니 이 연관은 그것이 원작 자체에 더 이상 아무것도 의미하지 않는 만큼 더욱더 내밀하다. 그 연관은 자연적 연관이라 칭해도 좋을 것이고, 그것도 더 정확하게 삶의 연관이라고 칭할 수 있다. 삶의 언표들이 살아 있는 자에게 무언가를 의미함 없이 그 살아 있는 자와 내밀하게 연관되는 것처럼 번역은 원작에서 나온다. 그것도 원작의 삶에서라기보다 원작의 '사후의 삶'(Überleben)에서 나온다. 번역은 그렇지 않아도 원작보다 뒤늦게 생겨나며, 자신이 탄생하는 시대에 결코 뛰어난 역자들을 찾아내지 못하는 중요한 작품들의 경우 번역은 그것들의 사후의 삶(Fortleben, 지속된 삶)의 단계를 지칭하게 마련이다. 완전히 비(非)은유적인 객관성 속에서 예술작품의 삶과 사후의 삶에 대한 생각을 파악할 필요가 있다. 사람들이 오로지 유기적 신체에 대해서만 생명을 부여할 수 없을 것이라는 점은 사유가 꽉 닫혀 있던 시대에조차 추측할 수 있었다. 그러나 여기서 중요한 것은 구스타프 테오도르 페흐너(Gustav Theodor Fechner)가 시도했듯이 영혼의 유약한 통치권 아래에서 생명의 지배를 확장하는 일이 아니다. 또한 삶이라는 것을, 그것을 간간히 특징지을 뿐인 감정과 같이 훨씬 덜 중요한 동물적인 것의 요인들로 정의할 수 있으리라는 생각은 더더욱 아니다. 오히려 역사를 지니면서 그 역사의 무대이기만 하지 않은 모든 것에 대해 삶을 인정하기만 한다면 삶이라는 개념은 정당한 권리를 갖게 된다. 왜냐하면 심지어 감정과 영혼처럼 동요하는 본성으로부터는 말할 것도 없고 자연으로부터가 아니라 역사로부터 결국 삶의 영역은 규정될 수 있기 때문이다. 그렇기 때문에 철학에는 모든 자연적 삶을 역사의 보다 더 포괄적인 삶으로부터 이해해야 할 과제가 생겨난다. 그런데 적어도 작품들의 사후의 삶은 피조물들의 그것보다 비할 데 없이 더 쉽게 인식할 수 있지 않을까? 위대한 예술작품들의 역사는 그 혈통을 원천으로부터 알고, 그 형상화를 예술가가 살던 시대에 얻으며, 근본적으로 영원한 사후의 삶을 이후의 세대들에게서 발견한다. 이 마지막 단계의 삶은 그것이 표출될 때 명성(Ruhm)이라 불린다. 번역들은 그것들이 매개 이상의 것일 경우 한 작품이 사후의 삶에서 자신의 명성의 시대에 도달했을 때 탄생한다. 그렇기 때문에 번역들은 열악한 번역자들이 자신들의 작업에 요구하곤 하듯이 명성에 기여하기보다는 오히려 이 명성 덕택에 생겨난다. 그 번역들 속에서 원작의 삶은 언제나 새롭게 자신의 가장 뒤늦으면서 포괄적인 전개의 단계에 도달한다.

  이러한 전개는 독특하고 고귀한 삶의 전개로서 어떤 독특하고 고귀한 합목적성(Zweckmäßigkeit)으로 규정되어 있다. 삶과 합목적성 — 겉보기에도 판연하면서 거의 인식할 수 없는 이 둘의 연관은 삶의 모든 개별적 합목적성들이 지향하는 목적을 다시금 그 고유의 영역에서가 아니라 보다 상위의 영역에서 찾을 수 있는 곳에서만 해명된다.

모든 합목적적 삶의 현상들이나 그 현상들의 합목적성 일반은 결국 삶을 위해 합목적적인 것이 아니라 삶의 본질의 표현, 그 삶의 의미의 재현(Darstellung, 서술)을 위해 합목적적인 것이다. 그리하여 번역은 종국에 언어들 상호 간의 가장 내밀한 관계를 표현하기 위해 합목적적이다. 번역은 이러한 숨겨진 관계 자체를 현시(顯示, 계시)할 수도 없고 만들어낼 수도 없지만 재현할 수는 있는데, 그 관계를 맹아로서 또는 집약적으로(intensiv) 실현함으로써 그렇게 할 수 있다. 게다가 이처럼 어떤 의미된 것을, 그것을 만들어내려는 시도, 그 맹아적 시도를 통해 재현하는 일은 언어적이지 않은 삶의 영역에서는 거의 만나볼 수 없는 아주 독특한 재현 양식이다. 왜냐하면 언어적이지 않은 삶은 집약적으로 실현되지 않더라도, 즉 앞질러 포착하고 암시하면서 실현되지 않더라도 여러 유비와 기호들을 통해 달리 알려질 수 있기 때문이다. 그러나 번역의 경우 위에서 사유한 언어들 사이의 가장 내적인 관계는 독특한 수렴(Konvergenz)의 관계이다. 그 관계란 언어들은 서로 낯설지 않고 선험적으로, 그리고 모든 역사적 관계를 차치하더라도 그 언어들이 말하고자 하는 것에서 서로 근친(verwandt)관계에 있다는 점이다.

그렇지만 이렇게 설명하려 하면서 우리의 고찰이 아무 소용도 없는 우회로를 통해 다시 전통적인 번역이론으로 흘러들어온 것처럼 보인다. 번역들에서 언어들 사이의 근친성[1]이 입증되어야 한다면, 그

---

1) Verwandtschaft: 벤야민에서 '근친성'의 개념은 빈번하게 사용되며, 이 에세이에서 특히 그렇듯이 그것과 인접한 '유사성'(Ähnlichkeit)이나 '유비'(Analogie) 개념과 변별적으로 쓰이는 경우가 많다. 모두 넓은 의미의 '유사성' 개념에 속한다고 볼 수 있

근친성은 원작의 형식과 의미를 가능한 한 정확하게 전달하는 일을 통하는 것 말고 달리 어떻게 입증할 수 있을까? 하지만 이 정확성의 개념이 무엇을 뜻하는지 전통적 이론은 파악할 줄 모를 것이다. 따라서 전통적 이론은 결국 번역에서 본질적인 것이 무엇인지에 대해 아무것도 해명하지 못할 것이다. 그러나 실제로 한 번역에서 언어들 사이의 근친성은 두 개의 문학작품[2] 사이의 피상적이고 정의할 수 없는 유사성에서보다 훨씬 더 깊고 더 명확하게 밝혀진다. 원작과 번역 사이의 진정한 관계를 파악하기 위해서는 인식비판이 모사론(Abbildtheorie)의 불가능성을 증명하기 위해 전개하는 사고 과정과 전적으로 유사한 의도를 갖는 어떤 숙고를 해볼 수 있다. 그러한 인식비판을 통해 인식에서 객관성이란 그것이 현실적인 것의 모사(模寫) 속에 존재할 것 같으면 성립할 수 없고, 심지어 객관성에 대한 요구조차 있을 수 없을 것이라는 점이 드러날 것이다. 그렇다면 여기서 번역이 원작과의 유사성을 그 자신의 마지막 본질에 따라 추구할 경우 어떠한 번역도 가능하지 않을 것이라는 점이 입증될 수 있다. 왜냐하면 사후의 삶이라는 것이 살아 있는 것의 변천과 새로워짐이 아니라면 그

지만, 사람의 얼굴에 나타나는 특징, 특히 부모 자식 간보다 형제간의 얼굴 모습에서 볼 수 있듯이 근친성은 보다 심오하고 내밀한 유사성 관계를 지칭하고 유비는 메타포적이고 기하학적인 유사성의 맥락에서 쓰인다. 이런 차이를 우리는 벤야민의 또 다른 언어이론인 미메시스론과 관련해서 파악할 필요가 있다. 이 '근친성'은 '친족성' 또는 '친화성'이라고 쓸 수도 있겠다. 하지만 원래 '친화성'(Wahlverwantschaft)은 화학에서 쓰이는 용어로서 특성 소선 속에서 서로 다른 원소들이 화합하는 맥락을 지칭한다. 벤야민의 「유비와 근친성」(Analogie und Verwantschaft) 참조.

2) 여기서 문학작품은 원문에는 Dichtung(시)으로 되어 있지만 시만 가리키는 것이 아니라 문학작품을 가리키는 것으로 볼 수 있어 그렇게 번역했다. 그리고 두 개의 문학작품은 한 작품의 원작과 번역을 가리키는 것으로 해석된다.

렇게 불릴 수도 없을 터인데, 그러한 사후의 삶 속에서 원작은 변화하기 때문이다. 확정된 말들도 뒤늦은 성숙 과정을 겪는다. 저자의 생전에 그의 문학적 언어의 경향이었던 것도 나중에는 사라질 수 있고, 내재적 경향들이 이미 형성된 것에서 새로이 생겨날 수도 있다. 그 당시 참신한 것이 나중에는 진부한 것이 되고, 그 당시 관습적으로 쓰이던 것이 나중에 고풍스럽게 들리기도 한다. 그와 같은 변화들을 비롯해 그와 마찬가지로 의미의 부단한 변화가 지니는 본질적인 측면을 언어와 언어로 형성된 작품들의 고유한 삶 속에서 찾는 것이 아니라 나중에 태어난 사람들의 주관성 속에서 찾는다는 것은 — 그것이 심지어 가장 조야한 심리주의라 할지라도 — 한 사태의 원인과 본질을 혼동한 소치이고, 더 엄격하게 말하면 가장 강력하고 생산적인 역사적 과정들에 속하는 것을 사유의 무능함 때문에 부인한 소치이다. 또한 사람들이 저자의 마지막 필치를 작품에 가해진 자비의 일격으로 만들고자 한다 해도, 그것은 위에서 말한 죽은 번역이론을 구제하지 못할 것이다. 왜냐하면 위대한 작품들의 어조와 의미가 수백 년이 지나면서 완전히 변하듯이 번역자의 모국어 역시 변화하기 때문이다. 실제로 작가의 말[3]이 그의 언어에서 지속하는 반면, 번역은 제아무리 위대한 번역이라도 번역자의 언어의 성장 속에 편입되고, 새로운 번역 속에서 몰락하게 되어 있는 법이다. 그처럼 번역은 두 개의 죽은 언어들

---

3) Dichterwort: 이 에세이에서 과거에 문학작품을 지칭하던 Dichtung을 시로 번역하지 않았듯이 Dichter 역시 시인이 아니라 그보다 더 포괄적인 '작가'로, Autor는 저자로 번역했음을 밝혀둔다. 하지만 Gedicht는 Roman(소설), Drama와 달리 장르적 의미가 강하기에 '시'로 번역한다.

사이의 생명 없는 동일성과는 동떨어진 것이며, 바로 모든 형식들 가운데 번역에는 [원작의] 낯선 말이 사후에 성숙하는 과정과 번역자의 언어가 겪는 출산의 고통을 감지하는 것이 가장 고유한 과제로 주어져 있다.

번역에서 언어들의 근친성이 표출된다면 그것은 모사와 원작 사이의 모호한 동일성을 통해 표출되는 것이 아니라 그와는 다른 방식으로 표출된다. 그렇지 않아도 유사성이 반드시 근친성에서 나타나야 할 필요가 없다는 것은 명백하다. 또한 근친성 개념은 이 맥락에서 그것이 좁은 의미로 사용될 때와 합치한다. 그것은 좁은 의미로 근친성 개념을 사용할 때 물론 기원(Abstammung, 혈통, 유래) 개념이 불가결한 것으로 작용한다 할지라도, 두 경우 모두 근친성 개념이 기원의 동일성을 통해 충분히 정의될 수 없기 때문이다. 두 언어 사이의 근친성은 역사적 근친성을 차치한다면 어디에서 찾을 수 있을까? 어쨌거나 문학작품들 사이의 유사성에서도 아니고 그것들의 말들 사이의 유사성에서도 아니다. 오히려 언어들의 초역사적 근친성은 각각의 언어에서 전체 언어로서 그때그때 어떤 똑같은 것이, 그럼에도 그 언어들 가운데 어떤 개별 언어에서가 아니라 오로지 그 언어들이 서로 보충하는 의도의 총체성(Allheit)만이 도달할 수 있는 그러한 똑같은 것이 의도되어 있다는 점에 바탕을 둔다. 그것은 곧 순수언어(die reine Sprache)이다. 즉 서로 낯선 언어들의 모든 개별적 요소들, 단어, 문장, 구문들은 서로를 배제하는 반면, 이 언어들은 그것들의 의도 자체에서는 서로 보완한다. 언어철학의 기본 법칙들 중 하나인 이 법칙을 정확하게 파악한다는 것은 의도에서 의도하는 방식(Art des

Meinens)과 의도된 것(das Gemeinte)을 구별하는 것을 가리킨다. 빵을 뜻하는 독일어 'Brot'와 프랑스어 'pain'에서 의도된 것은 동일하지만 그것을 의도하는 방식은 동일하지 않다. 즉 두 단어가 독일인과 프랑스인에게 각각 상이한 어떤 것을 의미한다는 점, 그 두 단어가 양쪽 사람들에게 대체될 수 있는 것이 아니라는 점, 심지어 종국에는 서로 배제하는 경향을 띤다는 점은 바로 그 의도하는 방식 때문이다. 그러나 이 두 단어가 절대적으로 볼 때 동일한 것을 의미한다는 점은 의도된 것 때문이다. 이처럼 의도하는 방식이 이 두 단어에서 상충하는 반면 그 두 단어는 그것들이 유래하는 두 언어에서 서로 보완한다. 그것도 그 두 단어에서 의도하는 방식이 의도된 것을 위해 서로 보완한다. 다시 말해 보완되지 않은 개별 언어들에서 그 언어의 의도된 것은 결코 개별 단어나 문장에서처럼 상대적 독자성을 갖고 나타나지 않고 오히려 끊임없는 변화 과정 속에 있다. 그 변화는 개별 언어들에서 의도된 것이 모든 의도하는 방식들의 조화에서 순수언어로서 모습을 드러낼 때까지 지속된다. 그처럼 오랫동안 그 의도된 것은 언어들 속에 숨겨져 있다. 그러나 언어들이 이처럼 그것들의 역사의 메시아적 종점에 이를 때까지 성장한다면, 작품들의 영원한 사후의 삶에서, 그리고 언어들의 무한한 생기(生起)에서 점화되면서 항상 새롭게 언어들의 성스러운 성장을 시험해보는 것이 바로 번역이다. 즉 언어의 감추어진 그것이 계시(Offenbarung)에서 제아무리 멀리 떨어져 있고 또 이렇게 떨어진 거리를 아는 가운데 현재적이 될 수 있을지라도 말이다.

이로써 물론 모든 번역은 언어들의 이질성과 대결하는 모종의 임시적 방식일 뿐이라는 점이 인정된 셈이다. 이러한 이질성을 이처럼 일시적이고 임시적으로 해결하는 방식과는 또 다른 해결방식, 어떤 순간적이고 궁극적인 해결방식은 인간이 다다를 수 없는 것으로 남아 있거나 어쨌든 직접적으로 추구할 수는 없다. 하지만 간접적으로는 종교의 성장에서 추구할 수 있는데, 종교의 성장은 언어들 속에 어떤 상위의 언어의 감춰진 씨앗을 숙성시킨다. 따라서 번역은 그것이 자신의 형상물의 지속성에 대해 요구를 제기할 수 없고, 이 점에서 예술과는 다르다고 할지라도 자신이 지향하는 방향이 모든 언어 형성의 종국적이고 궁극적이며 결정적인 단계라는 점을 부인하지 않는다. 번역 속에서 원작은 말하자면 언어가 살아 숨쉴 보다 높고 순수한 권역(圈域)으로 성장한다. 그 권역에서 원작은 지속적으로 살 수는 없고 자신의 형상의 모든 부분이 그러한 권역에 도달하지 못할지라도 그럼에도 적어도 그 권역을 언어들에게 미리 정해져 있으면서 이루지 못한 화해와 성취의 영역으로서 놀라울 정도로 인상적인 방식으로 지시하고 있다. 그 권역에 원작은 완전하게 도달하지 못하지만 그 속에는 어떤 한 번역에서 전달을 넘어서는 무엇이 놓여 있다. 더 정확하게 말하자면 이 본질적인 핵은 그 번역 자체에서 다시금 번역할 수 없는 어떤 것이라고 규정할 수 있다. 다시 말해 그 번역에서 전달에 해당하는 부분을 얼마든지 뽑아내어 이를 번역할 수 있을지 모르지만, 그럼에도 진정한 번역자의 작업이 지향한 어떤 것이 건드릴 수 없는 채 남는다. 그것은 원작과 작가의 말처럼 옮길 수 있는 것이 아닌데, 왜냐하면 내용이 언어에 대해 갖는 관계는 원작과 번역에서 전혀 다르기 때문이다. 내용과 언어가 원작에서는 열매와 껍질처럼 일종의 통일체를 이루고 있다면, 번역의 언어는 마치 주름들이 잡혀 있는 널따란 왕의 외투처럼 그것의 내용을 감싼다. 왜냐하면 번역의 언어는 그 언어 자체보다 더 상위의 언어를 의미하며, 그로써 번역 자신의 내용에 어울리지 않고 강압적이며 낯선 채로 머물기 때문이다. 이러한 균열은 모든 번역을 저지하며 그와 동시에 불필요하게 만든다. 왜냐하면 언어 역사의 특정 시점에서 나온 어떤 작품을 번역한 것은 모두 그 작품 내용의 특정 측면을 두고 볼 때 여타의 모든 언어들로 번역한 것들을 대표하기 때문이다. 따라서 번역은 원작을 어떤 — 아이러니하고 — 보다 궁극적인 언어 영역으로 옮겨 심는 작업인데, 그것이 아이러니한 이유는 원작을 그 영역으로부터 더 이상 어떤 번역을 통해서도 옮길 수 없고 오로지 그 영역 속으로 항상 새로이, 그리고 다른 부분들에서도 상승시킬 수 있기 때문이다. 여기서 '아이러니하다'는 말이 낭만주의자들의 사고 과정을 상기하는 것은 까닭이 있다. 낭만주의자들은 어느 누구보다도 작품들의 생명에 대한 통찰을 지녔으며, 그 생명을 최고로 보증해주는 것이 번역이었다. 물론 그들은 번역을 그 자체로 거의 인식하지 못했고 오히려 그들의 주의력 전체는 비평(Kritik)에 쏠렸는데, 비평 역시 작품의 사후의 삶에서 한 요인을 — 비록 하위의 요인이긴 하지만 — 이룬다. 그렇지만 그들의 이론이 번역을 거의 지향하지 않았다고 할지라도 그들의 위대한 번역 작업 자체는 이 형식의 본질과 품위에 대한 어떤 느낌에서 이루어졌다. 이러한 느낌이 반드시 작가 속에서 가장 강하게 나타날 필요는 없으며, 모든 것이 그 점을 시사한다. 어쩌면 그러한 느낌은 작가에게서 가장 적게 나타나는지 모른다. 역사를 돌아보면 중요한 번역가들은 작가들이고 중요하지 않은 작가들은 하찮은 번역가들이라는 전통적 선입견은 전혀 들어맞지 않는다. 일련의 위대한 작가들 중 마르틴 루터(M. Luther), 요한 포스(J.H. Voß), 아우구스트 슐레겔(A. W. Schlegel)은 작가로서보다는 번역가로서 훨씬 더 중요했으며, 그 밖에도 프리드리히 횔덜린(Fr. Hölderlin)이나 슈테판 게오르게(S. George)와 같은 탁월한 작가들은 그들이 이룬 업적의 전체 규모를 볼 때 작가의 범주에만 집어넣을 수 없다. 그렇다고 번역가로 취급할 수는 없다. 즉 번역이 하나의 고유한 형식이라면 번역자의 과제도 작가의 과제와 확연히 구별되는 고유한 과제로 파악될 수 있다.

번역자의 과제는 원작의 메아리를 깨워 번역어 속에서 울려 퍼지게 하는 의도, 번역어를 향한 바로 그 의도를 찾아내는 데 있다. 여기에 바로 문학작품과 전적으로 구별되는 번역의 특성이 들어 있다. 왜냐하면 문학작품의 의도는 결코 언어 자체, 그 언어의 총체성을 지향하는 것이 아니라 단지 특정한 언어적 의미 연관만 직접 지향하기 때문이다. 그러나 번역은 문학작품과는 달리 자신이 마치 언어 내부의 숲속 자체에 있는 듯이 여기는 것이 아니라, 그 숲의 외부에서 그 숲과 대면한다고 여기며 그 숲에 발을 들여놓지 않으면서 원작을 불러들이는데, 자신의 언어로 울리는 메아리가 낯선 [원작의] 언어로 쓰인 작품에 대한 반향을 줄 수 있는 유일한 장소로 불러들인다. 번역의 의도는 문학작품의 의도와는 무언가 다른 것을 지향하는 것, 즉 낯선 [번역사의] 언어로 재현된 개개 예술작품의 언어 전체를 지향하는 것만 아니다.[4)] 번역의 의도는 그 자체가 또 다른 것이기도 하다. 즉 작가의 의도가 소박하고 일차적이며 구체적이라면 번역자의 의도는 파생된 것이고 궁극적이며 이념적이다. 왜냐하면 다수의 언어들을 하나의 진정한 언어로 통합하려는 거대한 동기가 그의 작업을 채우기 때문이다. 하지만 이 진정한 언어라는 것은 그 속에서 개개의 문장, 문학작품, 판단들이 결코 소통하지 못하지만 — 그렇기에 그것들은 번역에 의존하고 있는데 — 언어들 스스로 의도하는 방식에서 보완되고 화해되어 서로 합일되는 그러한 언어이다. 그러나 모든 사유가 얻으려고 노력하는 마지막 비밀들이 긴장 없이, 그리고 서로 침묵하며 그 속에서 보존되어 있는 진리의 언어라는 것이 있다면, 이 진리의 언어는 진정한 언어라 할 수 있다. 그리고 바로 이 진정한 언어, 그것을 예감하고 기술하는 데 철학자가 기대할 수 있는 유일한 완전성이 놓여 있는 그러한 언어가 번역들 속에 집약적으로 숨겨져 있다. 철학의 뮤즈란 없으며 번역의 뮤즈도 없다. 하지만 철학과 번역은 감상적인 예술가들이 안다고 주장하듯이 속물적인 것이 아니다. 왜냐하면 번역 속에서 표출되는 언어를 향한 동경을 가장 고유한 속성으로 갖는 어떤 철학적 재능이라는 것이 있기 때문이다. "언어들의 불완전성은 그것들의 다수성 때문이다. 탁월한 언어가 결여되어 있는 것이다. 즉 사유란 장식이나 속삭임 없이 글쓰기이고, 불후의 말은 여전히 침묵 속에 있다. 지구상에 어법〔방언〕들의 다양함은 사람들로 하여금 말들을, 만약 그렇지 않다면 단번에 진리로 구체화될 그런 말들을 소리 내지 못하도록 막는다."[5] 스테판 말라르메(Stéphane Mallarmé)가 이렇게 말

---

[4] 벤야민은 또 다른 곳에서 "원작의 언어를 번역자의 언어 속에서 재현하는 일"이 번역의 과제라고 말한다(VI, 160).

하면서 생각하는 것을 철학자가 엄격하게 측정할 수 있다면, 번역은 그와 같은 [탁월한] 언어의 맹아들을 갖고 문학과 가르침(Lehre, 철학적 인식) 사이의 중간에 위치한다. 번역작품은 그 표현의 형성도를 두고 본다면 문학과 가르침보다 뒤지기는 하지만, 이들 못지않게 역사 속에 깊이 각인되어 있다.

번역자의 과제가 그와 같은 빛 속에서 모습을 드러낸다면, 그 과제를 해결하기 위한 길들은 그만큼 더 내다볼 수 없이 어두워지려고 한다. 실제로 번역 속에서 순수언어의 씨앗들이 익어가도록 한다는 과제는 결코 해결할 수 없고 어떠한 해결로도 규정할 수 없는 것처럼 보인다. 왜냐하면 의미의 재현[6]이 더 이상 기준이 아니라면 그와 같은 해결은 바닥이 꺼져버릴 것이기 때문이다. 그리고 앞서 서술한 모든 견해는 ─ 뒤집어본다면 ─ 다름 아닌 바로 그러한 결론에 이르는 것이 사실이다. 충실함과 자유[7]는 ─ 즉 의미에 맞게 재현할 자유와 그러한 직무를 수행할 때 낱말에 충실하기는 ─ 번역에 대한 모든 토론에서 예로부터 전해져온 개념들이다. 이 개념들은 의미의 재현이 아닌 다른 것을 번역에서 찾는 이론에는 더 이상 아무런 기여를 할 수 없는 것처럼 보인다. 물론 이 개념들은 이들이 전통적으로 사용해온 맥락에서는 늘 해소할 수 없는 분열 속에 있다. 왜냐하면 충실성은 의

---

5) Stéphane Mallarmé, *Œuvres complètes*, hg. von Henri Mondor und G. Jean-Aubry, Paris, 1961, pp. 363~64. ─ 전집 편집자
6) Sinnwiedergabe : 의역(意譯). Wiedergabe는 오히려 (소리나 이미지의) 재생(再生)이라는 뜻이고 재현은 원래 Repräsentation(독일어로 Darstellung)에 해당한다. 그러나 의미의 재생이라고 하면 어색하게 들리기에 둘 다 재현이라고 번역하는데, 독자들이 맥락에 따라 구별하기를 기대한다.
7) 충실성과 자유의 대립은 직역과 의역의 대립으로 이해하면 될 것이다.

미의 재현을 위해 무엇을 수행할 수 있을지 묻지 않을 수 없기 때문이다. 개개의 낱말을 번역할 때의 충실성은 원작에서 그 낱말이 갖는 의미를 거의 한 번도 충분히 재현할 수 없다. 왜냐하면 의미라는 것은 그것이 원작에 대해 갖는 문학적 의미를 두고 볼 때 의도된 것 속에서 소진되는 것이 아니라 그러한 문학적 의미를 다름 아닌 바로 특정 낱말에서 그 의도된 것이 의도하는 방식에 어떻게 연결되느냐를 통해 획득하기 때문이다. 사람들은 이 점을 단어들이 어떤 정조(情調, Gefühlston)를 지닌다는 공식으로 표현하곤 한다. 심지어 구문(構文)에서의 직역[8]은 모든 의미의 재현을 마침내 헛되게 만들고 그야말로 이해 불가능한 영역으로 끌어가려고 한다. 19세기 횔덜린의 소포클레스 번역들은 그와 같은 직역의 기괴한(monströs) 예들로 알려져 있다. 끝으로 형식의 재현에서의 충실성이 의미의 재현을 얼마나 어렵게 만드는지는 명약관화하다. 그처럼 직역의 요구는 의미를 살리는 데 대한 관심에서 도출할 수 없다. 의미를 살리는 데는 그보다 훨씬 더 — 하지만 문학과 언어에는 훨씬 덜 — 열악한 번역자들의 방만한 자유가 기여한다. 따라서 그 권리가 명백하지만 그 근거가 감추어져 있는 직역의 요구는 필연적으로 보다 더 적확한 맥락에서 이해되지 않으면 안 된다. 즉 어떤 사기그릇의 파편들이 다시 합쳐져 완성된 그릇이 되기 위해서는 가장 미세한 파편 부분들이 하나하나 이어져야 하면서 그 파편들이 서로 닮을 필요는 없는 것처럼, 이와 마찬가지로

---

8) Wörtlichkeit : 직역(直譯). 직역은 의역과 달리 단어 하나하나를 원작에 충실하게 번역한다는 뜻으로, 축어역(逐語譯) 또는 축자역(逐字譯)이라고도 한다.

번역도 원작의 의미에 스스로를 비슷하게 만드는 대신 애정을 가지고 또 그 세부에 이르기까지 원작이 의도하는 방식에 자신의 언어로 스스로를 동화시켜 원작과 번역 양자가 마치 사기그릇의 파편이 사기그릇의 일부를 이루듯이 보다 큰 언어의 파편으로 인식되도록 하지 않으면 안 된다. 바로 그렇기 때문에 번역은 무엇인가를 전달하려는 의도, 즉 의미를 아주 상당한 정도로 도외시하지 않으면 안 되며, 또 그런 정도에서 원작은 단지 그것이 전달의 노력과 전달할 내용의 질서에서 번역자와 그의 작품을 이미 해방시켰다는 점에서만 번역에 본질적이다. "태초에 말씀이 있었다"(Im Anfang war das Wort)는 말은 번역 분야에서도 유효하다. 그에 반해 번역의 언어는 스스로 가게 내버려 둬도 되며, 실제로 의미를 마주해서는 그렇게 해야 한다. 그리하여 번역의 언어는 그 의미의 의도를 어떤 재현으로서가 아니라 오히려 그 속에서 그 의미의 의도가 스스로 전달하는 어떤 언어를 향한 조화와 보충으로서 그 언어 고유의 의도방식이 울려나오도록 해야 한다. 그렇기 때문에 특히 어떤 번역이 생성된 시대에는 그 번역이 번역의 언어로 쓰인 원작처럼 읽히는 것은 최고의 칭찬이 아니다. 오히려 바로 언어 보충에의 거대한 동경이 작품에서 표현되는 일이 직역을 통해 보증된 충실성의 의미이다. 진정한 번역은 훤히 비쳐나오는 번역으로서 원작을 덮지 않고 원작에게 빛을 가리지 않으며, 오히려 순수언어를 번역 자신의 매체를 통해 강화하여 그만큼 더 원작 위로 떨어지게 한다. 그것은 무엇보다 구문(構文)의 번역에서의 직역이 해낼 수 있으며, 바로 직역이야말로 문장이 아니라 낱말이 번역자의 근원적 요소임을 드러낸다. 왜냐하면 문장이 원작의 언어 앞에 세워진 장벽이라면, 직역이 좇는 낱말은 홍예문(虹霓門, 아치문)이기 때문이다.

번역의 충실성과 자유가 예로부터 서로 대립되는 경향들로 여겨졌다면, 그 둘 중 하나에 대한 이 깊은 해석 역시 그 둘을 화해시키는 것이 아니라 반대로 다른 하나의 모든 권리를 부인하는 듯이 보인다. 그도 그럴 것이 자유는 이제는 법칙으로 불리기를 그만둘 의미의 재현을 겨냥하지 않는다면 무엇과 연관될 것인가? 하지만 한 언어적 형상물의 의미가 그것이 전달하는 내용의 의미와 동일한 것으로 등치될 수 있다면, 그런 의미에게는 아주 가까우면서도 무한히 멀리 떨어져 또 그 의미 속에 감추어진 모습이거나 더 분명한 모습으로, 그 의미에 의해 굴절되거나 모든 전달을 넘어 더 강력하게 어떤 궁극적인 것, 결정적인 것이 남게 된다. 모든 언어와 그 언어의 형상물들에는 전달 가능한 것 이외에 전달 불가능한 어떤 것, 그것을 만날 수 있는 그때그때의 맥락에 따라 어떤 상징하는 것(Symbolisierendes) 또는 상징된 것(Symbolisiertes)이 남아 있다. 유한한 언어적 형상물들에서는 상징하는 것일 뿐인 그것은 언어들의 생성 과정 자체 속에서는 상징된 것으로 나타난다. 또한 언어들의 생성 과정에서 재현되려고 하고 실제로 만들어지려고 하는 이것이야말로 순수언어의 핵 자체이다. 그러나 이 핵이 감춰져 있든 단편적으로든 상징된 것 자체로서 삶 속에 현전하고 있다면, 형상물들에서 그 핵은 오로지 상징하는 것으로서 내재할 따름이다. 여기서 순수언어 자체인 이 마지막 본체가 언어들 속에서는 단지 언어적인 것과 그것의 변화들에 묶여 있다면, 형상물들 속에서 그 본체는 무겁고 낯선 의미가 부착된다. 이 의미에서 그 본체를 풀어내는 일, 상징하는 것을 상징된 것 자체로 만드는 일, 순수언어를 형상화한 모습으로 언어운동에 되찾아주는 일, 이것이야말로 번역이 지닌 엄청나면서 유일한 능력이다. 더 이상 아무것도 의도하지 않고 아무것도 표현하지 않으며 표현할 수 없는 말, 창조적인 말로서 모든 언어 속에 의도된 것이라 할 이 순수언어 속에 결국 모든 전달, 모든 의미, 그리고 모든 의도가 하나의 층위에서 만나며, 이 층위에서 그것들은 소멸하게끔 되어 있다. 또한 바로 이 순수언어에서 번역의 자유가 새롭고 높은 권리를 부여받는다는 점이 확인된다. 번역의 자유는 전달되어야 하는 의미를 통해 그 정당성을 획득하는 것이 아니다. 이러한 전달의 의미로부터 해방되는 것이 바로 충실성의 과제이다. 오히려 번역의 자유는 순수언어를 위해 번역자의 언어에서 실증되어야 한다. 낯선〔원작의〕언어 마력에 걸려 꼼짝 못하고 있는 순수언어를 번역자 자신의 언어를 통해 해방시키고 또 작품 속에 갇혀 있는 언어를 그 작품의 재창작(Umdichtung)을 통해 해방시키는 것이 번역자의 과제이다. 이 순수언어를 위해 번역자는 자신의 언어의 낡은 장벽을 무너뜨린다. 루터, 포스, 횔덜린, 게오르게는 독일어의 경계를 확장했다. ― 이렇게 볼 때 번역과 원작의 관계가 갖는 의미에서 의미의 재현에 남는 것을 다음의 비유로 파악해볼 수 있겠다. 원을 접선(接線)이 스쳐가듯 단지 한 점에서 접촉하며, 어쩌면 점이 아니라 이러한 접촉이 그 접선이 무한한 방향으로 직선을 뻗게 될 법칙을 규정하듯이, 번역도 스치듯이 그리고 단지 의미라는 무한히 작은 점에서 원작을 만나며 충실성의 법칙에 따라 언어운동의 자유 속에서 그 고유한 궤도를 따라간다. 이 자유의 진정한 의미를, 물론 그 의미를 명시하거나 규명하지는 못한 상태에서, 루돌프 판비츠(Rudolf Pannwitz)는 『유럽

문화의 위기』에 들어 있는 한 서술에서 부각시켰다. 이 서술은 어쩌면 『서동시집』에 대한 노트에서 괴테가 한 말과 더불어 독일에서 번역이론에 관해 발표된 것 중에서 가장 훌륭한 것일지도 모른다. "우리의 번역은, 비록 그것이 가장 좋은 번역이라고 하더라도 잘못된 원칙에서 출발하고 있다. 이들 번역은 독일어를 힌두어화, 그리스어화, 영어화하는 대신 힌두어, 그리스어, 영어를 독일어화하려고 하기 때문이다. 우리 번역자들은 외국 작품의 정신에 대해서보다는 그들 자신의 언어 사용에 대해 더 큰 존경심을 갖고 있다. …… 번역자의 기본적 오류는, 자신의 언어가 외국어를 통해 강력하게 영향을 받도록 하는 대신 자신의 언어가 처해 있는 우연적 상태를 고수하는 데 있다. 번역자는 특히 자신의 언어와는 멀리 떨어진 언어에서 번역할 때에는, 언어 그 자체의 궁극적 요소들, 즉 말과 형상과 어조가 하나로 합쳐지는 점에까지 소급하지 않으면 안 된다. 그는 외국어의 수단을 통해 자신의 언어를 확대하고 심화하지 않으면 안 된다. 우리는 어느 정도까지 그것이 가능하고 또 어느 정도까지 모든 언어가 변화할 수 있는지를, 그리고 마치 방언과 방언이 서로 다른 것처럼 언어와 언어 또한 서로 다르다는 점을 전혀 이해하지 못하고 있다. 그러나 우리가 언어를 너무 가볍게 여기지 않고 이를 매우 심각하게 생각한다면 이런 점이 사실이라는 것을 알 수 있을 것이다."[9]

어디까지 번역이 이러한 형식의 본질에 상응할 수 있는지는 객관

---

9) Rudolf Pannwitz, *Die Krisis der europäischen Kultur*, in: *Werke*, Bd. 2, Nürnberg, 1917, 특히 pp. 240, 242.

적으로 원작의 번역 가능성에 의해 규정된다. 원작의 언어가 가치와 품위를 적게 지니면 지닐수록, 그것이 전달에 가까우면 가까울수록 여기서 번역을 위해 얻을 수 있는 것은 그만큼 적으며, 결국에 그러한 〔의역이 추구하는〕 의미의 비중이 과도하게 커짐으로써 그것이 풍부한 형식의 번역을 위한 지렛대가 되기는커녕 번역을 좌초시킨다. 작품은 그 종류가 고귀하면 고귀할수록 그 작품을 번역하는 일은 그것의 의미를 아주 잠깐 스치면서도 더욱더 가능하다. 이것은 물론 원작에 대해서만 해당하는 말이다. 그에 비해 번역들은 의미가 그 번역들에 무겁게 부착되어서가 아니라 그렇게 부착되는 양상이 너무 민속(敏速)하기 때문에 번역할 수 없는 것으로 드러난다. 이 점에 대해서는 다른 모든 본질적인 점에서도 마찬가지이지만 횔덜린의 번역들, 특히 소포클레스의 비극 두 편의 번역이 범례를 제시해준다. 그의 번역들에서는 바람이 스치기만 해도 소리가 나는 하프처럼 언어가 의미를 살짝 건드리고 있을 정도로 언어들이 깊은 차원에서 조화를 이루고 있다. 횔덜린의 번역들은 번역 형식의 원상(原像, Urbild)들이다. 횔덜린의 번역들이 그가 번역한 원작 텍스트의 가장 완전한 번역들에 대해 갖는 관계는 원상이 모상(模像, Vorbild)에 대해 갖는 관계와 같다. 이것은 핀다르(Pindar)의 피티아 축제 세 번째 송가를 횔덜린이 번역한 것과 루돌프 보르하르트(Rudolf Borchard)가 번역한 것을 비교해봐도 알 수 있다. 바로 그렇기 때문에 그의 번역들 속에는 무엇보다 모든 번역에서 엄청나고 원초적인 위험이 도사리고 있다. 즉 그것은 그와 같이 확장되고 철저하게 다스려진 한 언어의 대문들이 내리닫히고 번역자를 침묵 속에 가둬버릴 수 있는 위험이다. 소포클레스 번역들은 횔덜린의 마지막 저작이다. 그 번역들에서 의미는 이 절벽에서 저 절벽으로 추락해가다가 마침내 바닥 없는 언어의 심연 속으로 사라지려고 한다. 그러나 정지할 때가 있다. 그렇지만 그러한 정지는 의미가 더 이상 흘러나오는 언어와 흘러나오는 계시의 분수령이 되지 않는 성서 이외의 어떤 텍스트도 허용하지 않는다. 그 성스러운 텍스트는 그것이 직접, 의미에 의한 매개 없이, 글자 그대로의 의미(Wörtlichkeit)에서 진정한 언어, 진리 또는 가르침에 속하는 곳에서 완전히 번역할 수 있다. 하지만 더 이상 텍스트 때문이 아니라 언어들 때문이다. 그 성서 텍스트에 대해서는 아무런 긴장이 없이 성서에서 언어와 계시가 합일되듯이 번역에서도 직역과 자유가 행간 번역[10]의 형태로 합일되지 않으면 안 될 정도로 무한한 신뢰가 번역으로부터 요구된다. 왜냐하면 일정한 정도로는 모든 위대한 저술들이, 최고도로는 성서가 행들 사이에 그것의 잠재적 번역을 담고 있기 때문이다. 성서 텍스트의 행간 번역은 모든 번역의 원상이거나 이상(理想)이다.

---

10) Interlinearversion : 특히 중세 초기 수고본에서 행 사이에 써넣은 축어역.

인식비판적 서론[1]
(1925)

Erkenntniskritische Vorrede, in: Walter Benjamin, *Gesammelte Schriften*, Bd. I/1, pp. 207~37. (『독일 비애극의 원천』 *Ursprung des deutschen Trauerspiels*의 서론 부분)

『독일 비애극의 원천』이 씌어진 것은 1925년이지만 출판된 것은 1928년이다. 이 텍스트에서 각 단락의 소제목들은 초판본과 『전집』에서 모두 머리말에만 달려 있지만, 여기서는 편의상 해당 단락 위에 명기했음을 밝혀둔다.

전체라는 것은 지식에서든 성찰에서든 조립될 수 없는데, 그것은 지식에서는 내부가, 성찰에서는 외부가 빠져 있기 때문이다. 그래서 우리가 학문에서 모종의 전체성과 같은 것을 기대한다면 그 전체성을 예술로서 사유하지 않으면 안 된다. 그것도 우리는 그 학문을 어떤 일반적인 것, 과도하게 넘쳐나는 것에서 찾으려 해서는 안 되고, 예술이 각각의 개별 예술작품에서 재현되듯이 학문 역시 각각의 개별 대상에서 그때그때 온전히 입증되어야 할 것이다.

— 요한 볼프강 폰 괴테, 「색채론의 역사에 관한 자료」[2]

---

1) 『독일 비애극의 원천』은 최성만·김유동 옮김으로 2009년 한길사에서 출간된 번역본을 따랐다. 이 「인식비판적 서론」 부분은 내가 맡았는데, 번역 과정에서 김유동 교수에게서 많은 도움을 받았다. 아울러 이 서론을 선집에 싣는데 한길사 측에서 양해를 해준 데 대해 감사의 말씀을 전한다.

트락타트의 개념[3]

방향을 전환할 때마다 다시금 재현〔서술, Darstellung〕이라는 문제에 부딪히는 것은 철학적 저술에 고유한 것이다. 물론 철학적 저술은 그 완결된 형태를 두고 볼 때 가르침(Lehre, 教說, 理論)이 될 테지만 그러한 완결성을 그 저술에 부여하는 것은 단순한 사유의 권한에 속하는 게 아니다. 철학적 가르침은 역사적 성문화 작업(historische Kodifikation)에 바탕을 둔다. 따라서 철학적 가르침은 기하학적 연역 방식으로 불러낼 수 있는 것이 아니다. 수학은, 모든 엄격하게 사태에 들어맞는 교수법이 추구하듯이 재현의 문제를 완전히 제거하는 것이 진정한 인식의 징표라는 점을 분명하게 증명해주는데, 그렇다면 그만큼 수학은 언어들이 의미하는 진리의 영역을 포기한다는 사실을 간명

---

2) 〔원주〕 Johann Wolfgang von Goethe, *Sämtliche Werke*. Jubiläums-Ausgabe, In Verbindung mit Konrad Burdach [u. a.] hrsg. von Eduard von der Hellen, Stuttgart, Berlin, 연도표시 없음[1907 ff.], Bd. 40: Schriften zur Naturwissenschaften, 2, pp. 141~42.
3) Traktat : 원래 도덕적 목적에 기여하는 고대의 수사학적인 문학형식을 이용하여 기독교 교리를 해석하고 정당화하는 교부시대와 중세의 산문형식을 일컫는다. 18세기 이래로 트락타트는 대개 별다른 호소력을 지니지 못한 도덕적·종교적 교화서를 의미했다. 크게 보아 감각적이고 실험적이며 개방적인 에세이와는 달리 트락타트는 체계적이고 독백적이며 논쟁적이다. 에세이와 트락타트의 엄격한 구분은 사실상 불가능하다. 내용면에서 볼 때 르네상스 이래로 에세이에서 고대와 중세의 도덕적 교리에 의해 각인된 트락타트의 전통이 계속 살아남았으며, 20세기에도 벤야민, 헤르만 브로흐(Hermann Broch), 로베르트 무질(Robert Musil), 테오도르 아도르노(Theodor W. Adorno), 지크프리트 크라카우어, 한스 엔첸스베르거(Hans Magnus Enzensberger) 등의 문화분석적 에세이에서 트락타트적 요소들이 확인된다. Klaus Kanzog und Achim Masser (Hrsg.), *Reallexikon der Deutschen Literaturgeschichte*, Bd. 4, Berlin und New York, 1981, pp. 530~46 참조.

하게 드러낸다. 철학적 구상들에서 방법이라는 것은 그 구상들의 교수법적 장치로 환원되는 것이 아니다. 그리고 이 점은 다름 아닌 그 철학적 구상들에서 비의성(秘義性, Esoterik)이 고유하다는 점, 그리고 철학적 구상들은 비의성을 벗어던질 능력도 없고, 그것을 부인하는 것도 허락되지 않으며, 그것을 칭송하는 일은 그 구상들을 심판하게 될지도 모른다는 점을 말해준다. 가르침과 비의적 에세이라는 개념들을 통해 제기되는 철학적 형식의 대안(代案)을 19세기의 이 체계 개념은 무시해왔다. 체계 개념이 철학을 규정하는 한 철학은 진리를 마치 그것이 외부에서 날아 들어온 양 인식들 사이에 쳐놓은 거미줄로 포획하려는 혼합주의(Synkretismus)에 순응할 소지가 있다. 하지만 습득된 철학의 보편주의는 가르침의 교수법적 권위에 미치기에는 턱없이 부족하다. 철학이 인식을 위한 매개적 안내로서가 아니라 진리의 재현으로서 자신의 형식 법칙을 지키려고 한다면, 체계 속에서 그 형식을 선취하는 일이 아니라 그 형식을 연습하는 일에 비중을 두어야 할 것이다. 이러한 연습은 명확하게 표현할 수 없는 진리의 본체를 목도한 모든 시대마다 어떤 입문서(Propädeutik)의 형태로 강요되어 왔는데, 이 입문서를 트락타트라는 스콜라 철학적 용어로 불러도 될 것이다. 그 이유는 트락타트가 비록 잠재적으로나마 신학의 대상들에 대한 지시를 내포하기 때문이고, 이러한 신학적 대상들 없이 진리는 사유될 수 없기 때문이다. 트락타트들은 그 어조(語調)를 두고 볼 때 교훈적 일 수 있다. 하지만 그것의 가장 내밀한 태도를 두고 볼 때 트락타트는 지침서가 지니는 간명성, 즉 가르침이라면 자신의 권위로 주장할 수 있을 그러한 간명성을 지니지 못한다. 트락타트는 그렇다고 수학적 증명과 같은 강제수단도 동원하지 못한다. 그 규범적 형태를 두고 볼 때 가르치려는 의도라기보다는 거의 교육적이라 할 수 있는 의도의 유일한 요소로서 권위적인 인용이 허용된다. 재현은 트락타트의 방법(Methode)의 총괄 개념이다. 방법은 우회로이다. 우회로서의 재현, 이것이 트락타트의 방법적 성격이다. 의도의 부단한 진행을 포기하는 것이 트락타트의 제일의 특징이다. 사유는 끈기 있게 항상 새로이 시작하며, 사태 자체로 집요하게 돌아간다. 이러한 부단한 숨 고르기가 정관(靜觀, 관조, Kontemplation)의 가장 고유한 존재형태이다. 왜냐하면 정관은 어떤 동일한 대상을 관찰할 때 여러 상이한 의미층을 쫓는 가운데 자신의 항상 새로운 출발의 추진력을 얻고, 자신의 단속적(intermittierend) 리듬의 정당성을 얻기 때문이다. 불규칙한 조각들로 분할되는데도 모자이크가 장엄함을 드러내듯이 철학적 관찰은 비약을 두려워하지 않는다. 모자이크는 개별적이고 동떨어진 것들이 모여 나타난다. 초월적 힘을, 그것이 성상이 지닌 힘이든 진리가 지니는 힘이든 이보다 더 강력하게 가르칠 수 없을 것이다. 사유 파편들이 지니는 가치는 그 파편들이 근본구상에 견주어 측정될 수 없으면 없을수록 더 결정적이 된다. 그리고 모자이크의 가치가 유리용질의 질에 달려 있는 것과 마찬가지로 재현의 광휘는 그러한 사유 파편들의 가치에 달려 있다. 미시적 가공 작업이 조형적 전체성과 지적 전체성의 척도에 대해 갖는 이러한 관계는, 진리 내용이 사실 내용의 세목들에 가장 엄밀하게 침참할 때에 비로소 파악될 수 있음을 웅변해준다. 모자이크와 트락타트는 그것이 서양에서 지고로 발전된 형태를 두고 볼 때 중세에 속한다. 그 둘의 비교를 가능케 하는 것은 그들의 진정한 친화성이다.

인식과 진리

그러한 재현에 내재하는 어려움은 그 재현이 독특한 산문적 형식이라는 점을 증명해준다. 말하는 자가 개별 문장들이 스스로 지탱할 능력이 없을 때에도 이 문장들을 목소리와 표정을 통해 떠받치고, 마치 어떤 거창한 것을 암시하는 스케치를 단 한 번의 필치로 그려내기라도 하는 듯이 그것들을 짜 맞추어 종종 불확실하고 모호한 어떤 생각을 만들어내는 반면, 문자의 고유한 특징은 매 문장마다 새로이 멈추고 새로이 시작한다는 점이다. 정관적 재현은 다른 어떤 재현보다도 더 이 점을 따라야 한다. 정관적 재현의 목표는 열광시키고 감동시키는 것이 아니다. 정관적 재현은 관찰의 단계들에서 독자를 멈추도록 강요할 때에만 자신감을 갖는다. 대상이 크면 클수록 그 관찰은 단속적이다. 그것의 산문적 냉철성은 명령적인 교훈어의 차안에서 유일하게 철학적 연구에 어울리는 글쓰기 방식으로 남는다. — 이러한 철학적 연구의 대상은 이념(Idee)들이다. 재현이 철학적 트락타트의 본래 방법으로 인정받으려면, 그것은 이념들의 재현이어야 한다. 재현된 이념들의 운행 속에 현재화되는 진리는 어떠한 종류의 인식 영역으로의 투사에서도 벗어나 있다. 인식은 소유이다. 인식의 대상 자체는 그것이 의식 — 그것이 선험적 의식이라도 — 속에 점유되어야 한다는 점으로 규정된다. 인식의 대상은 소유적 성격이 남아있다. 이러한 소유에게는 재현이 이차적이다. 소유물은 스스로를 재현하는 것으로서는 이미 존재하지 않는다. 하지만 바로 이 점, 즉 스스로를 재현하는 점이 진리에 해당한다. 방법은 인식에는 소유의 대상을 — 그것이 의식에서 산출되는 방식을 통해서라도 — 얻는 길을 뜻하는데, 그것은 진리에는 진리 자체의 재현이며, 따라서 형식으로서 진리와 함께 주어져 있다. 이 형식은 인식 방법이 행하듯이 의식 속의 연관관계에 속하는 것이 아니라 존재에 속하는 것이다. 인식 대상이 진리와 합치하지 않는다는 명제는 철학의 원천인 플라톤의 이데아론에서 철학의 가장 심오한 의도들 가운데 하나로서 거듭 입증될 것이다. 인식은 캐물을 수 있지만 진리는 그렇지 않다. 인식은 개별적인 것을 향해 있지만 그것의 통일성을 직접 지향하지는 않는다. 인식의 통일성이라는 것이 존재한다면 그것은 오히려 매개적으로만, 다시 말해 개별 인식들을 근거로, 그리고 어느 정도는 그 인식들의 균형을 바탕으로 만들어질 수 있는 연관관계이다. 그에 반해 진리의 본질에는 통일성이 전적으로 매개 없이 존재하며 직접적 규정으로 존재한다. 캐물을 수 없다는 것은 이러한 직접적인 규정의 특성이다. 다시 말해 진리의 본질 속의 온전한 통일성이 캐물을 수 있는 것이라면, 그 물음은 이런 형식을 띠어야 할 것이다. 즉 어떻게 해서 진리가 물음들에 상응하도록 해줄지도 모르는 모든 가능한 대답들 속에 그러한 통일성에 대한 대답 자체가 이미 주어져 있는가. 그런데 이 물음에 대한 대답을 하기 위해서는 그전에 똑같은 물음을 다시 되물어야 할 것이다. 이런 식으로 진리의 통일성은 모든 물음에서 벗어나 있다. 개념 속의 통일이 아니라 존재 속의 통일로서 진리는 모든 물음의 밖에 있다. 개념이 오성(悟性)의 자발성에서 나오는 반면, 이념들은 관찰에 주어져 있다. 이념들은 앞서 주어져 있는 무엇이다. 그리하여 인식의 연관관계에서 진리가 분리됨으로써 이념은 존재로서 정의된다. 이것이 이데아론이 진리개념에 대해 갖는 의미이다. 진리와 이념은 존재로서 플라톤의 체계가 각별하게 부여하는 지고의 형이상학적 의미를 얻는다.

철학적 미

이 점은 무엇보다 『향연』(饗宴, Symposion)이 증명해준다. 특히 『향연』은 이 연관에서 두 가지 결정적 진술들을 내포하고 있다. 『향연』은 이념들의 영역인 진리를 미의 본질적 내용으로 전개하고 있다. 『향연』은 진리를 아름답다고 선언한다. 진리와 미의 관계에 대한 플라톤적 통찰은 모든 예술철학적 시도의 최고의 관심사일 뿐만 아니라 진리 개념 자체를 규정하는 데도 필수적인 저작이다. 체계론적 이해방식은 이 명제들에서 단순히 철학을 위한 찬가의 오래되고 존귀한 구상만을 볼 터인데, 그로 인해 이러한 이해방식은 어쩔 수 없이 이데아론의 사상권에서 멀어질 것이다. 이데아론의 사상권은 아마 앞에서 사유된 주장들 속에서 이념들의 존재방식을 가장 분명하게 밝혀줄 것이다. 두 가지 진술들 중 두 번째 진술은 우선 어떤 제한적 설명이 필요하다. 진리가 아름다운 것으로 불린다면, 그 점은 에로스적 갈망의 단계들을 기술하는 『향연』의 맥락에서 파악되어야 한다. 에루스가 자신의 동경을 진리 쪽으로 향한다면 그는 자신의 원천적인 노력에 불성실한 것이 아니라고 이해되어야 한다. 왜냐하면 진리는 아름답기 때문이다. 진리는 그 자체가 아름답다기보다 에로스에게 아름답다.

인간의 사랑에서도 이와 똑같은 관계가 지배한다. 즉 인간은 스스로 아름다운 것이 아니라 사랑하는 사람에게 아름다운 것이다. 그것도 그의 육신이 아름다움의 질서보다 더 높은 질서 속에서 나타나기 때문에 그렇다. 진리 역시 마찬가지이다. 진리는 그 자체가 아름답다기보다 그것을 추구하는 자에게 아름답다. 상대성의 입김이 이 자에게 닿는다면, 진리에 고유한 아름다움이 그로 인해 어떤 비유적 수식어가 된 것은 결코 아니다. 오히려 스스로 재현되는 이념의 영역으로서 진리의 본질은 진실한 것의 아름다움에 대한 논의가 결코 침해될 수 없음을 보증해준다. 진리 속에서 그와 같은 재현적 계기야말로 아름다움 일반의 피신처이다. 다시 말해 아름다운 것은 자신을 숨김없이 드러내는 한 빛을 발하는 것(가상적인 것), 만져볼 수 있는 것으로 남는다. 아름다운 것이 빛나기만 할 뿐 아무것도 하려 하지 않는 한 유혹하는 아름다운 것의 빛남은 오성(Verstand, 지성)의 추적을 촉발하면서, 아름다운 것이 진리의 제단으로 도피할 때 한해서만 자신의 무죄성을 인식하게 만든다. 에로스는 이러한 도피를 뒤쫓지만, 추적자로서가 아니라 사랑하는 자로서 뒤쫓는다. 미는 자신의 외적 외관(가상) 때문에 항상 양쪽을 피하는데, 곧 이해하려는 자(오성)를 두려움 때문에, 그리고 사랑하는 자를 불안 때문에 피한다. 그리고 이 사랑하는 자만이 진리가 비밀을 파괴하는 폭로(껍질을 벗겨냄, Enthüllung)가 아니라 그 비밀에 합당한 계시라는 점을 증명할 수 있다. 진리가 아름다움에 합당할 수 있는가? 이것이 『향연』에서 가장 심오한 물음이다. 이에 대한 대답으로서 플라톤은 아름다움에 존재를 보증해주는 일을 진리의 역할로 할당한다. 이러한 의미에서 플라톤은 진리를 미의 내용으로 전개한다. 그러나 그 내용은 폭로를 통해 드러나는 것이 아니라, 오히려 껍질(Hülle)이 이념들의 영역에 들어설 때의 타오름의 과정, 그 속에서 작품 형식이 자신의 광도(光度)의 정점에 이르게 되는 작품의 연소 과정이라고 비유적으로 표현할 수 있는 어떤 과정에서 드러난다. 진리와 미의 이러한 관계는 진리가 흔히 사람들이 그것과 동일한 것으로 상정하는 인식 대상과 얼마나 다른지를 다른 무엇보다도 분명하게 보여준다. 그리고 이 관계는 자신의 인식 내용이 학문과의 관계를 오래전에 잃어버린 철학체계들의 경우에도 그 체계들의 현재성 속에 놓여 있는 단순하면서도 환영받지 못하는 어떤 정황을 해명하는 열쇠를 내포한다. 위대한 철학들은 세계를 이념들의 질서 속에서 재현한다. 그런데 그러한 일이 그 속에서 일어난 개념적 윤곽들이 오래전에 허약하게 무너져버린 경우가 상례이다. 그럼에도 불구하고 이 체계들은 플라톤이 이데아론으로써, 라이프니츠가 단자론(Monadologie)으로써, 헤겔이 변증법으로써 보여주었듯이 세계를 기술하는 구상들로서 그 타당성을 주장하고 있다. 이 모든 시도들의 고유한 특징은, 경험 세계 대신 이념들의 세계를 다룰 때에도 자신의 의미를 견지한다는 점, 아니 바로 그럴 때 비로소 자신의 의미를 강력하게 전개하는 경우가 허다하다는 점이다. 왜냐하면 이 사상적 구조물들은 이념들의 질서에 대한 기술로서 생겨났기 때문이다. 그 사상가들이 현실적인 것의 이미지를 그 구조물들 속에서 집약적으로 구상하려 하면 할수록 그들은 나중에 나타날 해석자가 어떤 근본적으로 의도한 세계로서의 이념세계를 독창적으로 재현하는 데 도움을 줄 것이 틀림없는 개념 질서를 그만큼 더 풍부하게 구축하지 않을 수 없었다.

경험세계가 스스로 이념세계에 들어가서 그 속에서 용해되는 식으로 기술하려는 구상을 훈련하는 것이 철학자의 과제라면, 그 철학자는 연구자와 예술가 사이에 고양된 중심을 획득한다. 예술가는 이념세계의 작은 이미지를 구상하는데, 이때 바로 그것을 비유로서 구상하기 때문에 각각의 현실 속에서 궁극적인 이미지를 만들어낸다. 연구자는 개념을 가지고 세계를 내부에서 분할하는 가운데 세계를 이념의 영역 속으로 분산해 배치한다. 단순한 경험을 소멸하는 일에 대한 관심이 연구자를 철학자와 결합한다면, 재현이라는 과제가 예술가를 철학자와 결합한다. 항간의 견해에 따르면 철학자는 연구자로, 그것도 흔히 열등한 모습의 연구자로 분류되어왔다. 철학자의 과제 속에는 재현 문제를 고려하는 자리가 어디에도 없는 것처럼 보였다. 철학적 양식의 개념은 역설이라는 것이 없다. 철학적 양식의 개념은 자신의 요청(Postulat)들을 가지고 있다. 그 요청들이란, 연역의 연쇄에 반대되는 중단의 기법, 단편(斷片)의 제스처에 반대되는 논설의 지구력, 얄팍한 보편주의에 반대되는 모티프들의 반복, 부정하는 논쟁에 반대되는 치밀한 긍정성의 풍부함이다.

개념 속에서의 분할과 분산

진리가 통일성과 유일무이성으로 재현되기 위해 학문에서의 어떤 빈틈없는 연역적 연관관계가 요구되는 것은 결코 아니다. 그렇지만 바로 이러한 빈틈없음이야말로 체계논리가 진리사상에 연관되는 유일한 형식이다. 그와 같은 체계적 완결성은 단순한 인식들과 인식연관을 통해 진리를 확보하려는 다른 모든 재현보다 진리와 더 많은 공통점을 갖고 있지는 않다. 학문적 인식의 이론이 분과 학문들에 철저하게 골몰하면 할수록 그 분과 학문들의 방법적 비정합성(Inkohärenz)은 그만큼 명백하게 드러난다. 개별 과학적 분야는 저마다 새롭고 연역 불가능한 전제조건들을 도입하고 있는데, 이들 분야들에서는 자신 앞에 누적된 전제조건들의 문제들이 해결된 것으로 간주되는가 하면, 또 다른 맥락에서 그 문제들의 해결이 종결될 수 없다는 점을 똑같은 역점을 두고 주장한다.[4] 자신의 연구물들에서 개개의 분과 학문이 아니라 억측에서 만들어낸 철학적 요청들에서 출발하는 학문론이 지니는 가장 비철학적인 특성들 중 하나는 바로 그러한 비정합성을 우연적인 것으로 간주하는 태도이다. 그러나 과학적 방법의 불연속성은 어떤 열등하고 임시적인 인식 단계를 규정짓는 일과는 거리가 멀다. 오히려 그 불연속성은 백과사전적으로 인식들을 포괄하는 가운데 비약 없는 통일성인 진리를 포착하려는 주제넘은 생각이 끼어들지 않는다면 그 학문 방법의 이론을 긍정적으로 촉진할 수 있을 것이다. 체계란 그 토대가 이념세계의 상태 자체에서 착상을 얻는 곳에서만 타당성을 갖는다. 체계들뿐만 아니라 철학 용어를 규정하는 거대한 분류들, 즉 논리학·윤리학·미학과 같은 가장 일반적인 분류들은 언제나 분과 학문의 이름으로서가 아니라 이념세계의 불연속적 구조의 기념비들로서 그 의미를 갖는 법이다. 그러나 현상들은 가상이 섞여 있는 그것의 조야한 경험적 존재 전체가 온전하게 구제되는 것이 아니라

---

[4] [원주] Emile Meyerson, *De l'explication dans les sciences*, Paris, 1921. passim.

그것의 요소들이 구제되어 이념들의 영역에 들어간다. 현상들은 분할되어 진리의 진정한 통일성에 참여하기 위해 자신의 거짓된 통일성을 벗어던진다. 현상은 이렇게 분할된다는 점에서 개념들에 종속된다. 사물들을 요소로 해체하는 일을 수행하는 것이 개념의 역할이다.

개념들로 구별하는 작업은 오로지 그것이 이념들 속에서의 현상들의 구제, 플라톤적인 현상의 구제(τά φαινόμενα σώξειν)를 목표로 삼을 때만 파괴적인 궤변이나 늘어놓는다는 모든 의혹에서 벗어날 수 있다. 이러한 매개적 역할을 통해 개념들은 현상들을 이념들의 존재에 참여하도록 한다. 그리고 바로 이러한 매개 역할로 인해 개념들은 철학의 또 다른 근원적 과제, 즉 이념들의 재현이라는 과제에 유용하게 된다. 현상들의 구제가 이념들을 매개로 이루어지는 동안, 이념들의 재현은 경험을 수단으로 이루어진다. 왜냐하면 이념들은 그 자체로서가 아니라 오로지 개념 속에서 사물적 요소들을 배속하는 작업을 통해 재현되기 때문이다. 그리고 이때 이념들은 그 사물적 요소들의 성좌(Konfiguration)로 재현된다.

성좌(星座)로서의 이념

한 이념의 재현에 사용되는 일군의 개념은 이념을 그 개념들의 성좌로서 현현한다. 왜냐하면 현상들은 이념들 속에 동화되어 있지 않기 때문이다. 현상들은 이념들 속에 내포되어 있지 않다. 오히려 이념들은 현상들의 객관적이고 잠재적인(virtuell) 배열이고 현상들의 객관적 해석이다. 이념들은 현상들을 자신 속에 동화시켜 내포하지도 않고, 스스로 기능들로, 현상들의 법칙으로, '가설'로 증발해버리지 않는다면 도대체 어떤 방식으로 현상들에 도달하는지 하는 물음이 생겨난다. 이에 대해서는 현상들의 재현(Repräsentation) 속에서라고 답할 수 있다. 이념 자체는 그 이념으로 포착된 것과는 근본적으로 다른 영역에 속한다. 따라서 이념이 이념으로 포착된 것을 마치 유(類)개념이 종(種)들을 포괄하듯이 포괄하는지가 그 이념의 존립에 대한 기준으로 이해될 수 없다. 왜냐하면 그것은 이념의 과제가 아니기 때문이다. 비유를 들어 이념의 의미를 이렇게 나타낼 수도 있다. 즉 이념과 사물들의 관계는 별자리와 별들의 관계와 같다. 이것이 의미하는 것은 우선 이념들이 사물들의 개념도 사물들의 법칙도 아니라는 점이다. 이념들은 현상들의 인식에 기여하지 않으며, 어떤 식으로도 현상들은 이념들의 존립에 대한 기준이 될 수 없다. 오히려 현상들이 이념들에 대해 가지는 의미는 그 현상들의 개념적 요소들에서 소진된다. 현상들이 자신의 현존·공통점·차이들을 통해 자신을 포괄하는 개념들의 범위와 내용을 규정하는 반면, 이념들에 대한 그들의 관계는 이념이 현상들이 지닌 객관적 해석 — 더 정확하게는 현상들의 요소들의 객관적 해석 — 으로서 그 현상들 간의 공속성(共屬性, Zusammengehörigkeit)을 규정한다는 점에서 정반대의 관계이다. 이념들은 영원한 성좌(Konstellation)들이며, 그 요소들이 이러한 성좌들의 점들로 파악되는 가운데 현상들은 분할되는 동시에 구제된다. 게다가 그 요소들은 그 극단들에서 가장 분명하게 드러나는데 이 요소들을 현상들에서 분리해내는 것이 개념의 과제이다. 이념은 일회적·극단적인 것이 또 다른 일회적·극단적인 것과 맺는 연관의 형상화라고 표현할 수 있다.

따라서 언어의 가장 일반적인 지시들을 이념들로 인식하는 대신 개념들로써 이해하는 것은 오류이다. 일반적인 것을 평균적인 것으로 서술하고자 한다면 이는 전도된 것이다. 일반적인 것은 이념이다. 이에 반해 경험적인 것은 그것이 어떤 극단적인 것으로 명확하게 통찰되면 될수록 그만큼 더 깊이 파악된다. 극단적인 것에서 개념은 출발한다. 아이들이 어머니가 가까이 있다는 느낌에서 그녀를 에워싸고 있을 때 비로소 어머니가 온힘을 다해 삶을 시작하는 것과 마찬가지로, 이념들은 극단들이 그 이념들 주위에 모여들 때 살아 움직이기 시작하는 법이다. 이념들은 — 괴테의 표현대로라면 이상(理想)들은 — 파우스트적 어머니들이다. 이 어머니들은 현상들이 그들을 신뢰하지 않으면서 주위에 모여들 때에는 어둠 속에 가려 있다. 현상들을 모으는 일은 개념이 할 일이며, 구별하는 오성의 힘으로 그 개념들 속에서 이루어지는 분할 작업은 그것이 동일한 한 과정 속에서 이중적인 것, 즉 현상의 구제와 이념들의 재현을 완수해낼 때 더욱더 의미 있는 일이 된다.

이념으로서의 말[5]

이념들은 현상들의 세계 속에 주어져 있지 않다. 따라서 위에서 언급한 이념들의 주어져 있음[소여성(所與性)]은 어떤 종류의 것인지, 그리고 이념세계의 구조에 대한 모든 해명 작업은 흔히들 이야기하는

---

[5] 벤야민은 숄렘에게 보낸 1925년 2월 19일자 편지에서 「인식비판적 서론」을 "이념론으로 보기 좋게 꾸민" "일종의 초기 언어 논문의 제2단계"라고 칭한다.

지적 직관에 불가피하게 위임되는 것인지의 물음이 생겨난다. 모든 철학의 비의성이 전해주는 약점이 갑갑할 정도로 분명하게 드러나는 곳이 있다면, 그것은 신플라톤주의적 이교(異敎)에 속하는 모든 가르침의 대가들에게 철학적 태도의 지침으로 제시되는 "직관"(Schau)에서이다. 이념들의 존재는 결코 어떤 직관의 대상으로서 생각할 수 없으며 지적 직관의 대상으로서도 생각할 수 없다. 왜냐하면 원형적 사유[6]라는 가장 역설적 형태에서도 직관은, 그 자체가 의도로서 나타나기는커녕 모든 종류의 의도에서 벗어나 있는 진리의 독특한 소여성과 관련을 맺지 않기 때문이다. 진리는 결코 관계 속에 등장하지 않으며 특히 의도적 관계 속에는 전혀 등장하지 않는다. 진리란 개념 의도 속에 규정된 대상으로서의 인식 대상이 아니다. 진리는 이념들로 형성된 무의도적인 존재이다. 진리에 합당한 태도는 따라서 인식 속에서 어떤 의견을 표명하는 일이 아니라 그 진리 속으로 몰입해 사라지는 것이다. 진리는 의도의 죽음이다. 진리를 캐물으려고 생각한 자가 어떤 비밀스러운 상에 덮여 있던 베일이 벗겨지자 쓰러져버렸다는, 자이스의 베일에 씌운 상에 관한 우화[7]가 바로 이 점을 말해준다. 그러한 결과를 낳는 것은 그 사정의 수수께끼 같은 끔찍함이 아니라 진리의 본성, 즉 그 앞에서는 가장 순수한 탐구의 불길마저 물속에서처럼 꺼져버리는 진리의 본성이다. 이념적인 것으로서 진리의 존재는 현상

---

6) intellectus archetypus : 스콜라 철학의 용어로서 인간의 논증적 사유에 대비되는 직관하고 창조하는 신적인 사유를 가리킨다.
7) 쉴러가 고대 이집트 비교(秘敎)의 전설을 토대로 쓴 담시 「자이스의 베일에 씌운 상」 (Das verschleierte Bild zu Sais)(황윤석 옮김, 『독일 고전주의 시』, 탐구당, 1980, 184~91쪽) 참조.

들의 존재방식과는 유다르다. 따라서 진리의 구조는 그 무의도성을 두고 볼 때 사물들의 단순한 존재와 같지만 그 지속성을 두고 볼 때 사물들의 이러한 존재를 능가할 어떤 존재를 요구한다. 진리는 경험을 통해 자신의 규정을 찾을 어떤 견해로서가 아니라 그 경험의 본질을 비로소 각인하는 힘으로 존속한다. 이러한 힘을 유일하게 지니는 존재, 모든 현상성에서 벗어나 있는 존재가 이름이다. 이름의 존재가 이념들의 소여성을 규정한다. 하지만 이념들은 어떤 근원언어(Ursprache) 속에 주어져 있다기보다 근원적인 청각적 지각(Urvernehmen) 속에 주어져 있다. 이 속에서 말들은 자신의 명명하는 권위를 인식하는 의미에 빼앗기지 않은 채 보유하고 있다. "어떤 의미에서 우리는 '이데야'에 대한 플라톤의 가르침이라는 것이, 만일 그 말뜻이 자신의 모국어만을 알고 있을 뿐인 그 철학자에게 말 개념을 신성시하고 말들을 신성시하라고 권고하지 않았다면 가능했을지 의심해볼 만하다. 즉 플라톤의 '이데아들'은, 우리가 그것들을 이런 일면적 입장에서 한 번 판단해도 된다면 신성화된 말들과 말의 개념들 이외의 아무것도 아니다."[8] 이념은 언어적인 것이며, 그것도 말의 본질을 두고 볼 때 말이 그때그때 상징이 되게끔 하는 요인이다. 경험적인 청각적 지각 속에서는 말들이 분해되는데, 이러한 지각 속에서 말들은 자신의 다소간 숨겨진 상징적 측면과 더불어 명백하게 범속한 의미를 지닌다. 말의

---

8) 〔원주〕 Hermann Güntert, *Von der Sprache der Götter und Geister. Bedeutungsgeschichtliche Untersuchungen zur homerischen und eddischen Göttersprache*, Halle an der Saale, 1921, p. 49; Hermann Usener, *Götternamen. Versuch einer Lehre von der religiösen Begriffsbildung*, Bonn, 1896, p. 321 참조.

상징성 속에서 이념은 외부로 향하는 모든 전달에 반대되는 자기이해(Selbstverständigung)에 이르게 되는데, 철학자의 일은 말의 상징적인 성격에 그것이 지닌 우위(優位)를 재현을 통해 되돌려주는 일이다. 철학이 주제넘게 계시하는 자세로 얘기해서는 안 되는 이러한 일은 우선적으로 근원적인 청각적 지각으로 되돌아가는 기억하기를 통해서만 이루어질 수 있다. 플라톤이 말하는 상기(想起, Annamnesis)는 어쩌면 이러한 기억과 동떨어진 것이 아닐 것이다. 다만 여기서 중요한 것은 이미지들을 직관적으로 현현하는 일이 아니다. 오히려 철학적 숙고(Kontemplation) 속에서 이념은 현실의 가장 깊숙한 내면에서 말로서, 즉 다시금 자신의 명명적 권리를 요구하는 말로서 풀려나온다. 그러나 그러한 태도를 취하는 것은 결국 플라톤이 아니라 철학의 아버지로서 인간의 아버지인 아담이다. 아담적인 명명행위는 유희나 자의(恣意)와는 거리가 멀며, 오히려 바로 그 명명행위 속에서 낙원적 상태가 말들의 전달적 의미와 경쟁할 필요가 없었던 상태로서 입증된다. 이념들은 명명행위 속에서 스스로 무의도적인 것으로 드러나듯이 철학적 숙고 속에서 일신(一新)해야 한다. 이러한 일신을 통해 말들의 근원적인 청각적 지각이 다시 회복된다. 따라서 철학은 흔히 조롱 대상이었던 자신의 역사가 지속되는 동안 언제나 동일한 소수의 말들, 즉 이념들의 재현을 둘러싼 투쟁이었던 것이다. 새로운 용어들을 도입하는 일은 그것이 개념의 영역에 엄격하게 머물지 않고 궁극적 관찰 대상들을 추구하는 한 철학적 영역 내부에서는 의심스러울 수밖에 없다. 그와 같은 용어들, 언어보다는 의견이 더 많이 개입하는 실패한 명명이라고 할 수 있는 그 용어들은 역사가 철학적 관찰의 주요 표현들에 부여해왔던 객관성을 포기한 셈이다. 이 철학적 표현물들은 단순한 말들과는 달리 완성된 고립 속에서 자신을 지키고 있다. 이처럼 이념들은 다음의 법칙을 증명해준다. 즉 모든 본질들은 현상들에서뿐만 아니라 특히 서로에게도 독립된 독자성과 불가침성 속에 존재한다. 천상의 조화가 서로 접촉하지 않는 별들의 운행에 바탕을 두듯이 예지계(叡智界, mundus intelligiblilis)의 존립도 순수한 본질들 사이의 지양할 수 없는 거리에 바탕을 둔다. 각각의 이념은 태양이며, 태양들이 서로 관련 맺는 것처럼 자신과 비슷한 다른 이념들과 관계한다. 그러한 본질들의 공명(共鳴)관계가 진리이다. 위에서 말한 그 본질들의 다수성(Vielheit)은 헤아릴 수 있게 제한되어 있다. 왜냐하면 불연속성은 "대상들과 대상들의 성질과는 전적으로 유다른 삶을 영위하는 본질들"에 해당하기 때문이다. "본질들의 존재는 우리가 어떤 대상에서 마주친⋯⋯ 임의의 복합체를 끄집어내고 첨가하는 식으로 변증법적으로 짜낼 수 있는 것이 아니며, 오히려 그 본질들의 수는 헤아려져 있다. 사람들이 그 본질들을 마치 어떤 청동의 바위[9]에 맞닥뜨리듯이 마주칠 때까지, 아니면 그들의 존재에 대한 희망이 헛된 것으로 드러날 때까지 각각의 본질은 그 세계를 드러내는 데 적합하게끔 배당된 장소에서 힘겹게 찾아야 할 대상이다."[10] 본질들의 이러한 불연속적인 유한성에 대한 무지함이 바로 이데아론을 갱신하려는 열정적 시도

---

9) rocher de bronce : 'eherner Fels'. 프로이센의 황제 프리드리히 빌헬름 1세가 프로이센 왕의 권위에 부여했던 표어. 어떤 세찬 파도에도 굴하지 않는 바위라는 뜻.
10) [원주] Jean Hering, "Bemerkungen über das Wesen, die Wesenheit und die Idee", in: *Jahrbuch für Philosophie und phänomenologische Forschung 4*, 1921, p. 522.

들, 최종적으로는 초기 낭만주의자들의 시도를 좌절시켜왔다. 이 낭만주의자들의 사변 속에서 진리는 언어적 성격 대신 성찰하는 의식의 성격을 취한 것이다.

분류적 사고와 배치되는 이념

비애극(Trauerspiel)은 예술철학적 논술의 의미에서 하나의 이념이다. 이러한 예술철학적 논술은, 문학사적 논술이 다양성을 입증하는 일을 관장하는 반면, 통일성을 전제한다는 점에서 후자와 가장 두드러지게 변별된다. 문학사적 분석이 서로 상대방 쪽으로 변환하고 또 생성되어가는 것으로서 상대화하는 차이와 극단들은 개념적 전개 속에서 상보적 에너지들이라는 지위를 부여받으며, 역사는 어떤 결정체적 동시성의 다채로운 가장자리로서 나타날 따름이다. 예술철학에게 극단들은 필수적인 것이 되고, 역사적 진행은 잠재적인 것이 된다. 문학사에서와는 정반대로 한 형식이나 장르에서의 극단은 그 자체가 문학사에 들어가지 않는 이념이다. 개념으로서의 비애극은 별 문제 없이 미학적 분류 개념들의 계열에 편입될 것이다. 그러나 분류 영역에 대해 이념은 다른 관계에 있다. 이념은 여하한 등급도 규정하지 않으며, 각각의 개념 단계가 분류들의 체계 내에서 그 바탕을 두는 일반성, 다시 말해 평균치의 일반성을 자체 내에 지니고 있지 않다. 그에 따라 예술이론적 연구들에서 귀납적 방법이라는 것이 얼마나 불확실한 것인지 언제까지나 은폐될 수 없었다. 최근의 연구자들 사이에서는 위기에 찬 당혹감이 나타나기 시작했다. 막스 셸러는 「비극적인 것의 현상」에 대한 그의 연구에서 이렇게 말하고 있다. "어떻게 나아가야 할 것인가? 비극적인 것의 예들, 즉 사람들이 비극적인 것의 인상을 진술하는 일들과 사건들을 모두 모은 뒤 그것들이 대체 '공통으로' 지닌 점이 무엇인지를 귀납적으로 물어야 할까? 이것은 실험적으로 지지받을 수 있는 일종의 귀납적 방법일 것이다. 그런데 이런 방법은 비극적인 것이 우리에게 작용할 때 우리의 자아를 관찰하는 것보다 더 나을 게 없을 것이다. 그도 그럴 것이 대체 무슨 권리로 우리는 사람들의 진술에 신뢰를 보내 그들이 그렇게 부르는 것 역시 비극적이라고 말할 수 있단 말인가?"[11] 이념들을 — 그것들의 '범위'에 따라 — 귀납적으로 대중적인 화법으로 규정하고자 한다면, 그리하여 범위가 고정된 어떤 것의 본질 해명을 추구하고자 한다면 아무 결실도 얻을 수 없다. 왜냐하면 언어의 사용이란 철학자에게는 그것이 이념에 대한 지시로서 받아들여질 경우 매우 귀중한 것이지만, 철학자의 해석 작업에서 느슨한 언술이나 사고를 통해 형식적 개념 근거로 받아들여질 경우 위험하기 때문이다. 이러한 사정을 두고 볼 때 우리는 다음과 같이 말할 수 있다. 즉 철학자는 말들을 더 잘 통제하기 위해 그것들을 종개념으로 만드는 항간의 사유 습관을 가까이할 경우 극도로 조심해야 한다는 점이다. 바로 예술철학이 이러한 암시에 걸려드는 일이 드물지 않게 일어난다. 수많은 예 중에서 가장 현저한 예를 들자면, 가령 요하네스 폴켈트[12]의 『비극의 미학』은 비극적인 것이 현재에

---

11) 〔원주〕 Max Scheler, *Vom Umsturz der Worte*, Der Abhandlungen und Aufsätze 2., durchges. Aufl., 1. Bd., Leipzig, 1919, p. 241.
12) Johannes Volkelt, 1848~1930 : 감정이입(感情移入) 미학의 대표자. 칸트 및 독일

도 마냥 실현될 수 있는 형식인가 아니면 역사적으로 제약된 형식인 가 하는 물음을 제기하지도 않고 아르노 홀츠나 막스 할베[13]의 작품들을 아이스킬로스나 에우리피데스의 드라마들과 같은 의미에서 자신의 연구 속으로 끌어들이고 있다. 그렇게 될 경우 비극적인 것에 관한 한 이처럼 상이한 재료들 속에는 긴장이 아니라 맥 빠진 이질성만 나타난다. 이렇게 하여 생겨난 사실들의 집적 속에는 원초적이고 다루기 힘든 사실들이 흥미를 돋우는 현대적 사실들의 잡동사니로 금세 은폐되는 법이다. 이 경우 어떤 '공통적인 것'을 규명하기 위해 이러한 사실더미에 종속되는 연구는 단지 몇 가지 심리학적 자료 이외에는 아무것도 손에 쥘 수 없다. 이러한 심리학적 자료들은 연구자의 주관성이나 아니면 적어도 동시대의 보통사람의 주관성 내에서 서로 상이한 종류의 것들을 빈약한 반응의 동일성을 통해 합치해버린다. 심리학의 개념들을 통해 어쩌면 여러 다양한 형태의 인상(印象)이 재현될 수 있을지 모르지만 ― 그런데 여기서 그 인상들을 불러내는 것이

관념론의 영향을 받아 철학적으로는 비판적 형이상학의 입장에 섰다. 미학적으로는 T. 립스와 함께 감정이입의 작용을 미학적으로 구축하고, 또한 그 체계화를 시도했다. 또 미적 범주론에 관해서는 심리주의 미학의 입장에서 그 범주를 매우 다양하게 들어서 분류했다. 주저로는 『경험과 사유』(*Erfahrung und Denken*, 1886), 『미학체계』(*Das System der Ästhetik*, 1905~14), 『확실성과 진리』(*Gewissheit und Wahrheit*, 1918), 『미의식론』(*Das ästhetische Bewusstsein*, 1920) 등이 있다.

13) Max Halbe, 1865~1944 : 독일의 극작가. 자연주의 희곡이 G. 하우프트만이나 H. 주더만에 의하여 대표되던 시대에 『빙류』(氷流, 1892) 등 향토색이 짙은 독자적인 희곡을 썼다. 그 밖에 『청춘』(*Jugend*, 1893), 『향토』(*Mutter Eerde*, 1897), 『대하』(*Der Strom*, 1903) 등이 있다.

Arno Holz, 1863~1929 : 독일 자연주의 창시자의 한 사람. 소설 『파파 햄릿』(1889), 희곡 『젤리케 일가(一家)』(1890) 등이 있다.

예술작품들이라는 사실은 중요하지 않은 것으로 치부된다 — 한 예술 영역의 본질은 재현될 수 없다. 이러한 일은 오히려 그 예술 영역의 형식 개념을 숙련된 방식으로 서술함으로써 이루어질 수 있다. 이 형식 개념의 형이상학적 내용은, 마치 피가 온몸을 돌듯이 단지 내부에 있기보다는 어떤 작용을 미치는 것으로 나타나야 한다.

콘라트 부르다흐[14]의 명목론(Nominalismus)

한편으로는 다양한 형상에 집착하면서 다른 한편으로는 엄격한 사유에 대해 무관심한 것이 언제나 무비판적 귀납법의 규정 근거로 작용해왔다. 항상 문제가 되는 것은 부르다흐가 이따금 매우 예리하게 표명한 것처럼 구성적 이념들, 즉 사물들 속의 보편자들(universaliis in re)에 대한 기피증이다. "나는 휴머니즘의 기원에 관해 이야기할 것을 약속했다. 마치 휴머니즘이 언제 어디선가 전체로서 이 세상에 태어났고 그 뒤 전체로서 성장해온 살아 있는 존재이기라도 한 것처럼 말이다. …… 이때 우리는 중세의 스콜라 철학자들 가운데 일반 개념들, 즉 '보편자'(Universalien)에게 실재성을 부여한 실재론자들이 행한 방식을 취한다. 그와 똑같은 방식으로 우리는 — 태곳적 신화들처럼 실체화하면서 — 통일된 실체와 온전한 현실성을 지닌 존재를 설정하고, 그것을 마치 살아 숨쉬는 개체(Individuum)이기라도 한 것처럼 휴머니즘이라 부른다. 그러나 이와 유사한 수많은 경우에서와 마찬가지

---

14) Konrad Burdach, 1850~1936: 독일의 문예학자.

로 여기서 …… 분명히 해둬야 할 것은, 우리는 무한한 계열의 다양한 정신적 현상들과 극히 상이한 인물들을 일목요연하게 개관하고 파악할 수 있기 위해 어떤 추상적 보조 개념을 고안해내고 있을 뿐이라는 점이다. 우리가 그러한 일을 할 수 있는 것은, 인간의 지각과 인식의 원칙에 따라 볼 때 다음과 같은 이유에서이다. 즉 우리는 우리가 지닌 생득적인 체계 지향적 욕구로 인해 이러한 수많은 다양한 현상들 가운데 우리에게 유사하거나 일치하는 것으로 나타나는 어떤 특징들을 그 현상들이 지닌 차이들보다 더 뚜렷이 보고 더 힘주어 강조한다. …… 휴머니즘이니 르네상스니 하는 표지들은 자의적이며 심지어 거짓된 것들이다. 왜냐하면 그 표지들은 그처럼 근원과 형태와 정신이 다양한 삶에 실제적인 본질적 통일성이라는 거짓된 가상을 부여하기 때문이다. 이와 마찬가지로 부르크하르트(J. Burckhardt)와 니체 이래 즐겨 쓰이는 '르네상스인'이라는 용어는 자의적이고 허구적인 마스크이다."[15] 이 구절에 대해 저자는 각주에서 이렇게 쓰고 있다. "멸종시킬 수 없는 이 '르네상스인'의 나쁜 짝으로 '고딕인'(der gotische Mensch)이 있는데, 이 '고딕인'은 오늘날 사람을 혼란에 빠뜨리는 역할을 하고 심지어 존경할 만한 주요 역사 연구가들(트뢸취 E. Troeltsch!)의 사상세계에서도 유령처럼 출몰하고 있다. 여기에 곁들여 가령 셰익스피어가 속하는 '바로크인'도 등장하고 있다."[16] 이러한

---

15) 〔원주〕 Konrad Burdach, *Reformation, Renaissance, Humanismus. Zwei Abhandlungen über die Grundlage moderner Bildung und Sprachkunst*, Berlin, 1918, pp. 100~01.
16) 〔원주〕 Konrad Burdach, 앞의 글, p. 213 각주.

입장은 그것이 일반 개념들의 실체화에 반대하고 있다는 점에서 ― 보편 개념들은 모든 형태가 그러한 일반 개념에 속하는 것은 아닌데 ― 명백하게 정당성을 갖는다. 그러나 그러한 입장은 플라톤적으로 본질들의 재현을 지향하는 학문론의 물음들 앞에서는 아무짝에도 쓸모가 없으며, 그러한 학문론의 필요성을 오해하고 있다. 오로지 그러한 학문론만이 수학적인 것의 외부에서 움직이는 학문적 서술들의 언어 형식을 끝모르는 회의로부터, 그리고 모든 세련된 귀납적 방법까지도 결국 자신의 소용돌이 속으로 집어삼키는 회의로부터 지켜낼 수 있다. 부르다흐의 설명들은 이러한 회의에 대처하지 못한다. 왜냐하면 그의 설명들은 사적인 차원에서 행해진 사유의 유보(reservatio mentalis)이지 방법론적 보장이 아니기 때문이다. 물론 특히 역사적 유형과 시대를 다룰 경우 사람들은 르네상스나 바로크의 이념과 같은 이념들이 소재를 개념적으로 제압할 수 있다고는 결코 가정할 수 없을 것이다. 그리고 여러 상이한 역사적 시대들에 대한 현대적 통찰은 이런저런 논쟁적 대결들을 통해, 즉 커다란 전환기들에서 그러하듯이 시대들이 마치 본심을 숨기지 않은 채 서로 대적하는 그러한 논쟁적 대결들을 통해 올바른 것으로 인정받을 수 있다는 견해는 사료(史料)의 내용을 오해할 것이다. 왜냐하면 그 경우 사료의 내용은 역사 서술적인 이념들이 아니라 현실적 관심으로 규정되기 일쑤이기 때문이다. 그렇지만 그러한 이름들이 개념들로서는 할 수 없는 것을 이념들로서는 해낼 수 있다. 이념들에서는 똑같은 종류의 것이 하나로 합치된다기보다 극단적인 것이 종합에 도달하기 때문이다. 이 점은 개념적 분석 역시 언제나 전적으로 서로 어긋나는 현상들만 마주하는 것은 아니고 때때로 종합의 윤곽이 그러한 개념적 분석을 통해 비록 정당화되지는 않을지라도 적어도 가시화할 수 있기는 하지만 그럼에도 맞는 말이다. 예를 들어 프리츠 슈트리히는 독일 비애극이 탄생한 바로크 시대의 문학에 대해 언급하기를, "형상화의 원리들은 그 시대 내내 똑같았다"[17]고 했는데, 이는 옳은 지적이다.

극(極)사실주의(Verismus), 혼합주의, 귀납법

부르다흐의 비판적 성찰은 방법론의 긍정적 혁명을 생각해서가 아니라 세부적인 점에서 발생할 객관적인 오류에 대한 우려에서 나온 것이다. 그러나 궁극적으로 방법론이란 결코 객관적 결함에 대한 단순한 두려움에 의해 이끌려서는 안 되며, 부정적으로 제시되거나 경고의 규준으로 제시되어서는 안 된다. 오히려 방법론은 학문적 극사실주의의 관점이 제시하는 것보다 더 높은 질서의 관점에서 출발해야 한다. 학문적 극사실주의는 개별 문제들을 다룰 때, 스스로 학문상의 신조에서 무시해온 진정한 방법론의 물음들에 봉착하지 않을 수 없다. 그 물음들에 대한 해답은 통상적으로 문제 제기를 수정하는 쪽으로 나아가는데, 그렇게 수정된 방향이란 다음과 같은 식으로, 즉 어떻게 '원래 어떠했는가'라는 물음이 학문적으로 답변된다기보다 오히려

---

17) [원주] Fritz Strich, "Der lyrische Stil des siebzehnten Jahrhunderts", in: *Abhandlungen zur deutschen Literaturgeschichte*. Franz Muncker zum 60. Geburtstage dargebracht von Eduard Berend [u. a.], München, 1916, p. 52. [독문학자 슈트리히(1882~1963)는 이 논문에서 처음으로 양식으로서 파악된 '바로크' 개념을 17세기 문학에 적용했다. — 옮긴이]

제기될 수 있는가 하는 식으로 표현될 수 있다. 지금까지 논의해온 것에서 준비되었고, 앞으로의 논의에서 마무리될 이 생각을 통해 비로소 이념이라는 것이 바람직하지 못한 어떤 축약인지 아니면 오히려 그것의 언어적 표현 속에서 진정한 학문적 내용을 근거짓는 것인지가 결정된다. 자신이 행하는 연구들의 언어에 대해 항의를 늘어놓는 학문은 난센스이다. 말들은 수학의 기호들과 더불어 학문의 유일한 재현 매체이며, 말들 자체는 기호가 아니다. 왜냐하면 이념으로서 자신의 본질적인 것을 지니는 같은 말이 바로 개념 속에서는, 즉 기호가 상응할 개념 속에서는 그 힘을 잃기 때문이다. 논증적이고 귀납적인 문제들이 리하르트 모리츠 마이어나 여타의 많은 사람들이 여기는 것처럼 결국 여러 잡다한 방법들의 혼합주의로 마무리될 수 있는 어떤 하나의 '직관'(Anschauung)[18]으로 결집된다고 해서 예술이론의 귀납적 방법이 떠받드는 극사실주의가 고상해지는 것은 아니다. 이로써 사람들은 방법론 문제에 관한 모든 소박하고 사실주의적인 표현들과 함께 다시금 출발점에 서게 된 셈이다. 왜냐하면 바로 그 직관이라는 것이 해석되어야 하기 때문이다. 그리고 귀납적 방법을 취하는 미학적 연구방식의 이미지는 여기서도 그 익숙한 음울한 색조를 드러내고 있다. 그것은 그러한 직관이 이념 속에 용해된 사태의 직관이 아니라 작품 속에 투사된 수용자의 주관적 상태에 대한 직관이기 때문이다.

---

18) [원주] Richard Moritz Meyer, "Über das Verständnis von Kunstwerken", in: *Neue Jahrbücher für das klassische Altertum, Geschichte und deutsche Literatur* 4, 1901(=Neue Jahrbücher für das klassische Altertum, Geschichte und deutsche Literatur und für Pädagogik 7), p. 378.

마이어가 자신의 방법론의 종결부로 생각한 감정이입(Einfühlung)이 그러한 직관에 귀착한다. 본 연구가 진행되면서 적용할 방법과는 정반대인 이 방법은 "드라마의 예술 형식, 즉 비극이나 희극의 예술 형식, 더 나아가 이를테면 인물희극과 상황희극의 예술 형식을 자신이 예상하는 어떤 주어진 크기를 가진 것들로 간주한다. 이제 그 방법은 각 장르의 뛰어난 대표작들을 비교하면서 거기에서 개별 작품을 측정할 규칙과 법칙들을 찾는다. 그리고 그 방법은 다시금 장르들을 비교함으로써 각 작품에 적용될 일반적 예술법칙들을 추구한다."[19] 장르에 대한 예술철학적 "연역"은 이에 따르면 추상하는 방식과 결부된 귀납적 방식에 바탕을 두는 셈이고, 이러한 일련의 장르와 종류들은 연역적으로 획득되기보다 연역의 도식 속에서 제시될 것이다.

크로체가 본 예술 장르

귀납법이 이념들을 분류하고 배열하는 일을 포기함으로써 이념들을 개념들로 격하하고 있는 반면, 연역법은 이념들을 의사(擬似) 논리적 연속체 속에 투사함으로써 똑같은 일을 행한다. 철학적 사유세계는 개념적 연역을 중단 없이 진행함으로써 전개되는 것이 아니라 이념세계를 기술함으로써 전개되어 나온다. 이념세계를 기술하는 작업은 각각의 이념과 함께 원초적 이념으로서 새로이 시작된다. 왜냐하면 이념들은 축소할 수 없는 다수성(Vielheit)을 이루기 때문이다. 수가

---

19) 〔원주〕 앞의 글, p. 372.

헤아려진 — 원래는 명명된 — 다수성으로서 이념들은 관찰에 주어져 있다. 이로부터 예술철학의 연역된 장르 개념에 대한 맹렬한 비판이 베네데토 크로체에 의해 제기되었다. 크로체는 사변적 연역들의 틀이라고 할 수 있는 분류 작업에서 피상적으로 도식화하는 비평의 토대를 간파해낸다. 그리고 역사적 시대 개념들에 대한 부르다흐의 명목론, 사실과의 접촉을 조금도 늦추려 하지 않으려는 그의 저항은 올바른 것에서 멀어지지 않을까 하는 두려움에서 기인한다고 해석할 수 있는 반면, 그것과 전적으로 유사한 미학적 장르 개념들에 대한 크로체의 명목론, 그와 유사하게 개별적인 것에 집착하는 경향은 그 개별적인 것에서 멀어짐으로써 본질적인 것을 놓치지 않을까 하는 우려에서 기인하다. 다른 모든 것보다 바로 이 점이 미학 장르들의 진정한 의미를 밝혀주는 데 적합하다. 『미학의 토대』는 "여러 혹은 많은 특수한 예술 형식들을 구별할 가능성, 그 형식들 각각 그것이 지닌 특수한 개념과 한계들을 통해 규정될 수 있고 고유한 법칙들을 부여받을 수 있는 가능성"이라는 편견을 질타한다. "…… 많은 미학자들이 여전히 비극적인 것이나 희극적인 것의 미학, 서정시 혹은 유머의 미학, 회화나 음악 또는 문학의 미학에 대해 글을 쓰고 있다. …… 하지만 더욱 나쁜 것은 …… 비평가들이 예술작품들을 판단할 때 그것들을 장르 또는 그들이 생각하기에 그 작품들이 속하는 특수한 예술에 비추어 측정하는 습관을 아직 완전히 버리지 않았다."[20] "예술들을 임의로

---

20) 〔원주〕 Benedetto Croce, *Grundriß der Ästhetik*. 4개의 강의. 테오도르 포페(Theodor Poppe)가 편찬한 독일어 판, Leipzig, 1913 (Wissen und Forschen 5), p. 43. 〔= *Gesammelte philosophische Schriften* in deutscher Übertragung, Hans

나누는 이론은 모두 근거가 없다. 장르 또는 분류는 이 경우 하나밖에 없는데, 예술 자체이거나 직관(Intuition)이 그것이다. 반면에 개별 예술작품들은 수없이 많으며, 모두 독창적이고 어느 한 작품도 다른 작품으로 번역할 수 없다. …… 철학적 관찰에서는 보편적인 것과 특수한 것 사이로 어떤 중간적 요소도, 어떤 계열의 장르나 종류도, 어떤 '일반자'(generalia)도 끼어들 수 없다."[21] 이러한 서술은 미학 장르의 개념들에 대해서는 매우 중요하다. 그러나 그 서술은 충분치 않다. 왜냐하면 역사적 또는 양식상의 예들을 모으는 작업이 아니라 그 예들의 본질적 요소가 문제가 될 때에는 어떤 공통점을 찾을 목적으로 예술작품들을 나열하는 일이 쓸모없는 작업이라는 점은 명백하지만, 예술철학이 비극적인 것이나 희극적인 것의 이념과 같은 풍부한 이념들을 일찍이 포기한다는 것은 생각할 수 없기 때문이다. 그 이념들은 규칙의 총괄 개념들이 아니며 그 자체가 밀도와 실재성 면에서 개개의 드라마에 필적하는 구성물들, 그 개별 드라마와 같은 척도로 비교할 수 없는 구성물들인 것이다. 그리하여 그 이념들은 일군의 주어진 작품들을 모종의 공통점들을 근거로 자체 '아래에' 포괄한다는 요구를 내세우지 않는다. 왜냐하면 설령 그 이념들을 따라 이름 붙일 수 있을 순수한 비극, 순수한 희극이 존재하지 않는다 할지라도 그 이념들은 존속할 수 있기 때문이다. 연구를 시작할 때 일찍이 비극적이라든지 희극적이라고 불려왔을 그 어떤 것에도 얽매이지 않고 범례(範例)를

Feist 편, 제2계열, 제2권: *Kleine Schriften zur Ästhetik I.* Tübingen, 1929, pp. 40~41.]
21) [원주] Benedeto Croce, 앞의 책, p. 46.

찾아보는 연구 — 설령 그러한 범례적 성격을 어떤 궤멸된 파편에 대해서만 인정해줄 수 있다 할지라도 — 가 그러한 점을 밝히는 데 도움을 줄 수 있다. 그리하여 그러한 연구는 서평가를 위해 '척도들'을 제공해주지 않는다. 한 용어의 기준들도 그렇지만 비평이라는 것, 예술에 관한 철학적 이데아론을 시험해보는 작업은 비교라는 외적 척도 아래에서가 아니라 내재적으로, 작품의 형식언어가 전개해가는 과정에서 형성된다. 그 과정은 그 형식언어의 내용을 그 형식언어의 영향을 대가로 산출해내는 과정이다. 여기에 덧붙이자면 위대한 작품들 내에서 최초로 그리고 말하자면 이상(理想)으로서 장르가 구현되지 않는다면, 그 작품들이야말로 장르의 한계 외부에 있다는 점이다. 중요한 작품은 장르를 세우거나 아니면 장르를 지양하는 작품이며, 완벽한 작품들에서 그 둘은 합치된다.

원천

예술 형식들을 연역적으로 전개하는 것이 불가능하다는 데, 그와 함께 규칙을 비평적 심급(審級)으로 삼는 일을 무효화시키는 데 — 물론 그 규칙은 예술 작업상의 지침으로서는 남겠지만 — 어떤 생산적인 회의(懷疑)를 위한 근거가 놓여 있다. 그 회의는 사유의 심호흡에 비유할 수 있다. 즉 그런 심호흡 뒤에 사유는 여유를 갖고 전혀 답답하다는 인상을 주지 않으면서 지극히 미세한 것에까지 몰두할 수 있게 된다. 다시 말해 이러한 미세한 것은 관찰이 예술작품과 그 형식의 내용을 헤아리기 위해 그것들 속에 침잠하는 곳에서는 어디서나 언급될 것이다. 예술작품과 형식을 대할 때 그것들을 단숨에 거머쥐려 함으로써 자기 것이 아닌 남의 소유물이 사라지게 하는 결과를 낳는 성급함은 천편일률적 사고를 하는 자들의 고질적 병폐이며, 이는 예술에 무지한 속물들의 순박함보다 나을 것이 없다. 이에 반해 진정한 숙고에서는 연역적 방식을 기피하는 태도와 현상들을 더욱더 멀리 소급해서 다루고 더욱 집요하게 추적하는 태도가 결합하여 나타난다. 현상들은 그것들의 재현이 이념들의 재현인 동시에 그러는 가운데 비로소 개별적 현상이 구제되는 한 어떤 음울한 놀라움의 대상으로 머물 위험에 결코 빠지지 않는다. 자명한 이야기이지만 미학적 용어에서 그 용어가 지닌 일군의 훌륭한 특성들을 탈취해버리고 예술철학을 침묵케 할 급진주의는 크로체에게도 마지막 결론이 아니다. 크로체는 오히려 이렇게 말한다. "사람들이 추상적 분류(Klassifikation)의 이론적 가치를 부정한다고 했을 때 그것은 발생론적이고 구체적인 분류의 이론적 가치를 부정한다는 뜻은 아니다. 하기는 후자의 분류는 '분류'가 아니라 오히려 역사로 불린다."[22] 그러나 크로체는 이러한 모호한 문구를 써서 아쉽게도 너무 서둘러 이데아론의 핵심을 스쳐가고 있다. 예술을 "표현"(Ausdruck)으로 본 그의 규정을 다른 규정, 즉 "직관"(Intuition)으로 보는 규정을 통해 해체하는 심리주의가 그로 하여금 그 점을 보지 못하게 하는 것이다. 그는 어떻게 해서 그 스스로 "발생론적 분류"라고 칭한 관찰 태도가 예술의 종류들에 관한 이데아론과 원천(Ursprung)의 문제에서 합치하는지 깨닫지 못했다. 원천은

---

22) 〔원주〕 Benedeto Croce, 앞의 책, p. 48.

전적으로 역사적 범주이기는 해도 발생과는 아무런 공통점이 없다. 원천이란 발원한 것의 생성(Werden)이 아니라 오히려 생성과 소멸에서 발원하고 있는 것을 의미한다. 원천은 생성의 흐름 속에 소용돌이로서 자리하고 있으며, 그 리듬 속으로 발생 과정에 있는 자료를 끌어당긴다. 사실적인 것의 적나라하고 명백한 존립 속에서는 원천적인 것을 결코 인지할 수 없으며, 그것의 리듬은 오로지 이중적인 통찰에 열려 있다. 즉 원천적인 것의 리듬은 한편으로 복원과 복귀로서, 다른 한편 바로 그 속에서 미완의 것, 완결되지 않은 것으로 인식될 필요가 있다. 모든 원천적 현상 속에는 어떤 하나의 형상이 정해지는데, 그 형상 속에서는 하나의 이념이 그 자신의 역사의 총체성 속에서 완성되어 나타날 때까지 역사적 세계와 거듭 갈등을 빚는다. 따라서 원천은 사실적인 자료에서 추출해낼 수 없으며, 오히려 그 사실적 자료의 전사와 후사에 관계된다. 철학적 관찰의 규준들은 원천에 내재하는 변증법 속에 기록되어 있다. 모든 본질적인 것 속에 일회성과 반복이 서로를 조건 짓고 있음이 이 변증법에서 입증된다. 따라서 원천이라는 범주는 코엔이 말한 것처럼[23] 어떤 순수 논리적 범주인 것이 아니라 역사적 범주이다. "사실을 위해서는 더욱 불리하다"는 헤겔의 말은 잘 알려져 있다. 이 말은 근본적으로 다음과 같은 것을 뜻한다. 즉 본질관계들에 대한 통찰은 철학자의 몫이고, 본질관계들은 사실들의 세계에 그것들

---

[23] 〔원주〕 Hermann Cohen, *Logik der reinen Erkenntnis*, System der Philosophie, 1(제2판), Berlin, 1914, pp. 35~36 참조. 〔Herman Cohen, 1842~1918 : 독일 철학자. 신칸트학파 중에서 P. G. 나토르프와 더불어 마르부르크학파 창시자의 한 사람이다. — 옮긴이〕

이 순수하게 드러나지 않는다고 할지라도 원래 그대로 존속한다. 헤겔의 이러한 순수 관념론적 태도는 원천이념의 핵심을 포기하는 대가로 그 안전성을 얻고 있다. 왜냐하면 모든 원천의 증명은 현실에 제시된 것의 진정성을 묻는 질문에 대응할 준비가 되어 있어야 하기 때문이다. 원천의 증명이 스스로 진짜임을 인준 받지 못한다면 그것은 자신의 칭호를 부당하게 달고 있는 셈이다. 이렇게 숙고해볼 때 철학의 최고 대상들에 대해 당위의 문제(quaestio juris)와 사실의 문제(quaestio facti) 사이의 구별은 지양된 듯이 보인다. 이 점은 논란의 여지가 없으며 불가피하기도 하다. 그렇지만 결론은 곧바로 모든 이전의 "사실"을 본질을 각인하는 요소로 받아들일 수 있다는 것이 아니다. 오히려 연구자의 과제는 여기서 시작한다. 즉 연구자는 사실의 가장 내적인 구조가 사실을 하나의 원천으로 드러나게 할 정도로 본질적인 것으로 나타날 때 비로소 그 사실을 확실한 것으로 여겨야 한다. 진정한 것은 현상들에 들어 있는 원천의 인장(印章)으로서 발견의 대상이며, 이때 발견은 독특한 방식으로 재인식행위(Wiedererkennen)와 결부된다. 현상들에서 지극히 독특하고 기이한 것 속에서, 지극히 무력하고 서툰 시도들 속에서뿐만 아니라 후기의 난숙한 현상들 속에서도 그 진정한 것은 발견 작업을 통해 드러날 수 있다. 이념이 역사를 각인한 일련의 특징적 현상들을 수용하는 것은 그러한 것들에서 통일성을 구성하기 위해서가 아니며, 하물며 공통점을 추출하기 위해서는 더더욱 아니다. 개별적인 것이 이념에 대해 갖는 관계는 그것이 개념에 대해 갖는 관계와 아무런 유사점도 없다. 개념에 대한 관계에서 개별적인 것은 개념 아래 귀속되고 과거에서처럼 개별성으로 머문다. 반면 이념에 대한 관계에서 그것은 이념 속에 위치하며 그것이 아니었던 것, 즉 총체성이 된다. 이것이 그 개별적인 것의 플라톤적 '구제'이다.

단자론(單子論)

원천에 관한 학문으로서의 철학사는, 멀리 떨어져 있는 극단들이나 겉보기에 발전의 과도한 형태들로부터 그러한 대립들의 어떤 의미 있는 병존 가능성으로 특징지어지는 총체성으로서 이념의 성좌가 드러나게 하는 형식이다. 하나의 이념을 재현하는 일은 잠재적으로 그 이념 속에 존재할 수 있는 극단들의 영역이 잠재적으로 모두 섭렵되지 않는 한 결코 성공했다고 볼 수 없다. 남김없이 섭렵하는 일은 잠재적으로 남아 있다. 왜냐하면 원천의 이념 속에 포착된 것은 역사를 어떤 내용으로서 갖는 것이지 그 이념 속에 포착된 것이 관련될 어떤 사건으로서 갖는 것이 아니기 때문이다. 내부에서 비로소 그것은 역사를 알게 되며 그것도 무한정한 의미의 역사가 아니라 그 역사를 그것의 전사와 후사로 특징짓도록 해주는 의미, 본질적인 존재와 관련된 의미의 역사를 알게 된다. 그러한 본질적 존재들의 전사와 후사란 그 존재들을 구제하거나 이념세계의 울타리 안으로 모은다는 표지로서, 순수한 역사가 아니라 자연적 역사이다. 작품들과 형식들의 삶은 이러한 보호 속에서만 맑으면서 인간의 삶에 의해 혼탁해지지 않은 모습으로 전개되는 것이며, 그 삶은 어떤 자연적 삶이다.[24] 이렇게 구

---

24) Walter Benjamin, "Die Aufgabe des Übersetzers", in: Charles Baudelaire, *Tableaux parisiens*, 벤야민의 서문을 곁들인 독일어 번역, Heidelberg, 1923, pp.

제된 존재가 이념 속에 확인되어 있다면 비본래적인, 즉 자연사적인 전사와 후사의 현전(現前)은 잠재적이다. 그 역사는 더 이상 실용주의적이고 실제적인 역사가 아니며, 완성되어 평정에 이른 상태에서, 즉 본질적 존재에서 자연적 역사로서 읽어낼 수 있다. 이로써 모든 철학적 개념 형성의 경향이 다시금 옛 의미로 규정되는데, 현상들의 생성을 그것들의 존재에서 확정하는 일이 그것이다. 왜냐하면 철학의 존재 개념은 현상에서가 아니라 그 현상의 역사를 소진하는 데서 비로소 충족되기 때문이다. 그와 같은 연구들에서 역사적 시각을 심화하는 일은 과거로의 심화이든 미래로의 심화이든 원칙적으로 그 한계가 없다. 그러한 심화 작업이 이념에 총체성을 부여한다. 총체성이 이념을 이 이념이 지닌 양도할 수 없는 고립성과 대조적으로 각인하듯이 이념의 구성은 단자(單子, Monade)적이다. 이념은 단자이다. 전사와 후사를 가지고 그 이념 속으로 들어가는 존재는 자신의 숨겨진 형상 속에 여타 이념세계의 축소되고 어두워진 형상을 보여준다. 이것은 1686년 〔라이프니츠가〕『형이상학 논문』에서 말하는 단자들의 경우 한 단자 속에 그때그때 다른 모든 단자들이 불분명하게 함께 주어져 있는 것과 같다. 이념은 단자이다. 이념 속에는 현상들의 재현(Repräsentation)이 그것들의 객관적 해석의 형태로 미리 정해져 들어 있다. 이념들이 질서가 고차적이면 고차적일수록 그 이념들 속에 설정된 재현은 그만큼 더 완전하다. 이렇게 볼 때 실제 세계는, 세계에 대한 객관적 해석이 그 안에서 열릴 수 있도록 모든 현실을 깊이 천착

VIII f. 〔이『선집』에 실린「번역자의 과제」참조〕

해 들어갈 필요가 있다는 의미에서 과제일 수 있다. 그와 같은 침잠이라는 과제에서 바라볼 때 단자론을 생각한 사상가가 미적분(微積分)의 창시자였다는 사실은 이상하게 보이지 않는다. 이념은 단자이다. 요컨대 모든 이념은 세계의 이미지를 담고 있다는 뜻이다. 이념의 재현을 위해서는 다름 아닌 이 세계의 이미지를 축소판으로 그려내는 일이 과제로 주어져 있다.[25]

바로크 비애극에 대한 경시와 오해

독일 바로크 시대의 문학에 대한 연구의 역사는 그 시대 주요 형식들 중 하나에 대한 분석 — 즉 규칙과 경향들을 확인하는 작업이 아니라 풍부하고 구체적으로 파악된 그 형식의 형이상학을 제대로 천착해야 하는 분석 — 에 어떤 역설적인 빛을 비춰준다. 이 바로크 시대의 문학에 대한 통찰이 부딪히는 여러 압박감들 가운데 가장 심각한 압박감은 제아무리 중요할지라도 부자연스러운 형태, 특히 그 시대의 드라마에 고유한 그 형태에 있다는 점을 의심할 여지가 없다. 드라마 형식이야말로 다른 형식들보다 더 결정적으로 역사적 반향에 호소한다. 그러한 반향이 바로크 드라마의 경우 결여되어왔다. 낭만주의 시대에 시작한, 독일의 문학 유산을 혁신하는 작업은 바로크 시대 문학

---

[25] 벤야민은 「인식비판적 서론」의 이른바 '이론 부분'을 1924년 9월 중반에 이미 끝냈으나 프랑크푸르트 대학에 제출한 교수자격논문에 이 부분은 빠져 있다. 이 부분은 『독일 비애극의 원천』의 출판을 위해 다시 다듬어졌는데, 바로 「서론」 처음부터 '단자론'까지가 수정된 '이론 부분'이다. Walter Benjamin, *Gesammelte Schriften*, Bd. I/3, pp. 924~25(전집 편집자의 주석 부분) 참조.

에 대해서는 오늘날까지도 거의 적용되지 않았다. 특히 셰익스피어의 드라마는 그 풍부함과 자유분방함 때문에 낭만주의 작가들이 보기에는 동시대 독일 드라마 작품들이 빛을 발하지 못하게 작용했다. 게다가 독일 드라마 작품들의 진지함은 극장에서 공연하는 데는 낯선 것들이었다. 또한 바야흐로 자라나기 시작하는 독일 문헌학의 눈에는 지식 관료층의 전적으로 비민중적인 작품들이 의심스럽게 여겨졌다. 실제로는 이 남성 작가들이 언어와 민속 분야에서 이룬 공적은 괄목할 만한 것이고, 민족문학을 형성하는 일에 의식을 갖고 참여한 정신은 높이 살 만하다. 하지만 그들의 작업에는 절대주의적 격률, 즉 민중을 위해서는 그 어떠한 것도 행하지만 민중에 의해서는 아무것도 행하지 말라는 격률이 너무 분명하게 드러나 있어서 그림(Grimm)과 라흐만(Lachmann)학파의 문헌학자들의 흥미를 끌기에는 역부족이었다. 독일 드라마의 틀을 구축하는 데 헌신하는 그들로 하여금 독일 민속의 소재층을 어디선가 끌어들이는 일을 하지 못하게 한 어떤 정신이 적지 않게 그들의 제스처에 고통스러운 강박증을 가져다주었다. 독일의 설화나 독일 역사가 바로크 드라마에서 아무런 역할도 하지 못한 것이다. 그러나 지난 세기〔19세기〕마지막 30여 년간의 독일 문학 연구의 확장도 실로 천박한 역사화 작업이 대부분이었으며, 이런 연구들도 바로크 비애극에 대한 연구에 도움을 주지 못했다. 비애극의 뻣뻣한 형식은 양식 비평과 형식 분석을 최하 등급의 보조 학문 정도로 여기는 학문에게는 접근 불가능한 것이었다. 또한 이해할 수 없는 작품들에서 흐릿하게 비쳐나오는〔바로크〕작가들의 인상(人相)은 사람들이 그들에 대한 역사적·전기적 묘사를 하도록 유도하지 못했다. 그렇지 않아도 이들 드라마 작품들에서 작가적 천재성이 자유롭거나 심지어 유희적으로 펼쳐지고 있다고 말할 수 없다. 오히려 이 시대의 드라마 작가들은 어떤 세속적 드라마의 형식을 만들어낸다는 과제를 강하게 느끼고 있었다. 또한 안드레아스 그리피우스[26])에서 할만(Hallmann)에 이르기까지 이 시대 작가들이 자주 그것도 드물지 않게 상투적으로 반복하면서 그러한 과제를 위해 진력하긴 했지만, 반종교개혁 시대의 독일 드라마는 결코 로드리고 칼데론(Rodrigo Calderón)이 스페인 드라마에 부여한 형식, 즉 유연하고 노련한 기법을 보여주는 형식을 찾아내지 못했다. 이 시대 독일 드라마는 — 그리고 바로 그것이 필연적으로 이 시대에 생겨났기에 — 엄청난 노력을 들여 형성되었으며, 이 점을 두고 보더라도 어떤 탁월한 천재도 이 형식을 각인하는 역할을 해내지 못했다는 것을 알 수 있다. 그럼에도 모든 바로크 비애극들의 무게중심은 그 형식에 있다. 개별 작가가 그 형식 속에 담을 수 있었던 것은 비길 데 없이 그 형식에 힘입고 있고, 작가의 제한적 성격은 그 형식의 깊이를 전혀 훼손하지 못한다. 이러한 통찰이 연구의 전제조건들 가운데 하나이다. 그렇지만 그 어떤 형식이든 그 형식 속에서 문학의 몸통에서 추상화한 것과는 다른 무엇을 간파한다는 의미에서 그 형식을 바라보는 데까지 상승할 능력이 있는 관찰 태도도 필수적이다. 한 형식의 이념은 — 앞서 말한 것을 다시 한 번 반복하자면 — 그 어떤 구체적 작품 못지않게 생명력이 있는 것이다. 아니 비애극의 형식으로서의 이념은 바로크 시대의 개별 작품들과 비교

---

26) Andreas Gryphius, 1616~64: 독일 바로크 시대의 대표적인 작가.

할 때 단연코 더 풍부하다. 그리고 이례적이고 산발적으로 쓰이는 언어 형식을 포함한 모든 언어 형식이 그것을 각인한 사람의 증언으로서만 아니라 언어생활과 그때그때의 언어생활의 가능성의 기록으로서 이해될 수 있는 것처럼, 모든 예술 형식도 — 그것도 모든 개별 작품보다 훨씬 더 본래적으로 — 특정한 객관적으로 필연적인 예술의 형상화에 대한 지표를 담고 있다. 이러한 고찰은 예전의 연구에서는 이루어지지 않았는데, 왜냐하면 예전의 연구는 형식 분석과 형식사에 주의를 기울이지 않았기 때문이다. 그러나 그것 때문만은 아니다. 오히려 바로크 시대의 드라마 이론에 무비판적으로 매달린 것도 원인으로 작용했다. 그것은 그 시대의 경향에 동화된 아리스토텔레스의 이론이다. 대부분의 작품들은 이러한 동화 과정 속에서 조악해졌다. 이러한 변형을 낳은 뚜렷한 규정 근거들을 찾으려 하지 않은 채 사람들은 너무 성급하게 사정을 왜곡하는 어떤 오해에 대해 말하려 했다. 이러한 평가는 곧 시대의 드라마 작가들이 본질적으로 존경스러운 지침들을 몰지각하게 응용하는 일 이외에 아무것도 한 것이 없다는 견해로 곧장 이어졌다. 독일 바로크 시대의 비애극은 고대 비극의 일그러진 모습으로 보였다. 순화된 취향의 입장에서 볼 때 그 작품들에서 낯설고 심지어 야만적으로까지 느낀 것이 그 도식에 어렵지 않게 들어맞았다. 그들의 국가 대사극[27]들의 중심 줄거리는 고대 궁정극을 왜

---

27) Haupt- und Staatsaktion : 국가 대사극(國家大事劇). 17~18세기 유랑극단의 공연 목록에 오르는 레퍼토리 연극. 프랑스식의 규칙시학에 입각하여 초기 계몽주의 시학을 정립한 요한 고트셰트(J. Ch. Gottsched)에 의해 부정적인 의미로 사용되었다. 중심이 되는 진지한 드라마(Hauptaktion), 희극적인 종결극, 에필로그로 구성된다. 역사적이고 정치적인 사건들(Staatsaktionen)을 다루며, 주로 유명 드라마 작품들과

곡한 것이고, 지나치게 과장된 장식(Schwulst)은 그리스인들의 열정을, 그리고 피비린내 나는 결말 효과는 비극적 파국을 왜곡한 것이었다. 이처럼 비애극은 스스로 (고대) 비극의 투박한 르네상스로 나타났다. 그와 함께 결국 이 형식에 대한 모든 견해를 좌절시킬 수밖에 없었던 추가적 분류 작업이 이어졌다. 즉 비애극을 르네상스 드라마로 볼 경우 그것이 지닌 가장 현저한 특징들은 그만큼 많은 양식상의 결함을 지닌 것으로 간주된다. 이러한 목록화 작업은 소재사적 목록들이 지니는 권위 덕분에 오랫동안 교정되지 않은 채로 있다. 이러한 목록화 작업 때문에 이 분야 문학의 기초를 이루는 매우 가치 있는 저서인 슈타헬(P. Stachel)의 『세네카와 독일 르네상스 드라마』는 모든 내로라할 만한 본질 통찰 — 그것이 반드시 추구하고 있지는 않는 그런 통찰 — 에서 엄격하게 배제된다. 슈트리히는 17세기 서정시 양식에 대한 그의 연구에서 오랫동안 연구를 마비시킨 이러한 모호성을 다음과 같이 들추어냈다. "사람들은 17세기 독일문학의 양식을 르네상스라고 부르곤 한다. 그러나 사람들이 이 명칭을 고대의 장치에 대한 공허한 모방 이상의 것으로 이해한다면, 그 명칭은 잘못된 것이며 문예학이 양식사적 방향 설정을 결하고 있음을 증명한다. 왜냐하면 그 시대는 르네상스의 고전정신을 아무것도 갖고 있지 않았기 때문이다. 그 시대 문학양식은, 사람들이 과장되고 요란한 장식만을 생각하는 것이 아니라 보다 깊은 형상화 원리들에 소급한다고 해도 오히려 바로크적이다."[28] 이 시대 문학의 역사에서 놀라울 정도로 집요하게

오페라를 개작한 것들이다.
28) [원주] Fritz Strich, 앞의 책, p. 21.

지속된 또 다른 오류를 들 수 있는데, 이 오류는 양식비평의 선입견과 연관된다. 오류의 내용은 곧 이 시대 드라마가 무대 공연에 적합하지 않다는 점이다. 기이한 장면 앞에서 엄습하는 당혹감이 그러한 장면은 한 번도 본 적이 없다든지, 그 같은 작품들은 영향을 미치지 않았다든지, 무대가 그 작품들을 거부했다든지 하는 따위의 생각으로 발전하는 것은 이번이 처음 아니다. 적어도 세네카를 해석하는 데서 바로크 드라마에 관한 이전의 토론과 그 점에서 똑같은 논쟁이 벌어지고 있다. 그건 그렇다 치고 바로크에 대해서는 아우구스트 슐레겔[29]에서 카를 람프레히트[30]에까지 이어져 내려온 100년 묵은 허구, 즉 바로크 드라마가 읽기 위한 드라마였다는 말은 반박되었다. 보고 싶은 욕구를 불러일으키는 격렬한 사건들 속에는 바로 연극적인 요소가 강력하게 표현되고 있다. 심지어 이론까지도 연극 장면적 효과를 종종 강조한다. "작가들은 유익하고자 하고 유쾌하게 하려 한다"는 호라티우스의 명언은 아우구스트 부흐너[31]의 시학으로 하여금 어떻게 즐거움이 비애극에서 가능할 수 있는가라는 물음을 던지게 만든다. 이에 대해 부흐너는 비애극의 내용에서는 아니지만 그것의 연극적 재

---

29) 〔원주〕 August Wilhelm von Schlegel, *Sämmtliche Werke*(전집), Eduard Böcking 편, 제6권: *Vorlesungen über dramatische Kunst und Literatur*, 제3판, 제2부, Leipzig, 1846. p. 403 참조. 또한 A. W. Schlegel, *Vorlesungen über schöne Literatur und Kunst*, Jakob Minor 편, 제3부(1803~04): *Geschichte der romantischen Literatur*, Heilbronn, 1884(*Deutsche Literaturdenkmale des 18. und 19. Jahrhunderts*, Bd. 19), p. 72.

30) 〔원주〕 Karl Lamprecht, *Deutsche Geschichte*. 2. Abt.: Neuere Zeit. Zeitalter des individuellen Seelenlebens, 3. Bd., 1. Hälfte (= der ganzen Reihe 7. Bd., 1. Hälfte), 제3판, Berlin, 1912, p. 267.

31) August Buchner, 1591~1661: 바로크 시대 독일의 시학 이론가.

현에서 가능하다고 응답한다.[32]

'가치 인정'[33]

여러 형태의 편견에 사로잡힌 채 이 시대 드라마를 다루어온 연구는 객관적으로 진가를 인정하려는 시도를 하기도 하는데, 이러한 평가는 좋든 싫든 실제 사태와 맞지 않고 이질적인 채로 머물 수밖에 없어 혼란을 가중할 뿐이다. 사정을 제대로 분별하려는 사람은 이렇게 야기된 혼란에 처음부터 직면해야 했다. 우리는 여기서 바로크 비애극의 효과를 두고 그것이 아리스토텔레스가 언급한 〔고대〕 비극의 효과인 공포와 연민의 감정과 일치하는 점을 입증하려 함으로써 바로크 비애극이 진정한 비극이라고 결론짓는 식으로 ― 사실 아리스토텔레스는 오로지 비극만이 공포와 연민을 일으킬 수 있다는 주장에 결코 동의하지 않았다 ― 사태를 파악할 수 있다는 주장을 가능한 것으로 여겨서는 안 될 것이다. 예전에 어떤 작가는 다음과 같이 희한한 언급을 했다. "다니엘 로엔슈타인[34]은 그의 연구활동을 통해 과거의 세계에 적응을 잘한 나머지 자기 세계를 잊어버렸으며 표현, 사고, 감정에서 그 시대

---

32) 〔원주〕 Hans Heinrich Borcherdet, *Augustus Buchner und seine Bedeutung für die deutsche Literatur des siebzehnten Jahrhunderts*, München, 1919, p. 58.
33) Würdigung : '가치 인정'으로 옮겼는데, 흔히 어떤 사람이나 그 사람의 업적 또는 작품의 진가를 인정하고 상찬하며 기리는 일을 가리킨다. 벤야민은 여기서 이러한 가치평가 작업 뒤에 숨어 있는 대상에 대한 왜곡과 무지를 비판적으로 파헤치고 있다.
34) Daniel Casper Lohenstein, 1635~83 : 그리피우스와 함께 독일 바로크 시대를 대표하는 작가.

의 관객보다 오히려 고대의 관객이 더 잘 이해할 수 있을 정도였다."[35)]
이런 식의 허무맹랑한 견해를 반박하는 것보다 더 시급한 것은 어떤 영향관계가 결코 한 예술 형식을 규정할 수 없다는 점을 지적하는 일일 것이다.[36)] "예술작품이 자체 내에서 완성되는 것이 영원히 불가결한 요청이다! 가장 완벽한 것을 목전에 뒀던 아리스토텔레스마저도 효과를 생각했다고 한다! 이 얼마나 통탄할 주장인가!"라고 괴테는 말했다.[37)] 괴테가 변호하고 있는 아리스토텔레스가 과연 이 의심에서 안전한지 여부와는 상관없이, 그[아리스토텔레스]가 정의한 심리적 효과를 드라마에 대한 예술철학적 논의에서 제외시키는 일은 예술철학적 방법의 시급한 관심사이다. 이런 의미에서 울리히 빌라모비츠-묄렌도르프는 이렇게 설명한다. "사람들은 카타르시스가 드라마에서 종류를 규정짓는 요소가 아니라는 점을 통찰해야 할 것이다. 또한 드라마로 하여금 영향을 미치도록 해주는 열정들을 사람들이 장르를 형성하는 요소로 인정하려는 경우에조차 공포와 연민이라는 두 불행한 개념은 참으로 불충분한 것이라고 할 수 있다."[38)] ― 비애극을 아리스토텔레스

---

35) [원주] Conrad Müller, *Beiträge zum Leben und Dichten Daniel Caspers von Lohenstein*, Breslau, 1882, p. 72.
36) 이러한 예술철학적 관점에서 벤야민은 바로크 드라마가 철저히 영향미학적인 고려 속에서 만들어졌다는 점을 무시한다. 하지만 우리는 이러한 사실을 근거로 벤야민의 예술철학적 성찰을 간단히 오류로 취급하는 것도 경계해야 할 것이다.
37) [원주] Goethe, *Werke*, Hrsg. im Auftrage der Großherzogin Sophie von Sachsen (= 바이마르 판), 4. Abt., Briefe(편지 모음), 제42권: 1827년 1~7월, Weimar, 1907, p. 104.
38) [원주] Ulrich von Wilamowitz-Moellendorff, *Einleitung in die griechische Tragödie*. Unveränd. Abdr. aus der 1. Aufl. von Euripides Herakles I, Kap. I~IV, Berlin, 1907, p. 109. [Ulrich von Wilamowitz-Moellendorff, 1848~1931:

에 기대어 구제하려는 시도보다 더 불행하고 훨씬 더 자주 볼 수 있는 것으로 다음과 같은 유형의 '가치 인정'이 있다. 즉 손쉽게 구할 수 있는 기지에 찬 말을 간결하게 늘어놓으며 이러한 드라마의 '필연성'을 입증했다고 주장함과 더불어, 그것이 긍정적 가치인지 아니면 갖가지 근거가 박약한 평가인지 알아볼 수 없기 일쑤인 어떤 다른 것도 입증했노라고 주장하는 유형의 '가치 인정'이 바로 그것이다. 역사 영역에서는 현상들이 필연적인지에 대한 물음은 아주 명백하게 언제나 선험적이다. 사람들이 바로크 비애극을 종종 장식하는 '필연성'이라는 잘못된 장식어는 여러 빛깔로 아른거리며 나타난다. 그 장식어는 단순한 우연과 무의미하게 대비되는 역사적 필연성을 뜻하기도 하고, 대가의 걸작과 반대되는 어떤 선의의 주관적 필연성을 뜻하기도 한다. 그러나 작품이 필연적으로 작가의 어떤 주관적 성향에서 생겨난다는 언급이 의미하는 것은 아무것도 없음이 명백하다. 작품과 형식들을 그후의 발전이 이루어지는 이전 단계들로서 어떤 문제성 있는 맥락에서 파악하는 '필연성'이라는 것도 이와 다를 바 없다. "[17세기의] 자연 개념과 예술관은 찢겨진 채 영원히 붕괴되어 있는지도 모른다. 그러나 시들지 않고 퇴색하지 않으며 상실될 수 없이 존속하는 것은 우선 그 시대가 발굴한 소재들이며, 다음으로는 그 시대의 기법상의 발명품들이다."[39] 이렇게 최근의 서술도 이 시대의 문학을 단순한 수단으로 취급하여 구

20세기 초 독일의 대표적인 고전학자. 문헌학적인 관찰과 역사적인 관찰을 통일하고자 했다. — 옮긴이]
39) [원주] Herbert Cysarz, *Deutsche Barockdichtung. Renaissance, Barock, Rokoko*, Leipzig, 1924, p. 299. [Herbert Cysarz, 1896~1985 : 독일의 문예학자. — 옮긴이]

제하고 있다. 진가를 인정하는 가치평가들의 '필연성'[40]은 애매모호한 영역에 머물러 있으며, 유일무이하고 미학적으로 중요한 필연성 개념에서 그 외관을 취하고 있다. 그것은 노발리스가 생각하는 필연성 개념으로서, 그는 예술작품이 지니는 "존재해야 할 …… 필연성"[41]으로서 예술작품의 선험성에 대해 말한다. 이러한 필연성이 오로지 그 필연성을 형이상학적 내용에까지 파고드는 분석을 통해서만 드러난다는 점은 명백하다. 온건주의적인 '가치 인정'은 그 필연성을 파악하지 못한다. 최근의 헤르베르트 치자르츠의 시도 역시 결국 그와 같은 가치평가에 머물고 있다. 예전의 논문들에서는 전혀 다른 관찰방식의 모티프들이 결여되었다면, 이 최근의 논문에서는 어떻게 해서 가치 있는 사고와 날카로운 관찰들이 의고전주의(擬古典主義, Klassizismus)적 시학체계, 즉 그 관찰들이 의식적으로 자신을 관련시키는 그러한 시학체계 때문에 훌륭한 결실들을 잃는지가 우리를 놀라게 한다. 최종적으로 그 논문에서 언술되는 것은 고전적 '구제'라기보다 하찮은 변명이다. 예전의 작품들에서는 그 대신 30년 전쟁이 언급되곤 했다. 사람들이 이 [바로크 시대] 형식을 두고 트집을 잡았던 모든 일탈들에 그 전쟁이 책임 있는 것처럼 보인 것이다. "사람들은 입버릇처럼 그것이 잔인한 사람들에 의해, 그리고 잔인한 사람들을 위해 쓰인 작품들이라고 말했다. 그러나 그것은 그 시대 사람들에게 필요했던 것이다. 전쟁과 피비

---

40) [원주] Julius Petersen, "Der Aufbau der Literaturgeschichte", in: *Germanisch-Romanische Monatsschrift*, 제6권, 1914, pp. 1~16, pp. 129~152, 특히 pp. 149, 151.

41) [원주] Novalis, 전집, Jakob Minor 편, 제2권, Jena, 1907, p. 231.

린내 나는 살육전의 분위기 속에서 살던 그 시대 사람들은 이러한 장면을 자연스러운 것으로 여기고 있었다. 그것은 그들에게 제공된 그들 자신의 풍속도였다. 또한 그들은 그들에게 제공된 쾌락을 소박하고 노골적으로 맛보았다."[42]

바로크와 표현주의

이처럼 19세기 말에 이루어진 연구는 비애극의 형식을 비판적으로 규명하는 작업과는 전혀 동떨어진 방향으로 진행되었다. 문화사적·문학사적·전기적 관찰방식을 섞어 예술철학적 성찰을 대체하려 했던 이러한 혼합주의(Synkretismus)는 최근 연구에서는 그에 못지않게 해로운 구조를 지닌 짝을 만나고 있다. 고열에 시달리는 환자가 자신에게 들려오는 말들을 착란상태의 휘몰아치는 생각들 속에 가공해넣듯이 시대정신은 이전의 정신세계나 멀리 떨어져 있는 정신세계의 기록들을 헤집고 들어가서 그것들을 억지로 빼낸 뒤 자신의 독단적 상상 속에 무자비하게 편입한다. 이러한 현상은 이 시대정신의 징표이기도 하다. 즉 그 자체가 곧바로 명명백백하게 동시대인의 감정에 호소하지 않을 어떤 새로운 양식이나 알려지지 않은 민속도 찾아낼 수 없을 것이다. 마치 작품을 만든 자는 자신이 그것을 만들었기 때문에 그것의 해석자라는 식으로, 역사가가 '치환'(Substitution)[43]을 통해 창

---

42) 〔원주〕 Louis G. Wysocki, *Andreas Gryphius et la tragédie allemande au XVIIe siècle*, 박사학위논문, Paris, 1892, p. 14.
43) 〔원주〕 Julius Petersen, 앞의 책, p. 13.

작자의 자리로 슬그머니 들어서려는 이러한 불길하고 병적인 암시성에 대해 사람들은 '감정이입'이라는 명칭을 부여했다. 그런데 이 '감정이입'에서는 단순한 호기심이 방법이라는 외투를 걸치고 주제넘게 나서고 있을 뿐이다. 이러한 편력의 행각 속에서 현세대의 자립적이지 못한 성격은 대부분 바로크에서 맞닥뜨린 위풍당당한 기세에 눌리고 말았다. 표현주의의 분출과 더불어 시작된 — 게오르게학파의 시학에서 영향받은 바가 없다고 할 수 없을지라도[44] — 재평가 작업은 지금까지 단지 극소수의 경우[45]를 제외하고는 현대 비평가와 그의 대상 사이에서가 아니라 대상 자체 내에서 새로운 연관관계들을 해명하는 진정한 통찰을 보여줄 수 없었다. 그러나 옛 편견들은 타당성을 잃어가고 있다. 독일 문헌의 현상태와 바로크 사이의 놀라운 유사점들은 대개 감상적이기는 하지만, 긍정적 방향에서 바로크를 천착하는 계기를 거듭 새롭게 부여해왔다. 1904년에 한 문학사가는 이 시대를 다음과 같이 설명했다. "지난 2세기 이래로 어느 시대의 예술감정도 자신의 양식을 추구하는 17세기의 바로크만큼 우리 시대의 예술감정과 근본적으로 유사했던 적이 …… 없었던 것 같다. 내면은 공허하거나 깊숙한 곳까지 들쑤셔져 있으면서, 외적으로는 그 시대의 생존문제들과 일단 거의 무관하게 보이는 기술적·형식적 문제들에 골몰하는 모습. 이것이 대부분의 바로크 작가들이었으며 사람들이 개관할

---

44) 〔원주〕 Christian Hofman von Hofmanswaldau, *Auserlesene Gedichte*, Felix Paul Greve의 서문을 곁들인 편집, Leipzig, 1907, p. 8 참조.
45) 〔원주〕 Arthur Hübscher, "Barock als Gestaltung antithetischen Lebensgefühls. Grundlegung einer Phaseologie der Geistesgeschichte", in: *Euphorion 24*, 1922, pp. 517~62, 759~805 참조.

수 있는 한 적어도 우리 시대의 작품을 각인하는 작가들도 이와 비슷하다."[46] 최근 이 문장들에서 소극적이며 너무 간단하게 표명된 견해는 훨씬 더 광범위한 의미에서 적용되고 있다. 1915년에 표현주의 드라마의 발단으로서 프란츠 베르펠(Franz Werfel)의 『트로이의 여인들』(Troerinnen)이 발표되었다. 이와 똑같은 소재를 바로크 드라마 초기 마르틴 오피츠의 작품[47]에서 볼 수 있는 것은 우연이 아니다. 두 작품 모두에서 작가는 [트로이 여인들의] 비탄의 목소리와 그 반향을 주목했다. 더욱이 두 경우 모두 폭넓게 펼쳐지는 인위적 전개 과정이 아니라 오히려 드라마적 서창(敍唱)에서 길러진 작시법을 필요로 했다. 특히 언어적인 면에서 당시의 노력과 최근에 이루어진 노력 및 현재 이루어지는 노력의 유사점이 눈에 띄게 드러난다. 억지로 강조하는 모습이 둘 다 특징적이다. 이러한 문학의 구성물들은 공동체의 존재에서 자라나오기보다 오히려 가치 있는 문학작품들이 없다는 점을 억지 기교를 통해 은폐하려고 한다. 왜냐하면 표현주의와 마찬가지로 바로크는 본래적인 예술적 훈련의 시대이기보다 줄기찬 예술의지(Kunstwollen)의 시대였기 때문이다. 이른바 몰락의 시대는 늘 그렇다. 예술에서 가장 현실적인 것은 고립되고 완결된 작품이다. 그러나 때때로 완성된 작품은 아류(亞流)들만이 도달할 수 있다. 그것은 예술들이 '몰락'하는 시대들, 예술들을 '욕구'하는 시대들이다. 그렇기 때

---

46) [원주] Victor Manheimer, *Die Lyrik des Andreas Gryphius. Studien und Materialien*, Berlin, 1904, p. XIII.
47) Martin Opitz, 1597~1639: 독일어로 된 최초의 시학서 『독일 시학서』를 썼으며, 세네카의 『트로이의 여인들』을 번역하여 독일 바로크 드라마의 길을 모색했다.

문에 알로이스 리글[48]은 이 용어를 바로 로마 제국 말기의 예술에서 발견했다. 이 의지에는 형식만이 접근할 수 있으며 잘 만들어진 개별 작품은 결코 접근할 수 없다. 이 의지 속에 독일 의고전주의 문화가 붕괴한 이후의 바로크의 현재성이 근거를 둔다. 언어가 세상사의 중압을 견뎌낼 수 있는 것처럼 보이게 하는, 언어의 루스티카[49] 양식을 추구하는 경향이 더불어 나타난다. 전혀 부사적으로 사용되지 않는 형용사들을 명사와 결합해 덩어리로 짜내는 훈련은 오늘날 나타난 현상이 아니다. "화려한 무도"(Großtanz)니 "웅장한 시"(Großgedicht) (즉 서사시)니 하는 말들은 바로크적 어휘들이다. 신조어들은 어디서나 나타난다. 오늘날에나 당시에나 그러한 신조어들 가운데 많은 것들에서 새로운 파토스를 표현하려는 갈망이 드러나고 있다. 작가들은 언어의 특정하면서도 부드러운 메타포가 솟아나오는 내밀한 이미지적 힘을 개인적으로 전유(專有)하려 했다. 사람들은 언어를 창조하는 일이 문학적 언어를 발견하는 직접적 관심사인 양 비유담(比喩談)들보다 비유어(比喩語)들 속에서 자신의 명예를 추구했다. 바로크 시대의 번역가들은 가장 강력한 표현들을 찾아 쓰는 데서 기쁨을 느꼈다. 이것은 요즘 사람들이 특히 고풍적 표현들을, 이것들 속에서 언어적 삶

---

48) Alois Riegl, 1858~1905 : 오스트리아의 미술사가. 한 시대의 예술양식을 규정하는 초시대적 힘이라고 할 수 있는 '예술의지'(Kunstwollen, 예술의욕)라는 개념을 창안했으며, 가치판단에서 출발하는 미술사 서술 관행을 극복하고 몰락의 시대(후기로마)의 예술적 특성을 양식분석을 통해 밝히려고 시도했다. 벤야민은 리글의 방법론적 단초를 높이 평가하고 그로부터 스스로 많은 영향을 받았지만 후기에 「기술복제시대의 예술작품」에서 그 한계를 또한 지적하기도 한다.

49) Rustika : 가장자리만 거칠게 다듬은 직육면체 돌덩어리로 쌓아올린 담벼락을 가리킨다.

의 자원들을 확보할 수 있다고 여기면서 즐겨 쓰는 것과 같다. 늘 그렇듯이 이러한 강압성은 그 속에서는 진정한 내용을 담은 완성된 형식의 표현이 풀려난 힘들의 갈등에서는 좀처럼 쟁취될 수 없는 어떤 문학적 생산의 징표이다. 그와 같은 찢겨짐 속에 오늘날은 바로크적 정신상태의 어떤 면들을 예술활동의 세부에 이르기까지 반영한다. 오늘날처럼 당시에도 명망 있는 작가들이 몰두한 국가소설(Staatsroman)의 반대편에 당시 목가극처럼 오늘날에도 인간의 단순한 삶과 자연적 선함을 지향하는 작가들의 평화주의적 고백들이 있다. 예나 마찬가지로 지금도 생동하는 민중성에서 분리된 영역에서 삶을 영위해가는 작가들은 어떤 야망을 태우며 산다. 이러한 야망의 충족이라는 면에서는 어쨌거나 당시의 작가들이 오늘날의 작가들보다 더 행복했다. 왜냐하면 오피츠 · 그리피우스 · 로엔슈타인 등은 국사에 종사하면서 이따금 보람 있는 업적을 수행할 수 있었기 때문이다. 그리고 이 점에서 바로크와 표현주의의 유비는 한계를 드러낸다. 바로크 작가는 양 진영의 교회가 지지해주던 절대주의 체제의 이상에 스스로가 결부되어 있다고 줄곧 느꼈다. 오늘날 그의 후손들의 자세는 반국가적이고 혁명적이지는 않다고 할지라도 그 어떠한 국가이념도 지니지 않았다는 점으로 특징지어진다. 마지막으로 여러 유사점에도 불구하고 잊어서는 안 될 커다란 차이가 있다. 17세기의 독일에서 문학은, 민족이 그 문학을 중시하지 않았을지라도 민족의 새로운 탄생을 위해 의미심장한 역할을 했다. 그에 반해 최근 20년간의 독일문학은 시대에 대한 자신의 몫을 깨닫는다는 선언을 하는 데 마음이 끌렸지만 어떤 몰락을 — 설령 그 몰락이 무엇인가를 준비하고 생산적으로 작용할지라도

― 의미한다.

자신을 위하여[50]

그럴수록 독일 바로크 시대에 이와 유사한 경향들이 여러 과장된 예술 수단들을 가지고 독특하게 표현된 모습이 바로 오늘날 불러일으킬 수 있는 인상은 더욱 더 강렬하다. 기법들을 쏟아내고 작품들을 동일한 형태로 거푸 만들어내며 격렬하게 가치주장을 품어냄으로써 동시대와 후세를 어느 정도 침묵시키려 했던 어떤 문학에 대해서는 형식의 이념을 재현하는 일이 요구하는 주체적 태도가 필요하다는 점을 강조할 필요가 있다. 심지어 이 경우에도 인식 작업의 상공에서 바로크 분위기의 바닥 모를 나락으로 추락할 위험은 무시할 수 없다. 이 시대〔바로크〕의 의미를 현재화해보려는 즉흥적 시도를 할 때마다 모순들 속에서 소용돌이치는 이 시대의 정신성의 모습이 불러일으키는 독특한 현기증이 생겨난다. "바로크의 가장 내밀한 표현들과 바로크의 세부 내용들도 ― 어쩌면 바로 그것들이야말로 ― 안티테제적이다."[51] 멀리서 다가가는 관찰, 아니 총체성에 대한 조망을 우선 단념하는 관찰만이 어느 정도 금욕적인 훈련 속에서 정신을 견고하게 만들 수 있으며, 이

---

50) Pro domo : 원래 '(자신의) 집을 위하여'라는 뜻. 이 말은 자신이 추방되어 있는 동안 저대가인 호민관 클로디우스에 의해 사기 집이 허물어지고 그 자리에 신전이 세워진 것에 대해 키케로가 연설한 것에서 기원한다.

51) 〔원주〕 Wilhelm Hausenstein, *Vom Geist des Barock*, 제3~5판, München, 1921, p. 28. 〔Wilhelm Hausenstein, 1882~1957 : 독일의 미술사가. 예술을 사회학적으로 바라보고, 마르크스 유물론을 미술사에 접목하기도 했다. ― 옮긴이〕

견고함만이 정신으로 하여금 그 파노라마의 광경 속에 자기 스스로를 제어할 수 있게 해준다. 본고가 기술하고자 한 것이 바로 이 훈련 과정이다.

유사성론
(1933)

Walter Benjamin, *Gesammelte Schriften*, Frankfurt a. M., 1972~89, Bd. II/1, pp. 204~10. (Lehre vom Ähnlichen)

"유사성"(das Ähnliche, the similar)의 영역에 대한 통찰은 신비적(okkult) 지식의 커다란 영역을 밝혀내는 데 중요한 의미를 갖는다. 하지만 유사성의 영역에 대한 통찰은 우리가 마주치는 유사한 것들의 유사성을 증명해 보임으로써보다는 그러한 유사한 것을 만들어 내는 과정들을 재현함으로써 얻을 수 있다. 자연은 유사한 것들을 만들어낸다. 이는 의태(擬態, Mimikry, 보호색)를 보기만 해도 알 수 있다. 그러나 유사한 것을 생산해내는 최고의 능력을 갖고 있는 존재는 인간이다. 어쩌면 인간이 지닌 상위의 기능들 가운데 미메시스 능력(das mimetische Vermögen, the mimetic faculty)이 함께 작용하지 않는 기능은 없다고까지 말할 수 있다. 그런데 이 미메시스 능력에는 역사가 있다. 그것도 계통 발생과 개체 발생 둘 다의 의미에서이다. 개체 발생적 의미에서는 놀이(Spiel)가 미메시스 능력의 교본을 보여준다. 우선 어린아이들이 하는 놀이들을 살펴보면 그것이 미메시스적 태도로 특징지어짐을 알 수 있는데, 어린아이들의 놀이 영역은 어떤 한 사람이 다른 사람을 보고 모방하는 것에만 한정되어 있지 않다. 어린아이들은 상인이나 선생을 흉내 내는 것만이 아니라 물레방아나 기차도 흉내 내며 논다. 하지만 중요한 것은 이와 같은 미메시스적 태도의 훈련이 어린아이들에게 도대체 어떤 이득을 가져다주느냐이다.

이 물음에 답하기 위해서는 미메시스적 태도의 계통 발생적 의미에 대한 분명한 인식이 필요하다. 미메시스가 갖는 계통 발생적 의미를 재는 데는 우리가 오늘날 유사성이라는 개념으로 파악하는 것을 생각하는 것만으로 충분치 않다. 주지하다시피 예전에 유사성의 법칙이 지배한 삶의 영역은 훨씬 더 컸다. 이를테면 소우주와 대우주 같은 말들은 역사적으로 인간이 해온 유사성 경험이 반영된 표현들이다. 오늘날의 현대인에게도 일상에서 유사한 것들을 의식을 통해 지각하는 경우는 무수히 많은 유사한 것들의 경우들 가운데 일부에 불과하다고 말할 수 있다. 왜냐하면 유사성을 무의식적으로 지각하는 경우가 훨씬 더 많기 때문이다. 사람들이 의식을 통해 가령 얼굴에서 지각하는 유사한 것들은 무의식적으로 지각하는, 혹은 전혀 지각되지 않는 유사한 것들에 비하면 수면 위에 드러나 있는 빙산의 일각에 불과하다.

그러나 이 자연적 상응물들(natürliche Korrespondenzen)은 우리가 그것들이 모두 인간이 지닌 미메시스 능력을 — 인간은 이 미메시스 능력을 통해 그에 대답하는데 — 자극하고 일깨우는 역할을 한다는 점을 고려할 때 비로소 결정적인 의미를 얻는다. 여기서 생각해야 할 점은 미메시스의 힘들이나 이것의 대상인 미메시스의 객체들이 시간이 흐르면서 변하지 않은 채 똑같은 것으로 남지 않았다는 점이다. 그러니까 우리는 미메시스적 힘이, 그리고 이 힘에서 나온 미메시스적 파악 능력 역시 수세기가 흐르는 동안 일정한 영역에서 사라져버렸고, 혹시 그 힘은 다른 영역으로 전환되지 않았나 생각해볼 수 있다. 어쩌면 그 미메시스 능력의 역사적 발전이 하나의 통일된 방향으로 이루어졌다고 보는 것도 무리한 추측이 아닐지 모른다.

얼핏 보면 이 방향은 미메시스 능력이 점점 쇠약해진 쪽으로 나 있는 듯이 보인다. 왜냐하면 현대인의 지표세계(Merkwelt)는 명백하게도 옛날 사람들이나 원시인들의 경우보다 그러한 마법적인 상응관계들을 훨씬 적게 지니는 듯이 보이기 때문이다. 여기서 제기되는 물음은, 그렇다면 미메시스 능력은 시간이 흐르면서 사멸해버렸느냐 아니면 그렇게 사멸해가면서 어쩌면 모종의 변형을 겪었느냐이다. 미메시스 능력이 그 둘 중 어느 방향으로 발전해왔느냐에 대해 답하기 위해 몇 가지 힌트를 우리는 점성술(Astrologie)에서 간접적으로나마 얻어낼 수 있다. 다름 아니라 우리는 우리에게 전승되어온 것들을 탐구하는 연구자로서 염두에 두어야 할 점이 있다. 즉 오늘날 우리가 어렴풋이나마 느끼지도 못하는 어떤 확연한 형상, 미메시스적 객관성이 존재했다는 것이다. 예를 들면 별들의 성좌에서 그것을 볼 수 있다.

이것을 이해하기 위해 우리는 점성술적 해석에서는 분석하기만 할 뿐인 천궁도(Horoskop)를 하나의 독특한 전체성으로 파악할 필요가 있다. (천체 상태는 하나의 특성을 지닌 통일체를 나타내며 개개의 행성들은 이 천체 상태에서의 작용양태에서 그 성격이 인식된다.) 우리가 근본적으로 고려해야 할 것은, 천체에서 일어나는 일들이 옛날 사람들에게는 집단에 의해서든 개인에 의해서든 모방 가능했다는 점, 이러한 모방 가능성(Nachahmbarkeit)이 바로 현존하는 유사성을 다루는 법을 지시해주었다는 사실이다. 우리는 일단 이러한 인간에 의한 모방 가능성 내지 인간이 지닌 미메시스 능력이 사람들에게 점성술에 경험적 성격(Erfahrungscharakter)을 부여하도록 한 유일한 심급으로 작용했다고 봐야 할 것이다. 그러나 미메시스의 천재가 옛날 사람들에게 실제로 삶을 규정하는 힘으로 작용했다면, 이러한 일은 그 재능을 완벽하게 소유하는 상황, 특히 우주에 존재하는 형상에 자신을 완전하게 동화하는 일을, 이제 갓 태어난 아이에게 적용함으로써밖에는 달리 가능하지 않았을 것이다.

그런데 여기서 결정적 의미를 띠는 탄생이라는 것은 순간에 일어나는 사건이다. 이 점은 우리가 유사성의 영역이 갖는 또 다른 특성을 주목하게끔 한다. 유사성의 지각은 어떤 경우든 번득이며 지나가버리고 마는 순간에 묶여 있다. 유사성은 휙 스쳐 지나가는데, 어쩌면 다시 획득할 수 있을지 모르나 본래 다른 지각들처럼 붙들어 매둘 수는 없다. 유사성은 별들의 운행과 마찬가지로 눈앞에 순간적으로, 일시적으로 나타나는 현상이다. 이처럼 유사한 것들을 지각하는 일은 시간적 요인에 묶여 있다. 그것은 순간적으로 파악되어야 할 두 별의 만남에 점성가라는 제3자가 끼어드는 양태와 같다. 그렇지 않을 경우 이 천문학자는 자신이 갖고 있는 관찰 장비가 제아무리 정밀하다고 할지라도 아무 소득도 얻지 못하고 만다.

점성술에 대한 이상의 언급에서 우리는 이미 비감각적 유사성(unsinnliche Ähnlichkeit)의 개념에 대한 이해를 충분히 얻어냈다고 볼 수 있다. 비감각적 유사성이라는 개념은 일종의 상대적 개념이다. 즉 그 개념은 언젠가 사람들로 하여금 어떤 별들의 상태와 한 사람 사이에 존재하는 유사성에 대해 말할 수 있게 한 그 무엇을 우리는 더 이상 우리의 지각세계에 지니고 있지 않다는 것을 뜻한다. 그러나 우리는 비감각적 유사성의 개념이 갖는 모호성을 해소해줄 한 규준(Kanon)을 갖고 있다. 이 규준은 언어이다.

이미 오래전부터 사람들은 미메시스 능력이 언어에 미친 영향을 시인해왔다. 그렇지만 그것은 원칙 없이 이루어졌고, 사람들은 그때 미메시스 능력의 역사는 차치하더라도 그것의 의미에 대해서도 전혀 진지하게 생각해보지 않았다. 그러나 무엇보다 미메시스 능력이 언어에 미친 영향에 대한 생각들은 일상적인 (감각적인) 유사성의 영역과 밀접하게 결부된 채로 있었다. 어쨌거나 그들은 언어 생성에서 모방적 태도에 의성어(擬聲語, Onomatopoesie)적 요소로서 한 자리를 인정해주었다. 그러나 언어가 그 본질을 통찰하는 사람들에게 명약관화하듯이 기호들의 어떤 약속된 체계가 아니라면, 언어의 본질에 접근하려고 시도할 때 우리는 의성어적 설명방식이 가장 조야하고 원시적인 형태로 보여주는 것과 같은 생각들로 거듭 되돌아가지 않으면 안 된다. 문제는 이 의성어적 설명방식이 더 발전될 수 있고 또 보다 더 날카로운 통찰에 접합될 수 있느냐이다.

달리 말해 레온하르트가 많은 시사점을 던져주는 그의 『말』(*Das*

Wort)에서 주장하듯이 "모든 낱말은 — 그리고 언어 전체는 — 의성어적이다"*라는 문장에 어떤 의미가 부여될 수 있는지의 문제이다. 이 명제를 완전히 투명하게 만들어줄 열쇠가 비감각적 유사성의 개념에 숨어 있다. 여러 언어에서 동일한 어떤 것을 의미하는 낱말들을 찾아내 그 의미된 것을 중심에 두고 주위에 빙 둘러 늘어놓을 경우, 어떻게 종종 서로 하등의 유사성도 보이지 않을 그 낱말들이 모두 그 낱말들의 중심에 놓인 그 의미된 것과 유사성을 보이는지를 연구해볼 수 있다. 물론 이러한 견해는 신비주의적이거나 신학적인 언어이론들에 아주 근접해 있지만, 그렇다고 해서 경험적 문헌학에 낯선 견해인 것도 아니다. 그런데 주지하다시피 신비주의적 언어이론들은 발성된 말만을 숙고 대상으로 삼지 않는다. 신비주의 언어이론들은 문자에 대해서도 똑같은 의미에서 숙고한다. 그리고 이 문자가, 단어나 철자의 문자상(文字像, Schriftbild)이 어떤 의미된 것 내지 명명하는 사람에 대해 갖는 관계에서 비감각적 유사성의 본질을 — 어쩌면 언어의 음성적 조합체보다 더 잘 — 설명해준다는 점은 특기할 만하다. 가령 "Beth"라는 철자는 [히브리어에서] 집이라는 이름을 갖고 있다. 그에 따라 소리로 말한 것과 의도된 것 사이의 결합뿐만 아니라 글로 씌어진 것과 의도된 것 사이의 결합, 그리고 글로 씌어진 것과 소리로 말한 것 사이의 결합도 이루어내는 것이 비감각적 유사성이다. 그리고 이때 결합은 각각의 경우 전혀 새롭고 독창적이며 도출 불가능한 방식으로 이루어진다.

---

* Rudolf Leonhardt, *Das Wort*, Berlin, 1931, p. 6.

그렇지만 이 세 가지 결합관계들 가운데 가장 중요한 것은 아마도 마지막의 것, 즉 글로 씌어진 것과 소리로 말한 것 사이의 결합일 것이다. 그 까닭은 바로 이 경우에 작용하는 유사성이 상대적으로 가장 비감각적인 유사성이기 때문이다. 그리고 그것은 가장 뒤늦게 도달한 유사성이기도 하다. 이러한 비감각적 유사성의 본질을 구체적으로 파악하기 위해서는 그 유사성이 성립하게 된 역사를, 비록 이 역사가 오늘날에도 어둠의 베일에 싸여 있을지언정 살펴보지 않으면 안 된다. 최근의 필적 감정학(Graphologie)은 육필로 쓴 글들에서 그 글을 쓴 사람의 무의식이 숨겨넣은 상들, 또는 원래는 수수께끼 상들(Vexierbilder)을 알아내는 법을 가르쳐주었다. 우리는 이처럼 글을 쓰는 사람의 행동에서 표현되어 나오는 미메시스 능력이 글이 생겨났던 아주 먼 옛날에는 글쓰기 행위에 대해 지극히 중요한 의미를 가졌다고 상정해볼 수 있다. 이렇게 해서 문자는 언어와 더불어 비감각적 유사성, 비감각적 상응관계들의 서고(書庫)가 되었다.

그러나 언어와 문자의 이러한 마법적(magisch)이라고 칭할 수 있는 측면은 그것들의 다른 측면, 즉 기호적(semiotisch) 측면과 무관하게 생겨나는 것은 아니다. 모든 미메시스적인 것은 오히려 근거가 확실한 어떤 의도로서, 이 의도는 그것이 아닌 어떤 낯선 것, 바로 기호적인 것, 다시 말해 언어에서 전달자의 역할을 하는 것을 발판으로 삼아 현상으로 나타날 수 있다. 가령 어떤 글에서 철자로 이루어진 그 글의 텍스트는 오로지 그 속에서만 수수께끼 상이 만들어질 수 있는 어떤 토대를 이룬다. 그처럼 문장의 발음들 속에 숨어 있는 의미연관은 그로부터 유사성이 그 울림에서 순간적으로 번득이며 나타날 수 있는 토대를 이룬다. 그러나 이러한 비감각적 유사성은 모든 읽기행위에서 작용하기 때문에, 이러한 심층에서 읽기라는 말이 갖는 묘한 이의성(二義性), 즉 범속한 의미에서의 읽기와 마법적인 의미에서의 읽기라는 이의성이 드러난다. 학생들은 가나다 책을 읽고, 점성가는 별들을 보고 미래를 읽는다. 첫째 문장에서 읽기는 그 두 가지 요소가 분리되어 있지 않다. 반면에 둘째 문장은 읽기행위의 두 층을 분명하게 보여준다. 즉 점성가는 하늘에서 별들의 위치를 읽는다. 그는 동시에 그 별들의 상태에서 미래나 운명을 읽어낸다.

그런데 이처럼 별들이나 동물의 내장, 우연한 사건들에서 읽어내기(Herauslesen)가 태초의 인간들에게 읽기행위 일반을 가리켰다면, 더 나아가 룬 문자(Runen)가 그랬던 것처럼 새로운 읽기행위가 생겨나도록 한 어떤 매개체들이 존재했다면 우리는 이러한 가정을 해볼 수 있다. 즉 예전에 투시력(透視力, Hellsicht)의 토대였던 미메시스 능력은 수천 년의 발전 과정을 거치면서 점차 언어와 문자 속으로 옮아갔고, 이 언어와 문자 속에서 비감각적 유사성의 완전한 서고를 만들게 되었다는 가정이 그것이다. 이처럼 언어는 미메시스 능력의 최고의 사용 단계를 나타내고, 그 안으로 이전에 유사성을 지각하는 능력들이 남김없이 들어간 매체가 되었을 것이다. 이 언어라는 매체 속에서 사물들은 예전처럼 더 이상 직접적으로 예언자나 성직자의 정신에 따라 서로 관계를 맺는 것이 아니라 그 사물들의 정수(精髓), 지극히 민속하고 섬세한 실체들, 사물들의 독특한 향(香, Aromen)들이 서로 만난다. 달리 말해 투시력이 스스로 예전에 가지고 있던 힘들을 역사가 흘러가는 동안 점차 물려주게 된 것이 바로 문자와 언어이다.

그러나 읽기나 쓰기에서 템포는 바로 그 읽기와 쓰기 과정과 떼어 놓고 생각할 수 없는데, 이 빠른 속도는 유사한 것들이 사물들의 흐름에서 번개처럼 순간적으로 떠올랐다가 이내 가라앉아 잠겨버리는 템포에 정신을 참여케 하려는 노력 내지 능력과 같은 것이다. 그리하여 범속한 읽기가 — 읽는 자가 뭔가를 이해하고자 한다면 — 모든 마법적인 읽기와 함께 공유하는 것이 하나 있다면 바로 이것이다. 즉 읽기 행위는 읽는 자가 헛수고를 하지 않기 위해 결코 잊어서는 안 되는 필수적인 템포, 아니 그보다는 어떤 위기의 순간(kritischer Augenblick)에 의해 지배받는다는 점이다.

추기(追記)

우리가 소유하고 있는 유사성을 파악하는 능력은 유사해지고 또 유사하게 행동하려는 예전의 엄청난 강압의 미약한 잔재에 불과하다. 지금은 사라져버린 유사해지는 이 능력은 우리가 유사성을 볼 수 있는 좁은 지각세계를 훨씬 넘어서 있었다. 수천 년 전 천체 상태가 인간 존재에게, 그가 태어나는 순간에 작용한 힘들이 나중에 유사성의 토대를 이루게 된 것이다.

미메시스 능력에 대하여
(1933)

Walter Benjamin, *Gesammelte Schriften*, Frankfurt a. M., 1972~89, Bd. II/1, pp. 210~13. (Über das mimetische Vermögen)

자연은 유사한 것들을 만들어낸다. 이는 의태를 보기만 해도 알 수 있다. 그러나 유사한 것을 생산해내는 최고의 능력을 갖고 있는 존재는 인간이다. 인간이 소유하고 있는 유사성을 파악하는 능력은 유사해지고 또 유사하게 행동하려는 예전의 엄청난 강압의 잔재에 불과하다. 어쩌면 인간이 지닌 상위의 기능들 가운데 미메시스 능력에 의해 결정적으로 규정되지 않는 기능은 없을 것이다.

그런데 이 미메시스 능력에는 역사가 있다. 그것도 계통 발생과 개체 발생 둘 다의 의미에서다. 개체 발생적 의미에서는 놀이가 미메시스 능력의 교본을 보여준다. 어린아이들이 하는 놀이들은 도처에서 미메시스적 태도로 특징지어지는데, 어린아이들의 놀이 영역은 어떤 한 사람이 다른 사람을 보고 모방하는 것에만 한정되어 있지 않다. 어린아이들은 상인이나 선생을 흉내 내는 것만이 아니라 물레방아나 기차도 흉내 내며 논다. 이와 같은 미메시스적 태도의 훈련이 어린아이들에게 도대체 어떤 이득을 가져다줄까?

이 물음에 답하기 위해서는 미메시스적 태도의 계통 발생적 의미에 대한 통찰이 필요하다. 그런데 여기서 우리가 오늘날 유사성이라는 개념으로 파악하는 것을 생각하는 것만으로 충분치 않다. 주지하다시피 예전에 유사성의 법칙이 지배한 삶의 영역은 광범위했다. 소우주뿐만 아니라 대우주에도 유사성이 지배했다. 이 자연적 상응물들은 우리가 그것들이 모두 인간이 지닌 미메시스 능력을 — 인간은 이 미메시스 능력을 통해 그에 대답하는데 — 자극하고 일깨우는 역할을 한다는 점을 인식할 때 비로소 결정적인 의미를 얻는다. 여기서 생각해야 할 점은 미메시스의 힘들이나 미메시스의 객체들 또는 대상들이 수천 년이 흐르는 동안 똑같은 것으로 남지 않았다는 점이다. 오히려 유사성들을 만들어내는 재능과 — 예를 들어 무희들의 경우 그들의 가장 오래된 기능이 그런 일이었는데 — 함께 그런 유사성들을 인식하는 재능이 역사가 흐르면서 변해왔다고 가정할 수 있다.

이 변화의 방향은 미메시스 능력이 점점 쇠약해진 쪽으로 규정된 듯이 보인다. 왜냐하면 현대인의 지표세계는 명백하게도 옛날 종족들에게 익숙했던 마법적 상응관계들이나 유비(類比, Analogie)들의 극히 미미한 잔재만을 지니기 때문이다. 여기서 제기되는 물음은 그렇다면 이러한 능력이 몰락했느냐 아니면 변형되었느냐이다. 미메시스 능력이 그 둘 중 어느 방향으로 발전해왔느냐에 대해 답하기 위해 몇 가지 힌트를 우리는 점성술에서 간접적으로나마 얻어낼 수 있다. 우리가 근본적으로 고려해야 할 것은, 아주 먼 과거에 모방 가능하다고 여겨진 과정들 중 천체에서 일어나는 일들도 속했다는 점이다. 춤이라든지 그 밖의 제의 행사에서 그처럼 모방이 만들어지고 그처럼 유사성이 다루어질 수 있었다. 그러나 미메시스의 천재가 옛날 사람들에게 실제로 삶을 규정하는 힘으로 작용했다면, 이 재능을 완벽하게 소유하면서, 특히 우주에 존재하는 형상에 자신을 완전하게 동화하는 가운데 이제 갓 태어난 어린아이를 생각했다는 것은 어렵지 않게 상상할 수 있다.

점성술의 영역에 대한 이상의 지적은 비감각적 유사성의 개념을 이해하는 데 첫 실마리를 줄 수 있다. 물론 우리의 삶 속에는 한때 그와 같은 비감각적 유사성에 대해 이야기하고 특히 그러한 유사성을 불러내는 것을 가능케 했던 것이 더 이상 존재하지 않는다. 그렇지만 우리는 비감각적 유사성의 개념이 갖는 의미를 좀더 분명하게 해명해 줄 한 규준을 갖고 있다. 이 규준은 언어이다.

오래전부터 사람들은 미메시스 능력이 언어에 미친 영향을 시인해왔다. 그렇지만 그것은 원칙 없이 이루어졌고, 사람들은 그때 미메시스 능력의 역사는 차치하고 그것의 깊은 의미에 대해서도 전혀 생각해보지 않았다. 그러나 무엇보다 미메시스 능력이 언어에 미친 영향에 대한 생각들은 일상적·감각적 유사성의 영역과 밀접하게 결부된 채로 있었다. 어쨌거나 그들은 언어 생성에서 모방적 태도에 의성어적 요소라는 이름 아래 자리를 인정해주었다. 그러나 명약관화하듯이 언어가 기호들의 어떤 약속된 체계가 아니라면, 언어의 본질에 접근하려고 시도할 때 우리는 가장 원시적인 형태로 의성어적 설명방식으로 등장하는 것과 같은 생각들로 거듭 되돌아가지 않으면 안 된다. 문제는 이 의성어적 설명방식이 더 발전될 수 있고 또 보다 더 나은 통찰에 통합될 수 있느냐이다.

"모든 낱말은 — 그리고 언어 전체는 — 의성어적이다"[1]라고 누군가 주장했다. 그러나 이 문장 속에 들어 있을 프로그램이나마 분명하게 밝히는 것은 어렵다. 그렇지만 비감각적 유사성의 개념이 모종의 실마리를 던져준다. 즉 여러 언어에서 동일한 어떤 것을 의미하는 낱말들을 찾아내 그 의미된 것을 중심에 두고 주위에 빙 둘러 늘어놓을 경우, 어떻게 종종 서로 하등의 유사성도 보이지 않을 그 낱말들이 모두 그 낱말들의 중심에 놓인 그 의미된 것과 유사성을 보이는지를 연구해볼 수 있다. 그렇지만 이러한 종류의 유사성은 여러 상이한 언어에서 똑같은 것을 의미하는 단어들이 갖는 관계에서만 설명할 수 있는 것은 아니다. 이러한 숙고를 전혀 발성된 말에만 제한할 필요도 없다. 오히려 글로 씌어진 말을 두고서도 아주 똑같이 그러한 숙고를 해볼 수 있다. 그리고 이때 글로 씌어진 말이 — 많은 경우 어쩌면 발성된 말보다 더 분명하게 — 그것의 문자상이 의미된 것에 대해 갖는 관계를 통해 비감각적 유사성의 본질을 밝혀준다는 점은 특기할 만하다. 요컨대 소리로 말한 것과 의미된 것 사이의 결합뿐만 아니라 글로 씌어진 것과 의미된 것 사이의 결합, 그리고 글로 씌어진 것과 소리로 말한 것 사이의 결합도 이루어내는 것이 비감각적 유사성인 것이다.

필적 감정학은 육필로 쓴 글들에서 그 글을 쓴 사람의 무의식이 숨겨넣은 상들을 알아내는 법을 가르쳐주었다. 우리는 이처럼 글을 쓰

---

[1] Rudolf Leonhardt, *Das Wort*, Berlin, 1931, p. 6.

는 사람의 행동에서 표현되어 나오는 미메시스 능력이 글이 생겨났던 아주 먼 옛날에는 글쓰기 행위에 대해 지극히 중요한 의미를 가졌다고 상정해볼 수 있다. 이렇게 해서 문자는 언어와 더불어 비감각적 유사성, 비감각적 상응관계들의 서고가 되었다.

그러나 언어와 문자의 이러한 측면은 그것들의 다른 측면, 즉 기호적 측면과 무관하게 생겨나는 것은 아니다. 오히려 언어의 모든 미메시스적인 것은 흡사 불꽃이 그런 것처럼 일종의 전달자에게서만 현상이 되어 나타날 수 있다. 이 전달자가 기호적인 것이다. 그처럼 단어들 또는 문장들의 의미연관이 전달자이며, 이 전달자에서 비로소 섬광처럼 유사성이 현상화되어 나타난다. 왜냐하면 인간에 의한 유사성의 생산은 — 인간에 의한 그것의 지각과 마찬가지로 — 많은 경우, 특히 중요한 경우에 번득이며 지나가버리고 마는 순간에 묶여 있기 때문이다. 유사성은 휙 스쳐 지나간다. 글쓰기와 읽기의 빠른 속도가 언어 영역에서 기호적인 것과 미메시스적인 것의 융해 과정을 상승시키리라는 것은 예상할 수 있다.

"씌어지지 않은 것을 읽기."[2] 이러한 읽기가 가장 오래된 읽기이다. 그것은 모든 언어 이전의 읽기, 동물의 내장, 별들 또는 춤에서 읽기이다. 나중에 룬 문자나 상형문자와 같은 새로운 읽기의 매개체들이 사용되기 시작했다. 이러한 것들이 한때 신비적 행위의 토대였던 미메시스적 재능이 문자와 언어로 진입하게 된 단계들이 되었으리라

---

[2] "Was nie geschrieben wurde, lesen." 이 말은 호프만스탈(Hoffmannstahl)에서 유래한다.

는 것은 충분히 가정해볼 수 있다. 이처럼 언어는 미메시스적 태도의 최고 단계가 되었고 비감각적 유사성의 완벽한 서고, 그 안으로 미메시스적으로 생산하고 파악하는 이전의 능력들이 남김없이 전이되어 들어가서 마법의 힘들을 해체할 정도까지 이르게 된 매체가 되었을 것이다.

언어사회학의 문제들
– 개괄적 논평[1)]
(1935)

Walter Benjamin, *Gesammelte Schriften*, Frankfurt a. M., 1972~89, Bd. III, pp. 452~80. (Probleme der Sprachsoziologie. Ein Sammelreferat)

하나의 경계 분야로서 언어사회학에 대해 이야기하게 되면 사람들은 우선 그 말이 직접 상기하는 학문 분야, 즉 언어학과 사회학에 공통된 어떤 영역을 생각할 것이다. 그러나 문제 영역에 가까이 다가서게 되면 그것이 많은 수의 다른 분과들까지도 포괄한다는 점이 드러난다. 여기서 최근에 특히 연구를 촉발하고 그에 따라 다음에서 내가 제시하는 보고서의 대상이 된 문제들만 언급하자면, 우선 아동심리학의 핵심 문제로 다루어지는 언어공동체가 개인의 언어에 미치는 영향을 들 수 있다. 여전히 논란이 되고 있는 언어와 사유의 관계에 대한 물음도 앞으로 드러나겠지만 심층심리학의 자료들 없이는 파헤칠 수

---

1) 이 에세이는 1934년에 쓰였고, 『사회연구지』(*Zeitschrift für Sozialforschung*) 1935년 여름호에 발표되었다.

없다. 손동작으로 하는 언어와 음성언어에 대한 새로운 논쟁들은 인종학적 연구가 전제된다. 그리고 마지막으로 실어증(失語症)에 관한 이론을 포함한 정신병리학은 앙리 베르그송(Henri Bergson)이 이미 그로부터 광범위한 시사점들을 얻어내려고 시도한 분야인데, 언어사회학이 중요하게 다루는 물음들을 해명해주었다.

    사회학과 마찬가지로 언어학에서도 핵심을 이루는 문제들이 서로 가장 자연스러우면서도 가장 두드러지게 접촉하는 곳이 있다면 그것은 언어의 기원에 관한 물음이다. 이 물음에 대해 방법론적 유보를 표명하는 의견들이 자주 제기되고 있음에도 불구하고, 이 지점에서 두 학문 분야의 가장 중요한 연구 성과들이 수렴하고 있다. 적어도 이 언어의 기원에 관한 물음은 서로 판이한 이론들이 자연스럽게 지향할 수 있는 소실점임이 입증되고 있다. 우선 위에서 말한 유보의 태도에 대해 이렇게 언급할 수 있겠다. 우리는 일종의 일반 언어심리학 백과사전이라 할 수 있는 앙리 들라크루아[2]의 대표작인 『언어와 사유』에서 그러한 언급을 찾아볼 수 있다. "기원이란 사람들이 알고 있듯이 어둠 속에 묻혀 있기 일쑤이다. …… 언어사(言語史)는 기원으로 인도하지 않는데, 그것은 언어라는 것이 역사가 성립하기 위한 전제조건을 이루기 때문이다. 언어사는 우리가 아무것도 알 수 없는 중요한 과거를 이미 겪은 뒤의 매우 발달된 언어들을 다루게 마련이다. 특정 언어들의 기원은 언어 자체의 기원과 동일한 것이 아니다. 알려져 있는

---

[2] Henri Delacroix, 1873~1937 : 프랑스 심리학자로서 『종교와 믿음』(La Religion et la foi, 1922), 『언어와 사유』(La Langage et la pensée)를 비롯하여 미학, 논리학, 종교적 사유에 대한 저서를 발표했다.

가장 오래된 언어들은 …… 원시적인 요소를 지니고 있지 않다. 그 언어들은 우리에게 언어가 겪어온 변화들만을 보여줄 따름이다. 언어가 어떻게 생겨났는지에 대해 그 언어들은 우리에게 가르쳐주지 않는다. …… 우리가 지니고 있는 유일한 토대는 언어가 가능하기 위한 조건들에 대한 분석, 언어가 생성해가는 법칙들, 언어의 발전에 대한 고찰이다. …… 언어의 기원 문제는 따라서 미뤄질 수밖에 없다."[3] 이렇게 조심스럽게 숙고하면서 저자는 예전부터 연구자들이 언어의 기원이라는 이 미지의 영역에서 벌어진 심연을 건너지르고자 하면서 제시한 설명들을 짤막하게 요약하고 있다. 그 설명들 가운데 가장 널리 알려진 것은, 그 원시적 형태 때문에 오래전에 학문적 비판을 받았음에도 불구하고 오늘날의 연구에서 중심을 이루는 물음들에 접근하게 해주는 설명이다.

"인간이 스스로 언어를 고안해냈다! — 살아 숨쉬는 자연이 내는 소리들을 가지고서"라고 요한 헤르더[4]가 말했다.[5] 이로써 헤르더는 17세기에 전개되었던 성찰들로 거슬러 올라간 셈이다. 헤르더는 그 세기가 역사적 격동기였음을 짐작한 최초의 인물이었고, 이어서 파울 한카머[6]는 그 세기에 전개된 근원적 언어와 모든 언어의 기원에 대한

---

3) [원주] Henri Delacroix, *Le langage et la pensée*, Paris, 1930, pp. 128~29.
4) Johann Gottfried von Herder, 1744~1803 : 언어, 역사, 종교를 연구한 독일의 철학자로서 낭만주의 운동에 강한 영향을 미쳤다.
5) Johann Gottfried von Herder, *Abhandlung über den Ursprung der Sprache* (1772), in: *Sämtliche Werke*, Bd. 5, Berlin, 1891, p. 51.—전집 편집자
6) Paul Hankamer : 독일의 문헌학자이자 문학사가로서 독일 반종교개혁 시대와 바로크 시대 및 야코프 뵈메(Jakob Böhme), 프리드리히 슐레겔, 괴테에 대한 저술로 알려져 있다.

사변들을 주목할 만한 그의 작품7)에서 다룬다. 안드레아스 그리피우스를 위시하여 슐레지엔 사람들인 게오르크 하르스되르퍼, 요한 리스트8) 및 그들을 추종한 뉘른베르크 작가들의 글을 펼쳐보아도 그 시대에 언어의 순수하게 음성적인 측면이 어떤 반향을 불러일으켰는지 알 수 있다. 게다가 비교적 덜 비판적인 숙고를 할 때에는 언어의 기원을 의성어적(onomatopoetisch)으로 설명하는 이론이 예전부터 가장 설득력 있는 이론이었다. 그에 비해 학문적 · 비판적으로 접근할 때 사람들은 의성어적 요인의 의미를 대부분 제한하려고 했다. 물론 그렇다고 해서 어느 모로 보나 언어의 기원 문제 일반에 대해 마지막 말을 했노라고 주장할 수는 없었다.

카를 뷜러9)가 얼마 전에 이 물음을 천착하면서 특이한 논문을 발표했다. 그는 이 논문에서 언어에 관해 이렇게 적고 있다. "헤르더와 그 밖의 사람들이 언어란 예전에 그림 그리는 데 봉사했다고 주장한다."10)

---

7) 〔원주〕 Paul Hankamer, *Die Sprache, ihr Begriff und ihre Deutung im sechzehnten und siebzehnten Jahrhundert*, Bonn, 1927.
8) Andreas Gryphius, 1616~64 : 독일 바로크 시대의 시인 · 극작가로서 때때로 '독일의 셰익스피어'로 알려지기도 했다. 벤야민의 비극서(『독일 비애극의 원천』)에서 중요한 작가로 다루어지고 있다.
 Georg Philipp Harsdörfer, 1607~38 / Johann von Rist, 1607~67 : 역시 같은 시대 독일의 학자 · 작가 · 시인들이다.
9) Karl Bühler, 1879~1963 : 독일 유대계 미국의 심리학자. 훔볼트로부터 시작되는 심리적 언어학파의 20세기 후계자이다. 또 생물학적 · 생리학적인 여러 실험을 통하여 인간의 사고 과정을 연구했다. 빈 대학 교수로 재직하다가 1939년 미국으로 망명했다.— 옮긴이
10) 〔원주〕 Karl Bühler, "L'onomatopée et la fonction représentative du langage", in: *Psychologie du langage*, par H. Delacroix u. a. Paris, 1933, p. 103; Karl Bühler, *Sprachtheorie. Die Darstellungsfunktion der Sprache*, Jena, 1934, pp. 195~216 참조.

이 주장을 뷜러는 자신의 대상으로 삼았고, 언어에서 이따금 일어나는 의성어적 변형에 중요한 빗장을 지른 상황들을 입증하려고 노력했다. 여기서 그가 논의를 진행하면서 이따금씩 언어사적인 사실들을 지적하고 또 라차루스 가이거[11]의 주장, 즉 언어는 "꽤 나중의 층위에서야 객체들에 묘사하면서 접근하려는 경향"[12]이 나타났음을 입증할 수 있다는 주장을 다시 끌어들이고 있는데, 여기서 그의 증명방식은 무엇보다 체계적인 성격을 띤다. 그는 인간의 목소리가 지니는 의성어적 가능성들을 부인하려는 생각을 하지 않는다. 그는 오히려 그런 가능성을 보통 생각할 수 있는 이상으로 높이 친다. 다만 그가 보기에 이러한 가능성들의 목록은 전체적으로 볼 때 "놓친 기회들"의 목록으로 나타날 따름이다. 역사적 언어의 의성어적 활동은 뷜러가 확인하듯이 낱말의 총체성에 미치는 영향에서 추방되었다. 단지 낱말 내부의 개별 장소들에서 그러한 영향이 표현될 수 있을 뿐이다. 오늘날 사정이 그렇다. 그리고 예전에도 사정이 그랬다. "우리가 의성어적 원칙들의 지배로 이어지는 길이 왼쪽에 있고, 상징적 재현으로 이어지는 길이 오른쪽에 있다고 생각해보자. 모든 알려진 언어들, 심지어 오늘날 피그미족들의 언어까지도 의성어적 요소들을 허용하고 있다는 점을 부인하는 사람은 없다. 그에 따라 사람들이 일정 기간 동안 왼쪽 길을 따라가다가 다시 되돌아옴으로써 결국 — 모든 알려진 언어들이

---

11) Lazarus Geiger, 1829~70 : 광범위하게 독학을 한 독일의 문헌학자로서 주저로는 『인류의 발전사』(*Zur Entwicklungsgeschichte der Menschheit*, 1871)가 있다.
12) 〔원주〕 Lazarus Geiger, *Ursprung und Entwicklung der menschlichen Sprache und Vernunft*, Band 1, Stuttgart, 1868, p. 168.

증명해주고 있는 대로 가정할 수밖에 없듯이 — 그 처음 경향의 흔적들이 완전히 사라져버렸을 것이라는 것은 전적으로 있을 법하지 않다."[13] 이렇게 해서 뷜러는 샤를 칼레(Charles Callet)가 다음과 같은 멋진 이미지로 포착한 바 있는 견해에 도달한다. "의성어적 특성들을 가지고서는 어떤 언어도 설명할 수 없다. 기껏해야 그것은 한 종족이나 한 민족의 감정방식, 취미를 설명해줄 뿐이다. …… 의성어적 요소들은 어떤 민속축제의 날에 나무 잎사귀 사이에 매달린 초롱이나 색종이들을 발견할 수 있는 것처럼 어떤 완숙한 어법 속에서 발견될 뿐이다."[14]

뷜러의 이런 조심스러운 숙고들보다 더 흥미진진하게 학문적 토론에 영향을 미친 것이 있는데, 루시앵 레비브륄[15]이 원시인들의 정신적 성향에 대한 연구를 통해 입증하려고 한 일종의 의성어 이론이 바로 그것이다. 그는 원시인들의 언어가 보여주는 강렬함(Drastik)을 강조하여 지적한다. 그는 원시인들의 언어가 지니는 특성으로서 소묘하듯이 묘사하는 태도를 이야기하는데, 이 태도의 기원에 관해서는 다시 뒤에서 논의될 것이다. "소묘하듯이 묘사하고자 하는 욕구는 …… 독일 탐사가들이 '음성 이미지'의 수법이라고 칭했던 수법에서, 즉 목소리를 통해 일어나는 일로서 말하고자 하는 것을 소묘하고 모사하는

---

13) [원주] Karl Bühler, "L'onomatopée……", 앞의 책 각주 10, p. 114.
14) [원주] Charles Callet, *Le mystère du langage. Les sons primitifs et leurs évolutions*, Paris, 1926, p. 86(Paléolinguistique et préhistoire).
15) Lucien Lévy-Bruhl, 1857~1939 : 프랑스의 사회학자·민속학자·철학자로 특히 미개인과 근대인의 심적 상태의 근본적 차이에 대해 연구했다. 주저로는 『미개인의 사고』(*La Mentalité primitive*, 1922)가 있다.

데서 표현된다. 윌리엄 베스터만[16]이 말했듯이 이브(Ewe)의 언어는 어떤 인상을 소리로 재현하는 수단을 엄청나게 많이 갖고 있었다. 이러한 풍부함은 귀로 들은 모든 것을 모방하려는 거의 억누를 수 없는 그녀의 성향에서 유래한다. 이와 마찬가지로 사람들이 보는 모든 것과 지각하는 것 일반이 …… 우선 움직임들이다. 그러나 이렇게 목소리로 이루어지는 흉내 또는 재생, 이러한 '음성 이미지'들은 소리, 색깔, 미각 및 촉각적 인상들에까지도 확대된다. …… 우리는 여기서 엄격한 의미에서 의성어적 창조물들을 이야기할 수 있다. 더 나아가 여기서 일어나는 일은 묘사하는 목소리 동작들(Stimmgebärden)이다."[17] 원시적 언어들을 묘사하는 목소리 동작으로 보는 이 견해는 이 연구자〔레비브륄〕가 확신하는 바에 따르면 원시인들의 의미에서 그 언어 특유의 마법적 특질들을 이해할 수 있는 길을 열어주며, 그 특질들을 서술하는 일이 원시언어에 대한 그의 이론의 핵심을 이룬다.

레비브륄의 학설들은 프랑스를 훨씬 넘어 영향을 미쳤고 독일에서도 그 흔적을 남겼다. 여기서 에른스트 카시러[18]의 언어철학[19]을 상기하는 것으로 족할 것이다. 원시적 언어 개념들을 논리적 개념들과 비

---

16) William Linn Westermann, 1873~1954 : 미국의 역사학자로서 주저로는 『고대 국가들의 이야기』(*The Story of the Ancient Nations*, 1912)와 『그리스 파피루스』(*Greek Papyri*, 1926~33)가 있다.

17) 〔원주〕 Lucien Lévy-Bruhl, *Les fonctions mentales dans les société inférieures*, Paris, 1918, p. 183.

18) Ernst Alfred Cassirer, 1874~1945 : 독일의 철학자로서 주저로는 『상징형식의 철학』 이외에 『근대의 철학과 학문에서 인식의 문제』(*Erkenntnisproblem in der Philosophie und Wissenschaft der neueren Zeit*, 1906~20)가 있다.

19) 〔원주〕 Ernst Cassirer, *Philosophie der symbolischen Formen*, 3 Bde., Berlin, 1923~29.

교하는 대신 오히려 신화적 개념들의 형식을 가지고 파악하려 한 그의 시도는 명백하게 레비브륄에게서 영향을 받은 결과이다. "두 가지, 즉 신화적 개념들과 언어적 개념들을 논리적 개념들과 구별해주는 것, 그리고 그 둘을 독자적인 '유'(類)로 귀속하도록 하는 것은 우선 그 둘 속에 동일한 방향의 정신적 성향이 드러나 있는 것처럼 보인다는 점이다. 이 방향은 우리의 이론적 사유운동이 진행하는 방향과는 대립되어 있다. …… 그러한 방향에서는 …… 직관의 확장 대신 그것의 극단적 축소가 지배하며, 그 직관을 늘 새로운 존재 영역들 속으로 점차 뚫고 들어가게 하는 연장(延長) 대신 집약에의 충동이 지배하고, 외연적 확장 대신 내포적인 응축이 지배한다. 이처럼 모든 힘들을 단 하나의 점으로 모으는 작용 속에 모든 신화적 사유와 모든 신화적 형상들의 전제조건이 놓여 있다."[20] 이것은 레비브륄로 하여금 원시인들의 언어에 구체성을 지향하는 특성이 있다고 판단하게 한 것과 똑같은 집약과 응축이다. "여기서 모든 것이 이미지 개념들로 표현되기 때문에, …… 이러한 '원시'언어의 어휘는 우리의 언어로는 단지 멀리서 어렴풋이 짐작하게 해줄 뿐인 어떤 풍부함을 지니고 있음이 틀림없다."[21] 그리고 다시금 카시러가 특히 주목한 것도 원시인들의 언어마법(Sprachmagie)이 뿌리를 두고 있는 동일한 복합체들이다. "사람들은 …… 신화적 관점을 '복합적인' 관점이라고 부르는데, 그것은 그 관점을 이러한 특징을 통해 우리의 이론적이고 분석적인 관찰방식

---

20) 〔원주〕 Ernst Cassirer, *Sprache und Mythos. Ein Beitrag zum Problem der Götternamen*, Leipzig, Berlin, 1925, pp. 28~29.
21) 〔원주〕 Lucien Lévy-Bruhl, 앞의 책, p. 192.

과 구별하기 위해서이다. 이 표현을 부각한 프로이스(Preuß)는 예를 들어 코라 인디언족의 신화에는 …… 밤과 낮의 하늘에 대한 시각이 **전체**로서 해와 달과 개개의 별자리에 대한 시각 이전에 존재했음이 틀림없다는 점을 상기한다."[22] 그렇게 카시러는 말한다. 하지만 레비브륄 역시 같은 방향으로 더 나아가면서 원시인들의 세계는 "일종의 신비적인 복합체 속에서 포착되지 않을 어떤 지각도 알지 못한다"고 지적한다. "단지 현상에 불과한 현상이란 없으며, 단지 기호에 불과한 기호도 없다. 어떻게 해서 하나의 단어가 단지 하나의 단어에 불과할 수 있단 말인가? 모든 대상 형식, 모든 구체적 이미지, 모든 그림은 신비한 특질들을 지닌다. 그렇기 때문에 입으로 그리는 그림인 언어 표현 역시 필연적으로 그러한 특질들을 갖는다. 그리고 이러한 힘은 고유명사들만 지니는 것이 아니라 모든 단어들이 — 그게 어떤 종류의 것이든 간에 — 지닌다."[23]

레비브륄과의 논쟁은 두 출발점 중 하나를 택하게 되었다. 사람들은 그가 고등 성향과 원시적 성향 둘 사이를 구별한 점을 고등 성향이라는 전승된 개념, 실증주의적 특성들을 띤 그 개념을 비판함으로써 뒤흔들 수 있었다. 하지만 원시적 성향의 개념이 이 연구자[레비브륄]에게서 누리는 특별한 지위에 의심의 눈초리를 보낼 수도 있었다. 첫 번째 길을 간 것은 『심리학과 원시문화』를 쓴 프레더릭 바틀릿[24]이었

---

22) [원주] Ernst Cassirer, *Sprache und Mythos*, 앞의 책, pp. 10~11.
23) [원주] Lucien Lévy-Bruhl, 앞의 책, pp. 198~99.
24) Frederic Charles Bartlett, 1886~1969 : 1931년부터 케임브리지 대학에서 심리학을 강의했다. 주저로는 『기억하기』(*Remembering*, 1932), 『정치적 선전』(*Political Propaganda*, 1940), 『사유하기』(*Thinking*, 1958) 등이 있다.

다.[25] 두 번째 길을 간 것은 『원시적 이성』을 쓴 올리비에 르루아(Olivier Leroy)였다. 르루아의 책은 그가 귀납적 방법을 고도의 정밀함을 가지고 구사한 점, 그러면서 레비브륄의 경우처럼 현상을 판단하는 손쉬운 척도를 제공해주는 실증주의적 사고방식을 따르지 않은 점에서 처음부터 흥미를 끌었다. 그의 비판은 우선 '원시적' 성향의 언어적 등가물들이 인종학적 연구가 진행되면서 띠었던 이현령비현령식의 경향을 지적한다. "원시적인 것이라는 개념이 그 윤곽과 거동을 두고 볼 때 전설적인 직립원인(直立猿人)을 눈앞에 제시해준 것은 얼마 되지 않은 일이다. 그 직립원인에게는 '신비스러운 참여'보다는 먹을 것을 구해야 하는 걱정이 더 앞서 있었다. 사람들은 그의 언어가 긴팔원숭이의 의성어적 표현들과 유사했음이 틀림없었을 이 야생의 인간이 단지 제한된 언어적 표현 수단만을 갖고 있었을 거라고 생각했다. 그리하여 그 원시인의 어휘가 빈약한 데서 사람들은 원시적 성향의 표지를 보았다. …… 그에 비해 오늘날 사람들은 원시인들의 언어가 풍부한 어휘를 지니고 있고 형태도 풍부하다는 점을 특징으로 갖는다는 것을 안다. 그리하여 이제 이 풍부함은 다시금 '원시적' 태도의 표지, 아니 그 낙인으로 여겨지게 되었다."[26]

그 밖에도 르루아에게는 이 언어이론적인 맥락에서 볼 때 레비브륄의 경우 사실이라고 주장된 것들이 실은 그 저자의 해석이라고 반박하는 일이 주요 관심사가 아니었다. 그리하여 그는 언어에서 유별

---

25) [원주] Frederic C. Bartlett, *Psychology and primitive culture*, Cambridge, 1923.
26) [원주] Olivier Leroy, *La raison primitive. Essai de réfutation de la théorie du prélogisme*, Paris, 1927, p. 94.

나게 드러나는 구체적 표현방식을 원시적 성향의 특징으로 귀속하려는 시도에 대해 이렇게 말한다. "라플란드 사람이 한 살짜리, 두 살짜리, 세 살짜리, 다섯 살짜리, 여섯 살짜리, 일곱 살짜리 순록을 지칭하는 각각의 낱말들을 갖고 있고, 또 그가 눈을 표현하는 낱말 스무 개, 추위를 표현하는 낱말을 열한 개, 여러 종류의 눈(雪)을 표현하는 낱말 마흔한 개, 여러 종류의 서리와 해빙의 날씨를 지칭하는 동사 스물여섯 개를 갖고 있다면, 이러한 풍부함은 특수한 의도의 결과가 아니라 극지방의 문명에서 생겨난 요구들에 상응하는 어휘를 만들어낼 생생한 필요성의 결과인 것이다. 오로지 그의 태도에 대해 실제로 단단한 눈, 느슨한 눈, 또는 녹는 눈이 여러 가지 가치를 갖는 상황을 나타내기 때문에 라플란드 사람은 그것들을 언어적으로 구별하는 것이다."[27] 르루아는 단순한 풍습, 표상방식, 의식(儀式)들을 그에 상응하는 문명인들의 그것과 비교하는 방식이 지닌 의심스러운 점을 드러내는 데 지칠 줄 몰랐다. 그는 경제형식, 환경, 사회 상태의 전혀 특수한 상황을 연구할 것을 종용했다. 그것은 바로 그러한 틀 내에서 보면 얼핏 보기에 합리적인 태도와 대립되는 것으로 보이는 많은 것이 합목적적이라는 점이 밝혀지기 때문이었다. 그는 매우 상이한 언어현상들 속에서 처음부터 논리 이전적 태도의 징후들을 입증하려는 노력으로 인해 보다 더 단순하면서 그렇다고 시사하는 바가 적지 않은 행동방식을 보지 못하게 만들 수 있기 때문에 그런 작업을 그만큼 더 강조해서 수행한다. 그에 따라 그는 카피르족[28] 여인들이 자기들끼리 있을

---

27) [원주] Olivier Leroy, 앞의 책, p. 100.

때 사용하는 특수 언어에 대해 샤를 발뤼[29]가 한 말을 인용해 레비브륄을 반박한다. "이 경우가, 집에 있을 때는 다른 많은 사람들이 말하는 식으로 말하면서 법정 기록의 직무를 수행할 때면 그의 많은 동료 시민들이 알아들을 수 없는 말을 쓰는 어느 프랑스인 법정 정리(廷吏)의 경우와 다른 경우라고 확연히 말할 수 있을까?"[30]

르루아의 중요한 그 저작은 순수하게 비판적인 색조를 띠고 있다. 그가 제기하는 이의는 이미 언급했듯이 실증주의, 에밀 뒤르켕[31]학파의 '사회학적 신비주의'와 불가피한 짝을 이루는 듯이 보일 뿐인 그 실증주의를 겨냥하고 있다. 특히 이러한 태도는 '마법의 행위들'이라는 장에서 두드러지게 드러난다. 이 장에서 그는 원시인들에게서 관찰되는 특정한 마법적 표상들을 심리학적으로 평가하는 작업을 단순하면서 놀라운 성찰을 펼치면서 반박하고 있다. 저자는 마법에 대한 믿음의 대상들이 그 믿음을 추종하는 공동체에 대해 지니는 현실성 내지 명증성의 정도를 확인해볼 것을 요구한다. 사실은 어쩌면 그런 [원시적] 공동체만 그런 것은 아닐 것이다. 르루아는 유럽인들이 특정한 마법적 사건들에 관해 전해준 증거물을 끌어들인다. 그가 그 증거

---

28) 남아프리카 반투어족에 속하는 한 부족.
29) Charles Bally, 1965~47 : 스위스 언어학자로서 소쉬르와 함께 연구했으며, 1916년 소쉬르의 강의록을 편집하여 『일반언어학 강의』을 펴내는 데 도움을 줬다. 특히 파롤에 대해 천착했다.
30) [원주] Charles Bally, *Le langage et la vie*, Paris, 1926, p. 90.
31) Émile Durkheim, 1858~1917 : 프랑스 사회학자·교육자. 경험적 연구와 사회학 이론을 결합하려고 시도한 프랑스 사회학파의 창시자. 『사회분업론』(*De la division du travail social*, 1893), 『자살론』(*Le Suicide*, 1897)에서 테크놀로지와 사회적 힘들이 개인의 행동에 미치는 영향을 탐구했고, 『종교생활의 원초형태』(*Les Formes élémentaires de la vie religieuse*, 1912)에서는 종교의 사회적 토대를 다루었다.

물을 여기서 설득력이 있다고 여기는 것은 정당하다. 왜냐하면 이 증거가 왜곡된 지각, 이를테면 암시를 통해 변형된 지각에 바탕을 두고 있을지라도, 그로써 그러한 믿음이 특정한 원시적 조건에서만 가능하다는 점은 반박되기 때문이다. 그리하여 자신의 독자적인 이론을 제시하는 것보다 더 르루아의 관심에서 멀리 떨어진 것이 없다고 해도, 인종학적인 자료들을 일단 모든 해석에 맞서 열어두려는 그의 노력이 비쳐오는 곳은 한두 군데가 아니다. 그가 반박하는 해석 중에는 낭만적이면서 몇몇 신학자들이 선호하는 부류의 해석도 있다. 이에 따르면 이른바 '원시인들'은 원래 온전한 인간 존재가 몰락해서 생긴 종족 또는 — 좀더 조심스럽게 말하자면 — 고도의 문화 시대의 퇴락한 자손들에 불과하다는 것이다.

그렇지만 르루아의 날카로우면서 종종 근거 있는 비판으로 인해 레비브륄의 이론들이 흔적 없이 논쟁에서 사라질 거라고 예상할 수는 없다. 사회학은 어떤 대상을 다루든 방법적으로 대상을 밀봉해서 가둬둘 수 없다. 사회학의 모든 대상에는 여러 학문 분야가 관심을 두고 있는 것이다. 여기서 다루고 있는 말의 마법(Wortmagie)에 대해 무엇보다 정신병리학이 관심을 두고 있다. 그런데 레비브륄의 견해가 — 그와 함께 그의 견해가 끌었던 커다란 관심까지도 — 이 영역의 학문적 문제들과 아주 밀접한 관련을 맺고 있다는 점은 부인할 수 없다. 말의 마법에 관한 이론은 그의 경우 동일성 의식이 효력이 원시인들의 경우 제한되어 있다는 그의 이론의 주요 명제로 대체할 수는 없다. 동일성 의식이 제한된 경우들은 — 사람들이 그것을 어떻게 설명하든 간에 — 정신병자들에게서 자주 목도된다. 그리고 레비브륄에게서 동일한 부족에 속한 사람들에 의해 동시에 똑같은 어떤 새가 — 여러 장소에서 똑같은 새라고 강조해서 지칭되는 새가 — 희생되는 어떤 제의에 관해 이야기되고 있다면, 그것은 일종의 확신으로서 그러한 확신은 꿈에서든 정신병에서든 고립되어 나타나는 현상이 아니다. 두 개의 상이한 대상이나 상황 사이의 동일성이 — 같음이나 유사함이 아니라 — 그들에게는 가능한 것이다. 하지만 이러한 인식에는 한 가지 유보조건이 내포되어 있다. 우리는 정신병자들에 대해 심리학적 설명을 해주어야 하듯이 원시적 성향에 대해 (그리고 그로써 어쩌면 간접적으로 정신병자에 대해서도) 역사적 설명을 해주어야 하지 않을까? 이러한 설명을 레비브륄은 시도하지 않았다. 그리고 르루아가 되돌리려고 했던 것으로서 레비브륄이 원시적 성향과 역사적 성향을 대립시킨 것보다 더 의심스러운 것은 그의 경우 그 둘 사이의 매개가 빠져 있는 것이 아닐까 하는 점이다. 제임스 조지 프레이저[32]학파가 그의 저작에 끼친 치명적인 영향은 그 학파가 그에게 역사적 차원을 차단한 데 있다.

두 연구자 사이의 논쟁에서 한 가지 점이 특수한 의미를 지닌다. 그것은 몸짓언어(Gebärdensprache)의 문제이다. 그 몸짓언어의 중요한 전달자는 손이다. 손의 언어는 레비브륄에 따르면 우리가 마주치는 언어들 가운데 가장 오래된 언어이다. 르루아는 여기서 훨씬 신중하다. 그는 몸짓언어에서 생생한(pittoresk) 표현 형식보다는 인습적인

---

[32] James Georg Fraser, 1854~1941 : 영국의 민속학자로 민족학과 고전문학의 자료를 비교·정리하여 주술(呪術)과 종교의 기원 및 그 진화의 과정을 탐구했다. 주저로는 『황금가지』(*The Golden Bough*, 1890~1915)가 있다.

표현 형식을 볼 뿐만 아니라, 그 몸짓언어의 확산 자체를 이차적인 상황의 결과, 이를테면 소리가 미치지 못하는 먼 거리에서 서로 소통하거나 사냥 중 사냥감을 마주하고서 소리 없이 동료와 연락할 필요성에서 파생된 결과로 간주한다. 그는 몸짓언어가 예외 없이 확산된 것은 아니라는 점, 그에 따라 언어로 발전하는 최초의 표현운동의 연쇄에서 한 고리의 역할을 할 수 없다는 점을 강조한다. 자주 너무 멀리 나아가는 듯한 레비브륄의 주장들을 그는 간단히 해치운다. 우리가 니콜라이 마르[33]처럼 보다 더 단순하고 냉철한 성찰을 제시한다면 사정은 꼭 그렇지 않을 것이다. "실제로 아무런 분절적인 음성언어를 구사할 줄 몰랐던 원초적 인간은 그가 어떻게든 어떤 대상을 가리키거나 그것을 내보일 수 있었다면 기뻤다. 게다가 그는 이 목적에 특히 잘 들어맞는 연장이라고 할 수 있는 손을 갖고 있었다. 손은 인간을 여타의 동물들의 세계로부터 특별하게 구별하는 연장이다. …… 손 또는 두 손은 인간에게 혀와 같았다. 손동작들, 얼굴표정들, 그리고 몇몇 경우에는 몸동작들이 언어적 창조의 수단들을 망라했다."[34] 여기서부터 마르는 레비브륄의 이론이 지닌 환상적 요소들을 구성적 요소들로 대체하고자 하는 주장으로 나아간다. 그에 따르면 "손은 연장들이 물질적 재화의 생산자로서의 그 손을 대체하기 이전에 어떤 정

---

33) Nikolai Yakovlevich Marr, 1864~1934 : 러시아 언어학자·고고학자로서 '마리즘'(Marrism)으로 알려진 그의 언어학 이론을 통해 언어가 계급과 연계된 특성을 강조했다. 그는 언어가 소통의 필요성에서 생겨났다는 명제를 부인하고 그 대신 제스처의 언어가 음성언어의 발달에 선행한다고 보았다.

34) [원주] Nikolai Marr, "Über die Entstehung der Sprache", in: *Unter dem Banner des Marxismus*, 1, 1926, pp. 587~88.

신적 가치라 할 언어의 생산자로서 [다른 것으로] 대체될 수 없었으며, 당시 이미 분절적인 음성언어가 손으로 하는 언어의 자리에 들어설 수 있었다는 것은 전혀 상상할 수 없다"는 것이다. 오히려 "음성언어의 창조를 위한 근거"는 "모종의 생산적인 노동 과정을 통해" 놓이게 되었음이 틀림없다. "여기서 거론된 노동의 종류를 더 엄밀하게 규정하지 않더라도 우리는 지금 아주 일반화해 이런 명제를 주장할 수 있다. 즉 분절언어(artikulierte Sprache, 음성언어)의 탄생 자체는 인류가 인위적으로 가공한 연장의 도움을 받아 생산적 노동으로 이행하기 전에는 이루어질 수 없었다는 점이다."[35]

마르의 저술들은 일련의 새로우면서 대부분 낯선 이념들을 언어학에 도입하고자 했다. 한편으로 그 이념들은 그냥 간과하기에는 엄청난 파급력을 지니고 있고, 다른 한편으로 그 논쟁을 위해 이 자리가 적절한지는 너무 논란이 되기 때문에, 조제프 방드리에스[36]가 그 이념들에 대해 제시하는 짤막한 스케치를 끌어들이는 것이 효과적일 듯하다. 방드리에스에 따르면 "이 이론은 카프카스에서 생겨났는데, 그 지역의 언어들을 마르는 어느 누구보다 잘 알고 있다. 그는 그 언어들을 그룹별로 묶고 그것들의 근친성을 조사하려고 했다. 이 작업은 그로 하여금 카프카스를 넘어 나아가게 했고, 그는 이 언어들이 바스크족의 언어와 놀라운 근친성을 갖고 있다는 점을 확인할 수 있다고 믿었다. 그로부터 그는 카프카스의 언어들과 바스크어는 외부의 습격에

---

35) [원주] Nikolai Marr, 앞의 책, p. 593.
36) Joseph M. Vendryes, 1875~1960 : 프랑스 비교언어학자.

거의 노출되어 있지 않는 산악지대에서 보존되어온 언어들로서 오늘날 인도유럽인들이 유럽으로 이주해오기 전에 있었던 거대한 어족의 고립된 잔재라는 결론에 도달했다. 그는 이 어족을 야벳어(Japhetitisch)족이라고 칭하기를 제안했다. …… 아주 오래 전에 이 어족에 속한 민족들이 유사한 부족의 면면한 연쇄로서 피레네 산맥에서 출발하여 …… 아시아의 먼 지역에 이르기까지 이동했다는 것이다. 이 거대한 영역에서 야벳어들은 인도유럽어의 선조였다는 것이다. …… 이 가설이 미칠 파장은 명백하다."[37]

마르의 이론은 그것이 변증법적 유물론과 갖는 관계를 전혀 부인하지 않는다. 이 점에서 결정적인 것은 언어학에서 인종 개념, 아니 민족 개념이 지닌 타당성을 계급들의 운동에 그 근거를 둔 언어사를 위해 무효화하려는 그의 노력이다. 마르에 따르면 인도유럽어들은 결코 어떤 특수 인종의 언어가 아니다. 그 언어들은 오히려 "똑같은 한 언어의 역사적 상태를 나타내고, 야벳어들은 그 언어의 선사적 상태를 나타낸다. …… 인도유럽어가 어디에서 생겨났든 간에 그것을 담지한 자들은 특정 지배계급이었고 …… 그처럼 지배하던 계급과 함께 하나의 구체적인 완성된 인도유럽어 또는 — 존재한 적이 없는 — 어떤 공동의 원초적 언어가 아니라 언어들의 어떤 새로운 유형의 구성방식이 확산되었으며, 이 구성방식이 선사적인 야벳어가 역사적인 인도유럽어로 이행하는 것을 매개했다."[38] 그에 따라 언어이 삶에서 가

---

37) 〔원주〕 Joseph Vendryes, "Chronique", in: *Revue celtique*, Band XLI, 1924, pp. 291~92. 〔야벳어는 구약에 나오는 노아의 셋째 아들 야벳(Japhet)의 이름에서 유래한다. — 옮긴이〕

장 중요한 것은 그 언어의 생성이 특정한 사회적·경제적 그룹들, 신분과 부족의 그룹들의 토대를 이루는 그런 그룹들과 연계되어 있다는 점이다. 과거에 있었던 전체적인 민족언어들에 대해 이야기할 가능성이 사라진다. 오히려 유형학적으로 상이한 언어들이 어느 한 민족적 구성체 속에서 관찰될 수 있다. "한마디로 말해 사람들이 이른바 한 민족문화의 이런 언어 또는 다른 언어에 접근할 때 대중 집단이 사용한 모국어, 주민 전체의 모국어를 염두에 두고 접근한다면 그것은 비학문적이며 사실적 근거가 전혀 없는 방식이다. 여러 신분 및 계급들과 무관한 현상으로서의 민족어라는 것은 일단 허구에 불과하다."[39)]

저자는 항간의 언어학이 억압받는 주민계층의 언어들에 숨겨져 있는 사회학적 문제들을 탐색하려 하지 않는다고 거듭 지적한다. 실제로 최근의 연구를 포함하여 언어학이 은어(隱語, Argot)의 연구에 — 순수하게 문헌학적 관심을 갖고서라면 모르되 — 몰두하는 경우가 얼마나 드문지 놀라울 정도이다. 그와 같은 연구에 이정표를 제시해줄 저작 하나가 그다지 주목을 받지 못했지만 이미 20년 전에 나왔다. 그것은 알프레도 니케포로[40)]의 『은어의 정신』이다. 이 저작의 방법론적 기본구상은 은어를 하층 민중의 일상어와 구별한 데 있다. 그러나 이 저작의 사회학적 핵심은 바로 하층 민중이 쓰는 일상어의 특성을 연구한 점이다. "비천한 민중이 쓰는 일상어는 어떤 의미에서는 그 민

---

38) 〔원주〕 Nikolai Marr, 앞의 책, pp. 578~79.
39) 〔원주〕 Nikolai Marr, 앞의 책, p. 583.
40) Alfredo Niceforo, 1876~1960 : 이탈리아 사회학자·범죄학자·통계학자로서 로마 대학에서 강의했다.

중이 속한 그룹이 자랑스럽게 여기는 계급적 특징이다. 그와 동시에 그들의 일상어는 그것의 도움으로 억압받는 민중이 지배계급을 공격하여 그들의 자리에 들어서고자 하는 무기에 속한다."[41] "다른 어떤 맥락보다도 바로 증오와 관련된 표현 속에서야말로 비천한 민중의 언어 속에서 분출되고 결집된 힘이 드러난다. 빅토르 위고는 타키투스의 언어가 치명적인 부식력을 갖고 있다고 말한다. 그러나 타키투스의 산문 전체에서보다 비천한 민중의 언어가 사용하는 단 하나의 문장 속에 더 많은 부식력과 더 강한 독성이 들어 있는 것은 아닐까?"[42] 그렇기 때문에 니케포로에 따르면 하층민의 일상어는 계급적 특징으로 나타나고 계급투쟁에서 일종의 무기와 같은 역할을 한다. "방법적 시각에서 볼 때 그들의 지배적인 표지는 한편으로 이미지와 낱말들을 물질적 강렬함을 표현하는 방향으로 전치하는 데 있고, 다른 한편 한 이념에서 다른 이념으로, 한 단어에서 다른 단어로 유비적으로 이행의 통로를 찾아내는 성향이 크다는 데 있다."[43] 이미 1909년에 라울 드 라 그라세리[44]는 추상적인 것을 표현할 때 인간, 동물, 식물 및 심지어 무생물의 세계에서 이미지를 가져오는 것을 선호하는 민중적 경향을 지적한 적이 있다. 니케포로에서 진전된 점이 있다면 그가 (넓은

---

41) [원주] Alfredo Niceforo, *Le génie de l'argot. Essai sur les langages spéciaux, les argots et les parlers magiques*, Paris, 1912, p. 79.
42) [원주] Alfredo Niceforo, 앞의 책, p. 74.
43) [원주] Alfredo Niceforo, 앞의 책, p. 91.
44) [원주] Raoul de la Grasserie, *Des parlers des différentes classes sociales*, Paris, 1909. (Etudes de psychologie et de sociologie linguistiques.) [Raoul de la Grasserie, 1839~1914 : 주저로는 『언어심리학』(*De la psychologie du langage*, 1899)이 있고, 언어학과 비교문법을 연구했다. ―옮긴이]

의미에서의) 은어가 갖는 계급투쟁의 도구로서의 기능을 인식한 데 있다.

현대 언어학은 사회학에 접목되는 보다 더 매개된 통로를 이른바 낱말과 사물에 대한 연구에서 찾았다. 루돌프 메링거[45]가 창간해 현재 16년째 발간되고 있는 잡지 『낱말과 사물』은 그 연구의 입문서 역할을 한다. 메링거가 이끄는 그 연구 집단의 방식은 단어들이 지칭한 사물들을 특히 집중적으로 고려한다는 점에서 전승된 방식과 구별된다. 이때 종종 기술(技術)에 대한 관심이 전면에 등장하곤 한다. 이 학파에서 우리는 비교적 원시적인 경제 과정들만 예로 들어보자면 땅을 경작하는 일이라든지 빵을 굽는 일, 실을 잣고 피륙을 짜는 일, 마차라든지 가축 사육에 관한 연구들을 살펴볼 수 있다.[46] 이때 우선 언어 공동체보다 이들이 사용하는 생산 수단에 관심을 갖는 경우가 빈번하다 할지라도, 후자에서 전자로 이행해 가는 것은 필연적이다. 발터 게리크(Walther Gerig)는 자연의 연구에서 이렇게 결론을 맺는다. "낱말

---

45) Rudolf Meringer, 1859~1931 : 오스트리아 그라츠 대학에서 산스크리트와 비교언어학을 강의했으며 1909년 『말과 사물』을 창간했다. 주저로는 『인도게르만 언어학』(*Indogermanische Sprachwissenschaft*, 1903), 『언어의 삶으로부터』(*Aus dem Leben der Sprache*, 1908)가 있다.

46) [원주] Walther Gerig, "Die Terminologie der Hanf- und Flachskultur in den franko-provenzalischen Mundarten", in: *Wörter und Sachen, Beiheft 1*, Heidelberg, 1913; Max Lohss, "Beiträge aus dem landwirtschaftlichen Wortschatz Württembergs nebst sachlichen Erläuterungen", in: *Wörter und Sachen, Beiheft 2*, Heidelberg, 1913; Gustave Huber, "Les appellations du traîneau et de ses parties dans les dialectes de la Suisse romane", in: *Wörter und Sachen, Beiheft 3*, Heidelberg, 1916; Max Leopold Wagner, "Das ländliche Leben Sardiniens im Spiegel der Sprache", in: *Wörter und Sachen, Beiheft 4*, Heidelberg, 1921.

들과 사물들은 함께 이주한다. …… 이주하는 노동력의 매개를 통해 낱말도 사물들과 별도로 더 분화될 수 있다. …… 이 이주하는 노동력은 이미 예전부터 각 나라의 경제적 삶에서 중요한 요인을 이루었고 오늘날에도 부분적으로 그러하다. 그래서 기술과 관련된 많은 표현들이 그들과 함께한 나라에서 다른 나라로 이동할 수밖에 없었다. 농업 및 수공업과 관련된 기술들에 대한 연구는 이러한 발전의 양상 전체를 좀더 상세하게 천착해야 할 것이다. …… 노동자들과 함께 그들 고향의 낱말들이 낯선 지역으로 이식될 뿐만 아니라 낯선 표현들이 그들과 함께 고향으로 돌아오기도 한다."[47]

이러한 연구는 그 논문들에서 역사적으로 논의되는 대상과 문제들을 오늘날의 가장 현재적 형태 속에서도 다룬다. 그 대상과 문제들은 이 현재적 형태를 이제 과학을 통해서만이 아니라 그보다 더 결정적으로 실제 활동을 통해서도 취하게 된다. 가장 먼저 언급될 수 있는 것은 어휘의 확실성에 대해 특히 관심을 갖는 기술자들의 표준화 노력이다. 1900년경 독일 엔지니어 단체는 포괄적인 기술어 사전 편찬 작업에 착수했다. 3년 후에 350만 단어들이 수집되었다. 그러나 "1907년 사전 편찬위원회는 그런 규모의 조직을 가지고 기술어 사전 원고를 정리해 편찬하려면 40년은 족히 걸릴 거라고 계산했다. 이 작업은 50만 마르크를 집어삼킨 뒤 중단되고 말았다."[48] 기술어 사전으로 사물들을 정리할 때 체계적인 목록을 만드는 작업이 토대를 이루

---

47) 〔원주〕 Walther Gerig, 앞의 책, p. 91.
48) 〔원주〕 Eugen Wüster, *Internationale Sprachnormung in der Technik, besonders in der Elektrotechnik*, Berlin, 1931.

어야 한다는 점이 드러난 것이다. 이 분야를 알파벳 목록으로 정리한다는 것은 시대에 뒤진 것이다. 더 나아가 이와 같은 언어학의 가장 새로운 경계 분야의 문제들이 최근에 제시된 개요에서 상세하게 언급되었다는 점은 특기할 만하다. 『낱말과 사물』의 현 편집자인 레오 바이스게르버[49]는 「전체적 문화의 구성에서 언어의 위치」[50]라는 논문에서 언어와 물질적 문화 사이의 상관관계를 집중적으로 조명했다. 그 밖에 기술의 표준화 노력에서 세계어(Weltsprache)를 위한 진지한 노력들이 생겨나고 있는데, 이 세계어의 이념은 물론 수백 년이나 된 장구한 역사적 계보를 갖고 있다. 이 계통수(系統樹)는 사회학자도 특별히 주목해서 관찰할 만한 가치가 있는 대상이며, 특히 그것의 기호논리학적 분야를 두고 볼 때 그렇다. "경험철학회"의 빈학파는 그 기호논리학에 새로운 활력을 불어넣었다.

그 분야에 관해 최근에 루돌프 카르납[51]에게서 상세 정보를 얻을 수 있다. 수리논리학자들의 자료들을 둘러보는 사회학자는 그 논리학자들의 관심이 오로지 기호의 재현 기능들에 정향해 있다는 점을 처

---

49) Leo Weisgerber, 1899~1985 : 독일의 언어학자 · 켈트어 연구가로서 훔볼트의 언어관을 발전시킨 언어와 세계상(世界像)과의 관련 연구로서 널리 알려져 있다.
50) 〔원주〕 Leo Weisgerber, "Die Stellung der Sprache im Aufbau der Gesamtkultur", 2. Teil, II: Sprache und materielle Kultur, in: *Wörter und Sachen*. Kulturhistorische Zeitschrift für Sprach- und Sachforschung, Bd. XVI, 1934, pp. 97~138.
51) 〔원주〕 Rudolf Carnap, *Logische Syntax der Sprache*, Schriften zur wissenschaftlichen Weltauffassung, Bd. 8, Wien, 1934. 〔Rudolf Carnap, 1891~1970 : 독일 출생의 미국 철학자 · 논리실증주의의 대표자. 과학철학론을 추진하다가 나치를 피해 미국으로 망명해, 시카고 대학 등에서 교수를 지냈다. 주저로는 『세계의 논리적 구축』(1928), 『물리학의 철학적 기초』(1966) 등이 있다. ─옮긴이〕

음부터 염두에 둬야 할 것이다. 카르납은 이렇게 쓰고 있다. "우리가 논리적 통사론이 언어를 일종의 계산인 것처럼 다룬다고 말한다면, 그렇기 때문에 …… 언어란 계산 이상의 아무것도 아니라는 뜻이 아니다. 그것은 통사론이 언어의 계산적 측면, 즉 그 형식적 측면만을 다룬다는 뜻이다. 원래의 언어는 그것을 넘어 다른 측면들을 지니고 있다."[52] 기호논리학은 계산으로서의 언어의 재현 형식을 다룬다. 특이한 점은 그럼에도 그 기호논리학이 그들의 이름, 즉 기호논리학이라는 이름을 정당하게 표방한다는 점이다. "통상적인 견해에 따르면 통사론과 논리학은 …… 근본적으로 매우 상이한 종류의 이론들이다. …… 통사론의 규칙들과는 달리 논리학의 규칙들은 형식적이 아니라고 한다. 그에 반해 여기서는 논리학도 문장들을 형식적으로 다루어야 한다는 시각을 …… 전개할 것이다. 우리는 문장들의 논리적 특성들이 …… 문장들의 통사적 구조들에만 의존해 있다는 것을 볼 것이다. …… 좁은 의미의 통사론적 규칙들과 논리적 추론규칙들 사이의 차이는 형식적 규칙과 변형적 규칙 사이의 차이에 불과하다. 그러나 그 둘 다 통사적 규정들 이외의 다른 규정들을 사용하지 않는다."[53] 하지만 여기서 예고된 일련의 증명들은 그것의 구성인자들을 통상적 언어에서 택하지 않는다. 오히려 카르납의 "논리적 통사론"은 이른바 좌표언어들을 가지고 작업하는데, 그 좌표언어들 가운데 그는 두 가지를 선별해서 사용한다. 하나는 기초 산술의 '언어'로서 논리적 언어이며, 다른 하나는 고전적인 수학의 '언어'로서 기술(記述)적 기호까

---

52) 〔원주〕 Rudolf Carnap, 앞의 책, p. 5.
53) 〔원주〕 Rudolf Carnap, 앞의 책, pp. 1~2.

지도 포괄한다. 이 두 계산의 서술이 "임의 언어들의 통사론"을 위한 토대를 형성하며, 그 통사론은 일반적 학문논리와 합치한다. 이러한 생각들을 전개하면서 형식적 언술방식, 즉 통사론적 문장들로의 번역가능성이 진정한 과학논리적 문장들을 한편으로는 물론 경험과학의 프로토콜 명제들과 구분하면서, 다른 한편으로 ― 사람들이 형이상학적 문장들이라고 부를 수 있을 ― 그 밖의 "철학적 문장들"과 구분해 주는 "기준"으로 드러난다. "과학논리의 문장들은 통사론적 문장들로 …… 표현된다. 그러나 그와 함께 새로운 영역이 …… 열리는 것은 아니다. 왜냐하면 통사론의 문장들은 일부는 산술의 문장들이고 일부는 물리학의 문장들로서 그것들이 언어적 형성물과 …… 연관된다는 이유 하나 때문에 통사론적 문장들이라 칭해지기 때문이다. 순수하고 기술(記述)적인 통사론은 언어의 수학과 물리학 이외의 아무것도 아니다."[54] 철학을 정의상 과학논리와 형이상학으로 분류하는 이러한 방식에는 기호논리학자들의 다음과 같은 추가적 규정도 속한다. 즉 "이른바 형이상학의 문장들이라는 것은 …… 가상적 문장들이다. 그것들은 하등의 이론적 내용도 갖고 있지 않다."[55]

언어들의 논리적 통사론에 대한 토론을 촉발한 것은 기호논리학자들이 처음은 아니다. 그들 이전에 에드문트 후설[56]이 이 문제들을 최

---

54) 〔원주〕 Rudolf Carnap, 앞의 책, p. 210.
55) 〔원주〕 Rudolf Carnap, 앞의 책, p. 204.
56) Edmund Husserl, 1859~1938 : 현대 현상학의 창시자로서 할레 · 괴팅겐 · 프라이부르크 대학 등에서 강의했다. 주저로는 여기서 인용된 『논리학 연구』(Logische Untersuchungen, 1900~01) 외에 『순수 현상학 및 현상학적 철학을 위한 여러 고안』(Ideen zu einer reinen Phänomenologie und phänomenologischen

초로 해명하려 했고, 기호논리학자들과 동시에 두 번째 시도[57]를 했다. 후설에게서 '순수한 문법'으로 등장하는 것이 후설을 여러 차례 참조하는 뷜러의 기초 저작에서는 '기호론'(Sematologie)이라 불린다. 이 기호론의 프로그램은 "성공적인 언어연구의 결과들로부터 …… 환원을 통해 얻어낼 수 있는 …… 공리(公理)들을 다룰 필요성을 제기한다. 다비드 힐베르트(David Hilbert)는 이러한 방식을 공리적 사유라 부르면서 …… 모든 학문에 대해 그것을 요구한다."[58] 뷜러의 공리적 관심이 결국 후설로 소급한다면, 그는 그의 책의 첫머리에 "성공적인 언어연구"의 대가들로서 헤르만 파울[59]과 페르디낭 소쉬르[60]를 인용한다. 헤르만 파울에게서 그는 파울이 제시할 줄 알았던 것보다 더 사태에 타당하게 언어학을 정초하는 작업으로부터 심지어 가장 중요한

Philosophie, 1913), 『유럽 학문의 위기와 선험적 현상학』(*Die Krisis der europäischen Wissenschaften und die transzendentale Phänomenologie*, 1936) 등이 있다.

57) [원주] Edmund Husserl, *Logische Untersuchungen*. Bd. II. *Untersuchungen zur Phänomenologie und Theorie der Erkenntnis*, Halle, 1901; Edmund Husserl, *Méditations Cartésiennes*, Introduction à la phénoménologie. Traduit de l'allemand par Gabrielle Peiffer et Emmanuel Lévines, Paris, 1931.
58) [원주] Karl Bühler, *Sprachtheorie*, 앞의 책, p. 20.
59) Hermann Paul, 1846~1921 : 독일 문헌학자로서 게르만어학 방면에서는 역사적·심리학적 문헌학파를 대표한다. 주저로는 『게르만어 문헌학 강요』(*Grundriss der germanischen Philologie*, 1889~93), 『언어사 원리』(1880), 『중세 독일문법』(1881), 『독일어 사전』(1896), 『독일문전』(1916~1920), 『역사학 방법 논고』(1920) 등이 있다.
60) Ferdinand de Saussure, 1857~1913 : 스위스의 언어학자로 제네바 대학에서 산스크리트를 강의했다. 만년에 강의록을 바탕으로 집필한 『일반언어학 강의』(*Cours de linguistique générale*, 1916)는 사후에 현대 역사적·기술적 언어학의 초석이 되었다.

경험주의자조차 어떤 도움을 기대할 수 있는지에 대한 통찰을 얻어낸다. 이 토대를 물리학과 생리학으로 환원하고자 했던 파울의 시도는 지난 시대에 속한다는 것이다. 소쉬르에 대한 지적은 그가 파롤의 언어학과 랑그의 언어학을 근본적으로 구별한 점보다는 그가 제기한 "방법론적 비판"을 염두에 둔 것이다. "그[소쉬르]는 언어학들이 어떤 일반적인 기호론의 핵심을 …… 이룬다는 것을 알고 있다. …… 다만 그는 이러한 구제적 이념에서 다음을 …… 설명할 힘을 끌어낼 수 없었다. 즉 언어학이 출발하는 자료들 속에는 물리학·생리학·심리학이 놓여 있지 않다는 점, 언어학적 사실들 이외의 다른 어떤 것도 놓여 있지 않다는 점을 설명하는 일이 그것이다."[61]

이 사실들을 제시하기 위해 저자 뷜러는 "언어의 도구 모델"을 구성하는데, 이 모델을 가지고 그는 지난 세기의 개인주의와 심리학주의에 맞서 플라톤과 아리스토텔레스가 정초한 객관적 언어 고찰방식을 다시 도입한다. 이러한 고찰방식은 사회학의 관심에도 널리 부응하게 된다. 언어의 도구 모델에서 뷜러는 알림(Kundgabe), 유발(Auslösung) 및 재현(Darstellung)이라는 언어의 세 기본기능을 제시한다. 문장에 대한 1918년에 발표된 그의 논문[62]에는 용어들이 그렇게 사용되고 있다. 『언어이론』에서는 그 대신 표현(Ausdruck), 호소(Appell), 그리고 재현(Darstellung)으로 나와 있다. 이 저작의 중심은 세 번째 인자인 재현을 다루는 데 있다. "빌헬름 분트[63]는 한 세대 전

---

61) [원주] Karl Bühler, 앞의 책, p. 9.
62) [원주] Karl Bühler, "Kritische Musterung der neueren Theorien des Satzes", in: *Indogermanisches Jahrbuch*, Bd. 6, Jg. 1918.

에 인간의 음성언어를 동물과 인간에서 '표현'에 속하는 모든 것 가운데 중심에 두었다. …… 표현과 재현이 서로 다른 구조를 드러낸다는 것을 통찰하는 사람이라면 언어를 그 언어와 더불어 재현하는 데 쓰이기로 되어 있는 다른 모든 형식들 가운데 중심에 두기 위해 앞의 관찰에 비견되는 두 번째 관찰을 수행해야 하는 과제에 …… 봉착한다."[64] 뷜러가 이러한 관찰을 하면서 맞닥뜨리는 기초 개념에 대해 이제 곧 논의할 것이다. 하지만 여기 언급된 도구 모델에서 유발 또는 호소 개념은 어떤 의미를 갖는 것일까?

뷜러는 카를 브루크만[65]을 따라 이 점을 추적한다. 브루크만은 동사들에서 각각 상이한 행동양태들이 드러나는 것과 유사하게 지시방식들도 그 양태들 간의 상이함이 지시대명사들에서 표현된다는 점을 입증하고자 했다. 이 착상을 따라가면서 저자 뷜러는 발화가 갖는 유발기능, 호소기능, 신호기능에 대해 그 자신이 지시장(指示場, Zeigefeld)이라고 정의한 고유의 차원을 지정한다. 그가 어떤 식으로

---

63) Wilhelm Wundt, 1832~1920 : 독일의 심리학자 · 철학자로서 오늘날 실험 심리학의 창시자로 평가된다. 주저로는 『철학체계』(1889), 『심리학원론』(1896), 『생리학적 심리학』(*Grundzüge der physiologischen Psychologie*, 1873~1911), 『민족 심리학』(*Völkerpsychologie*, 1900~20) 등이 있다.

64) [원주] Karl Bühler, *Sprachtheorie*, 앞의 책, p. 150.

65) [원주] Karl Brugmann, *Die Demonstrativpronomina der indogermanischen Sprachen. Eine bedeutungsgeschichtliche Untersuchung*, Leipzig, 1904. (Abhandlungen der philologisch-historischen Klasse der Königl. Sächsischen Gesellschaft der Wissenschaften, Bd. 22, Nr. 6.) [Karl Brugmann, 1849~1919 : 독일의 산스크리트와 비교문헌학자로서 프라이부르크와 라이프치히에서 강의했다. 청년문법학파의 대표자로 B. 델브뤼크와의 공저 『인도유럽어 비교문법』(1897~1900)이 있다.―옮긴이]

이 중심을 '여기', '지금' 및 '나'를 표시함으로써 규정하는지, 또 언어가 가리킴의 실제 대상에서 "환영들에서의 가리킴"으로 변해가는 추이 과정을 어떻게 추적하는지 — 이것은 짤막하게 요약할 수 없다. "목전 지시(demonstratio ad oculos)의 자연 도구인 검지가 다른 보조적 지시 수단들로 대체되는 것은 있을 수 있다. …… 하지만 그 검지와 그것의 등가물이 수행하는 보조 역할은 결코 완전히 사라지거나 없어도 상관없는 것이 될 수 없다."[66] 다른 한편 그 보조 역할의 의미를 제한할 필요가 있다. "오늘날 사람들은 여기저기서 언어의 기원에 대한 현대 신화를 맞닥뜨린다. …… 그 신화는 지시대명사의 주제를 …… 마치 그 지시사들이 인간의 언어 일반의 근원적 단어들인 양 나타나는 식으로 수용한다. …… 그러나 강조해야 할 점은 지시와 명명이 날카롭게 구별해야 할 두 가지의 서로 다른 품사라는 점이다. 그 둘 중 하나가 다른 하나에서 생겨났다고 가정하는 것은 인도게르만어의 경우 타당하지 않다. …… 우리는 …… 지시사와 명사를 서로 구분해야 하며, 그 둘의 차이는 어떠한 언어의 기원에 관한 사변을 통해서도 지양될 수 없다."[67]

명사에 관한 뷜러의 이론은 지시사에 관한 이론과 마찬가지로 장(場) 이론이다. "명사는 상징으로서의 기능을 가지며 그것의 특수한 의미를 …… 체계적인 환경에서 얻는다. 이 책에서 서술되고 있는 것은 …… 두 개의 장에 관한 이론이다."[68] 이 책의 의미는 무엇보다 방

---

66) [원주] Karl Bühler, *Sprachtheorie*, 앞의 책, p. 80.
67) [원주] Karl Bühler, 앞의 책, pp. 86~87.
68) [원주] Karl Bühler, 앞의 책, p. 81.

법론적 관심에서 탐구된 뷜러의 카테고리들이 역사적 고찰의 테두리 내에서 펼치는 특수한 생산성에 있다. 언어사의 거대한 과정이 그 무대를 그러한 장들에서 발견하는 것이다. "우리는 인간의 언어의 거대한 발전 과정에서 지시적 부름의 단일 품사체계들을 최초의 체계라고 생각할 수 있다. 그러나 그러고 나서 존재하지 않는 것을 끌어들이고 싶은 욕구가 생겨난다. 그것은 언표들을 상황과의 연관에서 해방하고자 하는 욕구를 뜻한다. …… 언어 표현을 목전 지시의 지시장에서 떼어내는 과정이 시작된 것이다."[69] 그러나 "언어적 표출들이 그것들의 재현 내용에 따라 볼 때 구체적 발화상황의 요인들에서 자유로워지는 바로 그만큼 언어기호들은 새로운 질서에 종속되는데, 즉 그것들은 자신의 장가(場價)를 상징장에서 얻는다."[70] 언어적 재현을 그때그때 주어진 발화상황에서 해방하는 일은 저자가 언어의 기원을 통일적으로 파악하려는 관점을 나타낸다. 그는 들라크루아와 같은 프랑스 학파에서 이 문제를 대할 때 통상적으로 보여주던 유난히 조심스러운 태도를 혁파하면서 나온다. 그가 자신의 언어이론의 인식들을 토대로 다가올 미래에 대해 예고하는 현대적인 "언어 기원의 신화"를 사람들은 흥미를 갖고 지켜볼 것이다.

이상에서 서술한 연구 결과들이 가까운 장래나 먼 장래에 진보적인 사회과학에 귀속될 수 있다면, 현재 상황을 두고 볼 때 퇴행적 경향들 역시 득세하려는 점은 자명하다. 우리는 이러한 경향들이 언어

---

69) 〔원주〕 Karl Bühler, 앞의 책, p. 379.
70) 〔원주〕 Karl Bühler, 앞의 책, p. 372.

사회학 분야에서 비교적 드물게 시도되고 있는 것이 우연인지 아닌지는 일단 접어두고자 한다. 사람들은 한편에서 특정 학문 분야들과 다른 한편에서 정치적 태도들이 있을 때 이 둘 사이에 친화성이 존재한다는 점을 부인하기 어려울 것이다. 수학자들 중 광신적인 인종차별주의자들은 드문 편이다. 과학의 세계에서 그와는 반대되는 극점인 언어학에서는, 우리가 흔히 볼 수 있는 보수적 경향이 대개 고답적인 침착성과 짝을 이루는 듯이 보인다. 이러한 침착성이 지니는 인간적 품위는 일찍이 그림 형제[71]가 인상 깊게 보여준 적이 있다. 게오르크 슈미트로어의 『민족의 조각가로서의 언어』[72]와 같은 저작조차 그것이 민족주의적 사상에 너무나 잘 부응한 나머지 그것과 거의 합치할 지경에 이른다고 할지라도 그와 같은 〔보수적〕 전통에서 완전히 벗어날 수 없었다. 저자〔슈미트로어〕는 그의 저작을 크게 두 부분으로 나누고 있는데, 하나는 '존재' 그리고 다른 하나는 '당위'라는 제목을 붙였다. 그런데 제2부에서 저자의 요구는 자연적으로 주어진 것으로서 '민족'(Volk)은 언어적으로 정초된 문화단위로서의 '국민'(Nation)이 되어야 한다는 명제로 집약되지만, 이러한 태도는 제1부에서 저자가 보이는 태도에 지속적으로 영향을 미치고 있다. 게다가 이러한 양상은 민족주의적으로 정향한 문학에서 통상 나타나는 비합리주의의 형

---

71) Jacob Grimm, 1785~1863 / Wilhelm Grimm, 1786~1859 : 둘 다 독일의 문헌학자·신화학자이다. 전문분야도 똑같이 언어학이며, 『그림동화』(Kinder- und Hausmärchen, 1812~75), 『독일전설』(Deutsche Sagen, 1816~18), 『독일어 사전』(Deutsches Wörterbuch, 1852~1960) 등 공동 저작도 많다. 특히 『독일어 사전』은 1854년에 제1권을 낸 이후 여러 학자가 계승하여 1861년에 완성했다.

72) 〔원주〕 Georg Schmidt-Rohr, Die Sprache als Bildnerin der Völker. Wesens- und Lebenskunde der Volkstümer, Jena, 1932.

태로 드러나고 있다. 그 비합리주의는, 인식이 역사적 언어생활에 대한 연구를 통해 진정한 언어철학의 과제들에 대비하기도 전에 자의와 운명이 궁여지책으로 등장하는 주의설(主意說, voluntaristisch)적 언어철학 쪽으로 저자를 몰아가고 있다. 여러 상이한 언어들의 어휘를 비교 분석하는 작업은 그 저자가 의도하는 보편적 테마를 감당하기에는 너무 협소한 토대라는 것이 판명되고 있다. 그리하여 저자는 자신의 전체적 식견을 우리가 『낱말과 사물』에 실린 최상의 논문들에서 발견할 수 있는 그러한 구체화의 단계로 끌어올리는 데 실패했다. 슈미트로어의 다음과 같은 문장은 카를 빌헬름 훔볼트[73]에게서는 뭔가를 배웠지만 헤르더에게서는 아무것도 배운 것이 없는 저자의 사회적 인식의 한계뿐만 아니라 그의 언어이론적 인식의 한계까지도 극명하게 보여준다. "민족이라는 신체 속에서는 개개의 세포에서보다 더 상위의 삶이 이루어진다. 인류란 그에 비하면 사실상 모든 민족, 어떻게 보면 모든 사람의 총화 이상의 아무것도 아니다. 그러나 그것은 어떤 하나의 전체라는 의미에서의 총화가 아니다. 인류는 본질적으로 사유경제적 의미를 갖는 일종의 언어 개념으로서, 그것은 사람들 전체와 이들의 특성을 동물들의 영역이나 동물성과 구별해준다."

이런 식의 방만한 사변들은 그 파급력을 두고 볼 때 윤곽이 좁게 그려진 영역들에서 수행되는 특수 연구들에 미치지 못한다. 슈미트로어

---

73) Karl Wilhelm von Humboldt, 1767~1835 : 독일의 문헌학자 · 외교관으로 비교문헌학을 발전시키는 데 공헌했다. 바스크어 연구에서 출발해서 언어의 비교연구로 나아가고, 아메리카 대륙 원주민들의 여러 언어를 연구했다. 산스크리트에 정통하고, 남양 여러 섬의 언어, 특히 자바섬의 카부이어를 연구했다.

와 같은 작가는 침팬지의 언어에 대한 개별 연구를 수행한 볼프강 쾰러[74]나 뷜러와 비교해볼 때 현재 연구 집단의 최전방에 낄 자격이 없다. 왜냐하면 그러한 개별 연구들은 비록 간접적으로나마 결정적으로 언어학의 주요문제들에 도움을 주기 때문이다. 그것도 언어의 기원에 대한 오래된 물음에 대해서만 아니라 언어와 사유의 관계에 대한 최근의 물음에 대해서도 도움을 준다. 침팬지에 대한 이러한 연구에서 얻은 성과가 언어학의 기초에 대해 갖는 의미를 서술했다는 점에서 레프 비고츠키[75]의 특별한 공적이 있다. 우리는 도구 사용이 언어 사용에 선행하여 이루어졌음이 틀림없다고 설파한 마르의 이론을 직접 이어가도 좋을 것이다. 그런데 도구 사용이라는 것이 사유 없이는 가능하지 않기 때문에 사람들은 언어 사용 이전에 일종의 사유를 했다는 뜻이 된다. 이러한 사유는 실제로 최근에 여러 차례 주목을 받았다. 뷜러는 도구 사유라는 이름을 붙였다. 도구 사유는 언어와는 무관하다. 그것은 침팬지에게서 비교적 성숙한 형태로 나타나는 것을 입증할 수 있는 사유로서 이에 대한 상세한 설명을 쾰러에게서 찾아볼 수 있다.[76] "인간과 유사한 지능이 있으면서 동시에 어느 정도 이 점에서 인간과 유사한 언어의 흔적을 찾아볼 수 없으며, 지적인 연산이 …… 그 연산의 '언어'와 무관하다는 사실"[77] — 이것이 쾰러가 그의

---

74) Wolfgang Köhler, 1887~1967 : 독일의 심리학자로서 게슈탈트 심리학의 대표자 중 한 사람이다. 유인원과 침팬지 등의 동물 심리학에 대한 연구로 알려져 있다.
75) Lev Semyonovich Wygotski, 1896~1934 : 소련의 심리학자・언어학자로서 언어가 인지능력의 발달에 미치는 영향을 연구했다. 주저로는 『고차 정신기능의 발달사』(1931), 『언어와 사고』(1934) 등이 있다.
76) 〔원주〕 Wolfgang Köhler, *Intelligenzprüfungen an Menschaffen*, Berlin, 1921.

침팬지 연구에서 얻어낸 가장 중요한 인식이다. 그리하여 최초의 지능 — 도구 사유 — 이 그리는 선이 가장 단순한 즉흥적 정보 수단들에서 시작하여 도구의 제작, 마르에 따르면 손을 언어의 과제들을 위해 자유롭게 만드는 도구 제작의 단계에까지 이르는 선이라면, 이러한 지성의 학습 과정에는 물론 한편으로는 제스처나 음향을 이용한 표현 능력의 학습 과정이 상응한다. 하지만 이때의 표현 능력은 언어 이전적인 것이며 전적으로 반응적인 태도의 굴레에 머물러 있다. 그 밖에도 바로 가장 최초의 '언어적' 충동들이 지능과 무관하다는 점은 침팬지 언어 영역에서 동물언어 전체의 영역으로 나아가게 해준다. 여기서 주로 문제되는 언어의 감정적이고 반응적인 기능이 "생물학적으로 가장 오래된 태도 형식에 속한다는 점, 그리고 동물 집단에서 우두머리들의 시각적 신호나 음성신호와 발생론적으로 근친관계에 있다는 점"[78]은 거의 의심할 여지가 없다. 이러한 성찰들은 결국 기하학적인 점을 확인하는 방향으로 귀결되는데, 그 기하학적인 점에서 언어는 지능 좌표와 제스처적 좌표(손의 좌표 또는 음성의 좌표)의 교차점에 그 기원을 둔다.

언어의 기원에 대한 물음은 아동언어의 분야에서 그 개체 발생적 상응물을 갖는다. 아동언어는 그 밖에도 계통 발생적 문제들을 해명하는 데 도움을 주며, 이 점을 들라크루아는 「언어의 문턱에서」(Au seuil du langage)라는 논문에서 응용한 적이 있다. 들라크루아는 영국

---

77) [원주] Lev S. Wygotski, "Die genetischen Wurzeln des Denkens und der Sprache", in: *Unter dem Banner des Marxismus* 3, 1929, p. 454.
78) [원주] Lev S. Wygotski, 앞의 책, p. 465.

의 침팬지 연구자 로버트 여키스[79]가 한 언급에서 출발한다. 여키스는 침팬지가 일정 수준의 지능 이외에 우리가 앵무새들에게서 볼 수 있는 음향적·동력적 모방충동을 갖고 있다면 말할 줄 알 것이라고 말했다. 들라크루아는 아동언어의 심리학을 끌어들이면서 이러한 주장을 반박한다. 그의 설명에 따르면 "아이는 오로지 스스로 언어의 세계 속에 살고 있고 매 순간 사람들이 말하는 것을 듣기 때문에 말하는 법을 배운다. 언어 습득은 매우 포괄적이고 꾸준한 자극을 전제로 한다. 언어 습득은 인간 사회라는 조건에서 가능하다. 그런데 아이는 그러한 조건에 똑같이 광범위한 정도로 상응한다. 아이는 단지 사람들이 자기에게 하는 언어만 배우는 것이 아니라 자기가 있는 데서 사람들이 하는 말도 마찬가지로 배운다. …… 아이는 사회 속에서 배우며 또한 혼자 배운다. 이러한 조건들이 여키스의 실험에는 빠져 있다. …… 그리고 그의 동물이 심지어 때때로 인간 사회 속에서 사는데도 사람들이 현장에서 들려주는 음성들에 대해 아이와는 반대로 무관심한 채로 머물러 있으며 언어를 혼자 조용히 있을 때 배우지 않는다면 거기에는 충분한 이유가 있는 것이다."[80] 요컨대 "인간의 청각은 지적이고 사회적인 감각이며 그것은 단순히 신체적이기만 할 뿐인 감각기관의 위에 자리 잡고 있는 것이다. 이러한 청각과 관련된 가장 거대

---

79) Robert Mearns Yerkes, 1876~1956 : 미국의 심리생물학자로서 비교심리학과 동물, 특히 영장류(靈長類)의 행동에 대한 실험 연구로 알려져 있다. 1919년 영장류생물학실험소(현재는 에모리 대학 여키스지역영장류센터)를 창설하고, 1922년 『비교심리학』 잡지를 창간했다.
80) 〔원주〕 Henri Delacroix, Au seuil du langage, in: *Psychologie du langage*, 앞의 책, pp. 14~15.

한 영역을 인간의 경우 언어적 관계들의 세계가 나타낸다." 여기에 저자는 시사하는 점이 많은 다음의 언술을 덧붙인다. "그렇기에 청각은 관계망상의 영향을 특히 쉽게 받는다."[81] 인간의 경우 언어 습득의 토대에 놓여 있는 음향적·동력적 반응은 그에 따라 앵무새들의 반응과 근본적으로 다르다. 그 반응은 사회적으로 정향한 반응이다. "그 반응은 이해받고자 하는 데 목표를 둔다."[82] 이미 훔볼트는 이해받고자 하는 의도가 분절된 발성행위의 기원에 있다고 보았다.

아동언어에 대한 통찰은 지난 몇 년 동안 장 피아제[83]의 연구[84]를 통해 결정적으로 진척되었다. 피아제가 신중하고 끈기 있게 수행한 언어심리학적 연구들은 일련의 쟁점들을 해명하는 데 중요한 성과를 거두었다. 이와 관련하여 우선 바이스게르버가 앞서 언급한 개관 작업에서 피아제가 조사해서 파헤친 것들을 카시러의 언어신화학[85]에 맞서 평가하면서 상술한 부분을 잠깐 지적할 수 있겠다. 지금의 맥락에서 보면 무엇보다 피아제의 자아중심적 아동언어의 개념을 살펴볼 필요가 있다. 피아제는 아동언어가 두 개의 상이한 궤도를 따라 움직인다고 주장한다. 아동언어는 한편으로 사회화된 언어로서 존재하며, 다른 한편으로 자아중심적 언어로 존재한다. 후자의 언어는 발화의

---

81) [원주] Henri Delacroix, 앞의 책, p. 16.
82) [원주] Henri Delacroix, 앞의 책, p. 16.
83) Jean Piaget, 1896~1980 : 스위스 심리학자. 어린이의 인지발달에 대한 연구로 널리 알려졌다. 주저로는 『아동의 노력적 판단』(1932), 『지능 심리학』(1947), 『발생적 인식론 서설』(1950) 등이 있다.
84) [원주] Jean Piaget, *Le langage et la pensée chez l'enfant*, 1. Bd., Neuchâtel, 1923.
85) [원주] Leo Weisgerber, 앞의 책, p. 32.

주체 자신에게만 본래적인 언어이다. 이 자아중심적 언어는 전달기능을 갖고 있지 않다. 오히려 피아제의 기록들은 이 언어가 속기로 받아 적은 표현에서 보여주듯이 그 언어가 발원하게 된 상황이 함께 주어지지 않는 한 알아들을 수 없는 상태로 머문다는 점을 입증했다. 하지만 더 나아가 이 자아중심적 기능은 그것이 사유 과정과 갖는 긴밀한 관계가 없이는 파악될 수 없다. 이것을 뒷받침해주는 중요한 정황은, 그 자아중심적 기능은 한 행동이 진행되면서 방해에 부딪혔을 때, 그리고 어떤 과제를 해결하면서 장애에 봉착할 때 가장 빈번하게 나타난다는 점이다. 이러한 점은 나름대로 피아제와 유사한 방법으로 아이들에게서 실험을 한 비고츠키가 중요한 추론을 하게끔 해주었다. 그는 이렇게 말한다. "우리의 연구는 자아중심적 언어의 계수가 …… 난관에 부딪히는 경우 피아제가 관찰한 평소의 계수의 두 배까지 급상승한다는 점을 보여주었다. …… 그렇기 때문에 우리는 매끈하게 진행되는 일이 힘들어지거나 중단되는 경우가 자아중심적 언어가 생성되는 데 중요한 요인이 된다는 가정이 타당하다고 여긴다. …… 사유는 그때까지 방해 없이 진행해온 활동이 중단될 때에 비로소 작동하기 시작한다."[86] 다시 말해 자아중심적 언어는 유아기의 나이에 나중에 본래의 사유 과정이 들어서게 될 바로 그 자리를 차지하고 있다. 그 언어는 사유의 선구자이고 스승이다. "아이는 언어의 통사구조를 사유의 통사구조보다 더 일찍 배운다. 피아제의 연구들은 아이의 문법적 성장 과정이 논리적 성장 과정에 선행한다는 것을 명백하게 입

---

86) 〔원주〕 Lev S. Wygotski, 앞의 책, p. 612.

증했다."[87]

이 지점에서 바로 행동주의(Behaviorism)가 "언어와 사유"의 문제를 풀기 위해 전제한 출발점들 가운데 수정되어야 점들이 생겨난다. 사유의 이론을 행동(Verhalten)에 관한 이론의 틀 내에서 구성하려는 노력 속에서 행동주의자들이 발화행위로 거슬러 올라간 것은 충분히 이해가 간다. 그런데 그들은 근본적으로 뭔가 새로운 것을 도출해내지 못한 채 오히려 대부분 논란이 되는 라차루스 가이거나 프리드리히 막스 뮐러,[88] 또는 그 밖의 사람들의 이론들을 전유하는 데 머물렀다. 이 이론들은 사유를 일종의 "내적 담화"로 구성하는 쪽으로 귀결되는데, 그 내적 담화라는 것은 발성기관을 최소한도로 감응시키는 데 있으며 이러한 감응현상은 특별히 정확한 측정도구들의 도움을 빌리지 않고서는 확인할 수 없거나 어렵게 확인할 수 있다는 것이다. 사유가 객관적으로 보면 단지 내적인 담화일 뿐이라는 명제를 제시하면서 존 왓슨[89]은 언어와 사유 사이의 중간 고리를 찾는 작업으로 나아갔다. 이 중간 고리를 그는 일종의 "속삭임 언어"에서 찾았다. 그에 반해 비고츠키는 우리가 아이들의 속삭임에 대해 알고 있는 모든 것이 "속삭임이 외적 언어와 내적 언어 사이의 이행 과정을 나타낸다는 가정을 반증"[90]해주고 있다는 점을 지적했다. 어떤 의미에서 행동주

---

87) [원주] Lev S. Wygotski, 앞의 책, p. 614.
88) Friedrich Max Müller, 1823~1900 : 독일 태생의 영국 문헌학자. 종교·신화 등에 대한 비교연구에 헌신했다. 주저로는 『언어의 과학』(Science of Language, 1861~63), 『종교의 기원과 성장』(1870) 등이 있다.
89) John Broadus Watson, 1878~1958 : 미국의 행동주의 심리학자. 주저로는 『동물교육』(Animal Education, 1903), 『행동』(Behavior, 1914) 등이 있다.

의 이론이 자아중심적 아동언어에 대한 연구들을 통해 수정되어야 하는지가 위에서 말한 것에서 드러난다. 여기서 잠시 지적해두자면 행동주의와 벌인 귀중한 토론을 최근에 뷜러[91]에게서 찾아볼 수 있다. 에드워드 톨먼[92]의 『동물과 인간에서 목적적 행동』[93] 연구를 끌어들이면서 뷜러는 언어의 기원에 자극 이외에 신호도 결정적 역할을 했음을 인정해야 한다고 주장하고 있다.

그리하여 왓슨의 경우 음성학적 정황에 대한 즉흥적 성찰이 가져다주는 것은 없다. 그에 반해 그와 똑같은 성찰이 방법에 맞게 기도될 경우 괄목할 만한 해명의 실마리를 얻어낼 수 있다. 이것을 기도한 것이 리처드 패짓[94]이다. 이 연구자는 언어에 대해 우선 참으로 놀라운 정의에서 출발한다. 그는 언어를 발화도구들의 표현동작으로 파악한다. 여기서 일차적인 것은 제스처[몸동작]이지 발음이 아니다. 또한 발음이 강화된다고 해서 제스처가 변하는 것도 아니다. 대부분의 유럽어는 인도어에서와 마찬가지로 모든 것이 이해 가능성을 손상하지 않은 채 속삭이는 어조로 발화될 수 있다. "발성된 것이 이해될 수 있

---

90) 〔원주〕 Lev S. Wygotski, 앞의 책, p. 609.
91) 〔원주〕 Karl Bühler, *Sprachtheorie*, 앞의 책, p. 38.
92) 〔원주〕 Edward C. Tolman, *Purposive behavior in animals and men*, New York, 1932.
93) Edward Chace Tolman, 1856~1959 : 미국의 심리학자로서 신행동주의 창시자의 한 사람이다. 존 왓슨의 요소주의・생리주의・기계론에 반대하여 행동을 거시적・목적론적으로 파악할 것을 주장했다.
94) Richard Paget, 1869~1955 : 영국의 변호사・문헌학자로서 언어와 제스처의 관계 및 언어의 기원을 연구했다. 그의 『바벨. 또는 인간의 언어능력의 과거, 현재, 미래』 (*Babel; Or the Past, Present, and Future of Human Speech*, 1930)는 제임스 조이스에게 영향을 미쳤다.

기 위해서는 목소리를 내어 발화할 때 일어나는 현상, 즉 후두(喉頭) 기제를 작동하거나 입천장, 입 또는 코의 모음 반향판에서 공기가 떨리는 현상이 전혀 필요하지 않다."[95] 패짓에 따르면 음성학적 요소는 표정적이고 제스처적인 요소에 바탕을 둔다. 그가 이러한 견해를 제시함으로써 현금에 이루어지고 있는 연구의 중심에 등장하고 있다는 점은 예수회 신부인 마르셀 주스[96]의 저작에서 드러난다. 주스의 저작은 전적으로 패짓에 근접하는 결론에 도달하고 있다. "특징적인 소리는 사람들이 너무 자주 주장해온 것과는 달리 반드시 의성어적일 필요는 없다. 오히려 소리의 과제는 우선 특정한 표정적 제스처의 의미를 완성하는 데 있다. 그러나 소리는 어떤 시각적이면서 그 자체로 이해 가능한 제스처 언어를 음향적으로 지원하는 부수현상일 따름이다. 점차 각각의 특징적인 제스처에 그에 상응하는 소리가 등장한 것이다. 그리고 그처럼 입과 후두로 매개된 표현동작[발성]이 비교적 풍부한 표현을 담고 있지 않았다면, 그러한 표현동작은 그래도 힘이 덜 들었으며 몸이나 심지어 손의 제스처보다 에너지가 적게 소요되었다. 그리하여 그렇게 입과 후두를 이용한 표현동작이 시간이 흐르면서 주도권을 잡게 되었다. …… 그러나 그것은 사람들이 그때까지 뿌리라고 칭한 것의 원초적 의미를 연구하는 데 놓인 특출한 의미를 …… 경

---

95) [원주] Richard Paget, *Nature et origine du langage humain*, 여자미상, Paris, 1925, p. 3(여기서 인용된 글의 원제는 *Human Speech*, London, 1930이다).
96) Marcel Jousse, 1886~1961 : 프랑스 인류학자로서 소르본 대학에서 강의했고, 1933년 언어와 신체충동 사이의 상응관계 연구를 위한 실험실을 세웠다. 저서로 『언어심리학 연구』(*Etudes de psychologie linguistique*, 1925, 영어판: *Studies in Linguistic Psychology*)가 있다.

감하지 않는다. 다시 말해 뿌리란 이런 의미에서 다름 아닌 예전의 자발적이고 표정적인 표현운동이 음향적 차원으로 전치(轉置)된 형태들일 것이다."[97] 이 맥락에서 뷜러가 예고하는, 아이들 세 명의 발화 태도에 대한 상세한 기록들이 많은 시사점을 던져줄 것으로 기대된다. 뷜러는 그 아이들에게서 "브루크만의 지향 지시(the to-Deixis)를 …… 실제로 치음(齒音)이 넘겨받았다"[98]는 주목할 만한 사실을 밝혀낸다. 이것을 패짓의 다음 말과 비교해볼 수 있다. "소리가 들리지 않는 미소는 터뜨리거나 속삭여진 '하하'가 되었고, 먹는 동작은 소리가 들리는 (또는 속삭이는) '냠냠'이 되었으며, 작은 양의 액체를 후루룩거리며 삼키는 동작은 오늘날 우리가 쓰는 '국'이라는 말의 선조가 되었다! 마침내 여기에 중요한 발견이 덧붙여지는데, 즉 포효하거나 으르렁거리는 후음(喉音)은 입동작과 결합될 수 있었다는 점, 그리고 속삭여진 언어는 그것이 후음과 결합되었을 때에는 이전보다 열 배나 스무 배 떨어진 거리에서도 들리고 알아들을 수 있게 되었다는 점이다."[99] 그리하여 패짓에 따르면 발화기관의 동작인 발성(Artikulation, 조음)은 신체적 표정(körperliche Mimik)의 광대한 영역에 가담하게 된다. 그 발성의 음성학적 요소는 그 기저(基底)가 표현동작이었던 어떤 전달의 담지자가 되었다.

　패짓과 주스가 제기한 주장들과 함께 사람들이 좁은 의미의 미메

---

97) 〔원주〕 Frédéric Lefèvre, "Marcel Jousse, une nouvelle psychologie du langage", in: *Les cahiers d'Occident*, Bd. I, 10, p. 77.
98) 〔원주〕 Karl Bühler, 앞의 책, p. 219.
99) 〔원주〕 Richard Paget, 앞의 책, pp. 12~13.

시스적 이론이라고 칭할 수 있는 낙후된 의성어적 이론에 대해 매우 넓은 의미의 미메시스적인 이론이 맞서게 된 셈이다. 플라톤의 형이상학적 사변들에서 시작하여 최근의 연구 성과들에 이르는 언어이론에 하나의 거대한 호가 그어진 것이다. "그러니까 발성된 언어의 진정한 본성은 어디에 있는 것일까? 플라톤에서 미리 형성되었다가 사바티에 드 카스트르[100] 수도원장에 의해 1794년에 …… 자극을 받았고, 1862년 호놀룰루 출신 존 래 박사[101]에 의해 표명되었으며, 1895년 앨프리드 러셀 월리스[102]에 의해 다시 제기된 뒤 …… 마침내 본 논문의 저자가 다시 제시하는 대답은, 발성된 언어가 근본적인 동물적 본능의 한 형식, 즉 신체를 통한 표정적 표현운동(mimische Ausdrucksbewegung durch den Körper)이라는 본능의 한 형식일 뿐이라는 주장으로 수렴된다."[103] 이것과 연관하여 그 모티프가 발레리의 『영혼과 춤』의 토대가 될 수도 있을 스테판 말라르메[104]의 말을 하나

---

100) Antoine Sabatier de Castres, 1742~1817 : 파리의 철학자 클로드 엘베시우스(Claude Adrien Helvétius, 1715~71)의 동료로서 『이교적 세기. 또는 이교적 고대의 신화, 영웅, 정치 및 지리 사전』(Siècles Païens; ou Dictionnaire mythologique, heroïque, politique, et géographique de l'antiquité païens, 1784)을 비롯해 많은 번역과 철학 및 정치적 팸플릿을 집필했다.
101) John Rae, 1796~1872 : 스코틀랜드 태생의 학교장·의사·지역판사·발명가로서 캐나다·캘리포니아·하와이에서 살았다. 문헌학과 사회학을 연구했고 Statement of Some New Principles on the Subject of Political Economy(1834)의 저자로 알려져 있다.
102) Alfred Russel Wallace, 1823~1913 : 영국의 박물학자·진화론자. 아마존 지역 말레이 제도 등을 탐사했으며, 맬서스의 『인구론』에 영향을 받아 「변종이 본래의 형에서 나와 무한히 떨어져 나가는 경향에 관하여」라는 논문을 발표했다. 다윈의 연구가 심원함을 인정하고, 진화론에 관한 『다위니즘』(1889)을 출판했다.
103) [원주] R. A. S. Paget, "L'évolution du langage", in: Psychologie du langage, 앞의 책(각주 10 참조), p. 93.

인용할 수 있을 것이다. 그는 이렇게 말한다. "춤추는 여인은 여인이 아니라 우리의 존재의 근원적 형식들에서 하나의 측면, 즉 칼, 잔, 꽃 또는 다른 어떤 측면을 표현해내는 메타포이다."[105] 언어 표현과 춤의 표현의 뿌리를 동일한 하나의 미메시스적 능력에서 보는 그러한 견해와 함께 우리는 그 파급력이나 학문적 위엄을 두고 볼 때 의성어 학자들의 원시적 시도들보다 훨씬 더 멀리 나아가게 해주는 언어관상학(Sprachphysiognomik)의 문턱을 지난다. 여기서 우리는 이 문제들을 오늘날 제일 앞서 있는 형태로 다루고 있는 저작을 지적하는 것으로 만족하고자 한다. 하인츠 베르너[106]의 『언어관상학의 근본 물음들』[107]이 바로 그것이다. 이 저작은 언어의 표현 수단이 그것의 재현 능력과 마찬가지로 무궁무진하다는 점을 인식시켜준다. 이와 똑같은 방향에서 루돌프 레온하르트[108]도 작업했다. 이러한 관상학적 음성학은 언어 발전의 미래에 대한 전망을 열어 보여준다. 패짓은 이렇게 말한다. "희한하면서, 인간의 발전이 얼마나 기가 막힐 정도로 느리게 진행되

---

104) Stéphane Mallarmé, 1842~98 : 프랑스 상징파 시인으로서 『목신(牧神)의 오후』(*L'Aprè-midi d'un Faune*, 1876), 『시와 산문』(*Vers et prose*, 1893) 등의 작품을 썼다. Paul Ambroise Valéry, 1871~1945 : 상징파의 영향을 받은 프랑스 시인 · 비평가 · 사상가로서 많은 산문과 시를 썼다. 『영혼과 춤』(*L'a me et la danse*)은 1922년 출판되었다.
105) Stéphane Mallarmé, *Oeuvres complètes*, Paris, 1945, p. 304. — 전집 편집자
106) Heinz Werner, 1890~1964 : 오스트리아 심리학자. 나치에 쫓겨 미국으로 이주, 미시간 · 클라크 대학 등의 교수를 지냈다. 지각 · 언어 · 표정의 발생에 관한 실험 연구와 정신지체(精神遲滯) 등에서 여러 업적을 남겼다. 현대 발달심리학의 지주를 세웠으며 『정신발달의 비교심리학』(*Comparative Psychology of Mental Development*, 1940)에서 신체지각(body perception)의 개념을 도입했다.
107) 〔원주〕 Heinz Werner, *Grundfragen der Sprachphysiognomik*, Leipzig, 1932.
108) 〔원주〕 Rudolf Leonhard, *Das Wort*, Berlin-Charlottenburg, 1932.

는지를 보여주는 징표가 있다면, 그것은 문명화된 인간이 자신의 견해를 표현하는 수단들로서 머리나 손동작을 여태 포기하는 법을 배우지 못했다는 점이다. …… 언제쯤이면 우리는 목소리라는 놀라운 도구를 동일한 도달 거리와 동일한 완성도를 가진 일련의 소리들을 소유할 정도로 솜씨 있고 합리적으로 구사하는 법을 배울까? 분명한 것은 우리가 이 학습 과정을 아직 마치지 못했다는 점이다. …… 아직도 모든 기존의 문학과 달변의 산물들은 단지 형식적이거나 음성적인 언어요소들을 우아하고 기발하게 형상화한 결과에 불과하다. 그 요소들은 그것들대로 인류에 의한 어떠한 의식적 영향도 없이 자연적인 방식으로 형성되어온 것처럼 전적으로 조악하고 다듬어져 있지 않다."[109]

이렇게 언어사회학의 통찰들이 언어를 파악하는 일에 대해서만 아니라 그 언어를 변화시키는 데도 도움을 줄 먼 장래를 내다보는 전망과 함께 이 개관 작업을 끝낼까 한다. 그 밖에도 패짓이 표현하고 있는 노력들을 경주하면서 언어사회학이 예전의 의미심장한 성향으로 다시 회귀하고 있다는 점은 알려져 있다. 언어를 기술적으로 완전하게 만들려는 노력들은 예전부터 보편언어(lingua universalis)를 구상한 시도들에서 그 흔적을 남겨왔다. 독일에서는 빌헬름 라이프니츠(Wilhelm von Leibniz)가 이 분야의 가장 잘 알려진 대표자이고, 영국에서는 프랜시스 베이컨(Francis Bacon)에까지 소급한다. 패짓을 특별한 사람으로 만들어주는 것은 그가 전체의 언어적 에너지들의 빌진

---

109) [원주] Richard Paget, *Nature et origine du langage humain*, Paris, 1925, pp. 14~15.

과정을 포착할 때의 너그러움이다. 다른 학자들이 언어의 의미론적 기능에 몰두하다가 그 언어에 내재하는 표현적 성격, 언어의 관상학적 힘들을 망각했다면, 이 후자의 요소들은 패짓에게 전자의 기능보다 더 멀리 펼쳐질 가치와 능력이 있는 듯이 보인다. 그는 그로써 얼마 전에 쿠르트 골드슈타인[110]이 표명한 옛 진리를 영예롭게 하고 있다. 골드슈타인은 멀리 떨어진 자신의 전공 분야에서 귀납적 연구라는 우회로를 통해 그 진리에 맞닥뜨렸다는 점에서 그 진리를 더욱 인상적으로 표명할 줄 알았다. 실어증에 걸린 환자의 언어는 그에게 단지 도구에 불과할 언어에 대해 교훈적인 모델이 되고 있다. "언어를 하나의 도구로 바라보는 것이 얼마나 잘못된 것인지를 보여주기 위한 예로서 이보다 더 좋은 것을 찾아낼 수 없을 것이다. 우리가 보아온 것은 언어가 단지 도구로서 쓸모 있는 경우들에서 언어가 생성된 과정이다. 정상인에게서도 언어는 단지 도구로서 사용되고 있다는 점이 드러난다. …… 그러나 이 도구적 기능은 언어란 그것이 예전에, 발병 이전에, 환자들에게도 뭔가 전혀 다른 것을 나타냈듯이 근본적으로 뭔가 다른 것을 나타낸다는 점을 전제로 한다. …… 인간이 자기 자신이나 자기가 속한 동류의 인간들에게 갖는 어떤 생생한 관계를 만들어내기 위해 언어를 사용하자마자 언어는 더 이상 어떤 도구, 더 이상 어떤 수단이 아니라 우리의 가장 내밀한 본질과 정신적 유대, 우리를 우리 자신과 우리의 동류 인간들과 결합해주는 그러한 유대의 발현이

---

110) Kurt Goldstein, 1878~1965 : 독일 태생의 신경생리학자·신경정신병학자. 전쟁에서 대뇌가 손상당한 환자를 연구하여 대뇌기제·실어증에 관한 실증적 연구를 시도했다. 뉴욕 몬테피오리 병원의 신경생리학연구소 소장직을 맡기도 했다.

자 현시가 된다."[111] 언어사회학의 벽두에 명시적 또는 묵시적으로 써 있는 것이 바로 이 통찰이다.

---

111) 〔원주〕 Kurt Goldstein, "L'analyse de l'aphasie et l'étude de l'essence du langage", in: *Psychologie du langage*, 앞의 책, pp. 495~96.

보충자료

- 마르틴 부버에게 보내는 편지
- 비애극과 비극
- 비애극과 비극에서 언어의 의미
- 유비와 근친성
- [서평] 안야와 게오르크 멘델스존: 필적을 통해 본 인간
- 벌라주와의 대화에 대한 기록
- 점성술에 대하여
- 「유사성론」과 「미메시스 능력에 대하여」 관련 노트
- 말과 이름의 대립적 측면
- 미소
- [서평] 회닉스발트: 철학과 언어. 문제비판과 체계

마르틴 부버에게 보내는 편지[1]
(1916년 7월)

Walter Benjamin, *Briefe*, 2 Bde., Hrsg. u. mit Anmerkungen versehen v. Gershom Scholem u. Theodor W. Adorno, Frankfurt a. M., 1978(초판: 1966), pp. 125~28.

존경하는 마르틴 부버 씨

저는 『유대인』(*Juden*)에 대한 저의 원칙적 입장과 저 자신이 그 잡지에 기고할 가능성에 대한 생각을 분명히 하기 위해 게르하르트 숄렘(Gerhard Scholem)씨와 먼저 대화를 나눠야 했습니다. 왜냐하면 이 잡지의 창간호에 실린 많은 기고들이 — 그 가운데서도 특히 유럽에서 벌어지고 있는 전쟁과의 관계에서 — 제 마음속에 반발감을 불러

---

1) 벤야민은 1916년 당시 『유대인』이라는 잡지를 발간하기 시작한 마르틴 부버(Martin Buber)로부터 그 잡지에 기고와 협력을 해줄 것을 부버와 가깝게 지내던 숄렘을 통해 요청받는다. 하지만 그는 부버에게 직접 편지를 써서 자신의 정치와 언어에 관한 근본적 입장을 밝히면서 잡지에 참여하는 것을 거절한다. 여기서 그 맹아를 읽어낼 수 있는 벤야민의 언어와 행위 내지 정치 관계에 대한 입장은 그해 얼마 뒤에 씌어진 언어논문(「언어 일반과 인간의 언어에 대하여」)에서 더욱 분명해진다.

일으켰는데, 그 감정이 너무 격한 나머지 제 의식이 혼미해졌기 때문입니다. 그 의식이란 곧 이 잡지에 대한 저의 입장이 실제로 정치적으로 영향을 미치는 모든 저술활동(Schrifttum)에 대한 입장과 다르지도 않고 또 다를 수도 없다는 점입니다. 그러한 입장은 전쟁이 발발하면서 제게 궁극적으로 또 결정적으로 생겨나게 되었습니다. 여기서 제가 의미하는 "정치"라는 개념은 사람들이 지금 끊임없이 사용하는 가장 넓은 의미의 정치입니다. 먼저 드리고 싶은 말씀은, 저는 다음에서 밝혀드리는 제 생각들에서 지금 형성되어가는 것을 완전히 의식하고 있다는 점, 그리고 그 생각들의 표명이 정언(定言)적으로(apodiktisch) 들리는 곳에서 그로써 우선 그 생각들이 제 자신의 실천적 태도에 대해 갖는 원칙적인 타당성과 필연성을 분명하게 인지하고 있다는 점입니다.

저술활동이 행동의 동기를 손에 쥐어줌으로써 윤리적 세계와 인간의 행동에 영향을 미친다는 견해는 널리 퍼져 있고 실제로 거의 도처에서 자명한 견해인 양 통용되고 있습니다. 이런 의미에서 언어라는 것은 그러니까 영혼의 내면에서 행동하는 사람을 규정하는 동기들을 다소 암시적으로 준비하는 하나의 수단에 불과합니다. 이러한 견해의 특징은 그 견해가 언어와 행위의 관계에서 언어가 행위의 수단이 되지 않을 관계를 전혀 고려하지 않는다는 데 있습니다. 이러한 관계는 단순한 수단으로 능멸당한 무력한 언어와 글에 똑같이 적용됩니다. 그러한 언어와 글은 자신의 원천이 그 언어와 글 자체에 놓여 있지 않고 어떤 말할 수 있고 공표할 수 있는 동기들에 있는 가련하고 취약한 행위와 같습니다. 이러한 동기들을 다시금 사람들은 논란의 대상으로 삼을 수 있고 그것들에 다른 동기들을 대립시킬 수 있으며, 그렇게 해서 (원칙적으로) 행위는 모든 측면에서 검증된 어떤 계산 과정의 결과인 양 맨 끝에 두어지게 됩니다. 말에서 말로 이어지는 팽창적 경향에 바탕을 두는 모든 행동이 제게는 끔찍하게 보이며, 이러한 말과 행위의 전체 관계가 우리 현실에서처럼 점점 더 올바른 절대적인 것을 실현하기 위한 기제로 확산되어가고 있는 곳에서 더욱더 무서운 상황으로 여겨집니다.

저술활동 일반을 저는 그 영향을 두고 볼 때 시문학적·예언적·사실적(dichterisch, prophetisch, sachlich)이라고 이해하고 어쨌거나 마법적인 것, 다시 말해 직접적인(un-*mittel*-bar)[2] 것으로 이해합니다. 글이 갖는 모든 유익한 작용, 실제로 내면적으로 파괴적이지 않은 모든 작용은 그것의 (즉 말의, 언어의) 비밀에 바탕을 둡니다. 언어가 얼마나 다양한 형태로 영향을 미치는지 입증된다고 해도 그러한 영향은 내용의 매개를 통해서가 아니라 그 언어의 품위와 본질이 가장 순수하게 열림으로써 생겨날 것입니다. 그리고 — 시와 예언 이외의 — 다른 형식의 활동을 여기서 도외시한다면, 제가 항상 느끼는 것은, 언어에 들어 있는 말할 수 없는 것을 결정체(結晶體)처럼 깨끗하게 제거하는 일이야말로 언어 내부에서, 그리고 그런 한에서 언어를 통해 영향을 미칠 수 있는 우리에게 주어져 있으면서 가장 가까운 형식이라는 점입니다. 이렇게 말할 수 없는 것을 제거하는 일(Elimination des

---

[2] 벤야민은 여기서 unmittelbar를 격자체로 떼어 씀으로써 '수단'(Mittel)을 통하지 않는다는 본래의 뜻을 강조한다.

Unsagbaren)이야말로 제가 보기에는 본래 사실적이고 냉철한 (nüchtern) 글쓰기 방식과 합치하며, 인식과 행위의 관계를 바로 언어적 마법(sprachliche Magie) 내부에서 암시해줍니다. 제가 구상하는 사실적이면서 동시에 고도로 정치적인 문체와 글쓰기란 곧 말로 표현되지 못한 것에로 인도하는 일입니다. 오로지 이 말 없는 것(das Wortlose)의 영역이 말할 수 없이 순수한 힘 속에서 열리는 곳에서, 마법적 불꽃이 말과 움직이게 하는 행위 사이에 일어날 수 있으며, 바로 그곳에 똑같이 실제적인 그 둘 사이의 통일성이 있습니다. 내부의 가장 깊은 곳, 말 없음의 핵심 속으로 집약적으로(intensiv) 향하는 것만이 진정한 영향을 가져올 수 있습니다. 저는 말이 '실제적'인 행동보다 신적인 것에서 어딘가 더 멀리 떨어져 있다고 생각지 않으며, 말 역시 자기 자신과 자신의 순수성을 통해서밖에는 신적인 것으로 이끌어갈 수 없습니다. 수단으로 여겨지면 말은 [잡초나 종양처럼] 번성합니다.

잡지에는 시인들, 예언자들 또는 권력자들의 언어를 실어서는 안 되며, 말 없는 것과 전혀 다른 관계를 가지면서 또한 전혀 다른 마법의 원천이 될 수 있을 가요, 시편, 명령법적 글도 안 되고, 사실적인 글쓰기만 고려해야 합니다. 잡지가 그런 글쓰기 방식에 도달할지는 사람으로서 물론 예측하기 어려우며, 그러한 잡지는 물론 많지 않았습니다. 그러나 저는 『아테네움』[3])을 생각합니다. 영향을 미치는 글을

---

3) *Athenäum* : 벤야민은 소수의 전문 지식인층을 대상으로 만들었고 그것을 기관지로 삼아 낭만주의 운동을 전개했던 초기 낭만파의 대표자들인 프리드리히 슐레겔과 노발리스가 만든 『아테네움』을 잡지의 모범으로 생각했다. 그는 자신이 스스로 만들려

이해하는 것이 제게 불가능하다면, 그런 글을 쓸 능력도 저는 없습니다. (『목표』*Das Ziel*에 실린 제 논문[4]은 내적으로는 위에 말씀드린 의미에서 쓴 것입니다만, 그 논문이 가장 어울릴성 싶지 않는 이 장소에서 그것을 언급하기는 지극히 어렵군요.) 어쨌든 『유대인』에 실린 글들에서 뭔가 배우게 될 것입니다. 유대사상의 문제에 대해 지금 뭔가 분명한 것을 말하지 못하는 저의 무능함이 지금 단계에서 생성 중에 있는 이 잡지와 일치하는 것처럼 저희가 성취하는 데서 일치할 수 있는 보다 더 좋은 기회가 있으리라는 희망을 금하는 것은 아무것도 없습니다.

제가 여름이 끝날 무렵 하이델베르크로 갈지도 모릅니다. 그러면 제가 지금 불완전하게 말로만 표현한 것을 기꺼이 대화를 통해 활성화해보겠습니다. 그러면 그 기회에 유대사상에 대해서도 많은 것을 말할 수 있을 것입니다. 저는 유대사상에 관한 저의 신념이 비유대적이라고 생각하지 않습니다.

충심의 인사를 전하며
발터 벤야민 배상(拜上)

고 했다가 실현되지 못한 『새로운 천사』(*Angelus Novus*)의 구상을 밝힌 글에서도 그 잡지를 언급한다.
4) "Das Leben der Studenten"(1915)을 가리킨다.

비애극과 비극
(1916)

Walter Benjamin, *Gesammelte Schriften*, Frankfurt a. M., 1972~89, Bd. II/1, pp. 133~37. (Trauerspiel und Tragödie)

비극적인 것을 보다 깊이 파악하려면 어쩌면 예술에서뿐만 아니라, 혹은 예술에서보다는 오히려 역사에서 출발해야 한다. 적어도 추측할 수 있는 것은 비극적인 것이 예술 영역에서의 한 **경계**를 나타내기보다는 역사 영역에서의 한 경계를 나타낸다는 점이다. 역사의 시간은 그 흐름의 특정한 돌출 지점에서, 그것도 위대한 개인들의 행동을 통해 비극적 시간으로 넘어간다. 역사의 의미에서 위대함과 비극성 사이에는 필연적인 연관이 존재한다. 하지만 이 연관은 동일성으로 해소되지 않는다. 그러나 적어도 확실하게 규정할 수 있는 것은 역사적 위대함이란 예술 속에서 오로지 비극적으로만 형상화할 수 있다는 점이다. 역사의 시간은 모든 방향으로 무한하며 매 순간 채워지지 않은 채로 있다. 다시 말해 경험적 사건을 두고 볼 때 그 사건이 일어나는 특정한 시간상황에 대해 필연적 관계를 갖는 어떤 개별적 사건이란 상상할 수 없다. 시간은 경험적 사건에 대해서는 하나의 형식일 뿐인데, 그러나 더 중요한 것은 형식으로서는 충족되지 않는 것이라는 점이다. 사건은 그 사건이 놓여 있는 시간의 형식적 본성을 채우지 않는다. 왜냐하면 시간이란 어떤 기계적 변화의 지속을 재는 척도 이외의 아무것도 아니라는 식으로 생각할 수 없기 때문이다. 이러한 시간은 물론 비교적 공허한 형식이며, 그 형식을 채우는 일을 생각한다는 것은 아무런 의미도 주지 않는다. 하지만 역사의 시간은 기계역학의 시간과는 다른 것이다. 역사의 시간은 복합적인 구조를 갖는 동시적인 공간 변화가 일어나는 동안 어떤 특정한 크기와 규칙성 — 즉 시침운동 — 의 공간 변화의 가능성 이상의 것을 규정한다. 그렇게 넘어서는 것, 역사적 시간을 규정하는 다른 어떤 것이 무엇인지를 규정하지 않은 채 — 즉 역사적 시간과 기계적 시간의 차이를 정의하지 않은 채 — 말할 수 있는 것은 역사적 시간형식의 규정적 힘이 어떤 경험적 사건으로도 완전히 파악되지 않으며 어떠한 사건 속에도 완전히 그러모을 수 없다는 점이다. 역사의 의미에서 완전한 사건이라는 것이 있다면, 그것은 오히려 경험적으로 규정되지 않은 것, 즉 하나의 이념이다. 충족된 시간이라는 이 이념은 성경에서는 그것의 지배적인 역사적 이념, 즉 메시아적 시간으로 불린다. 그러나 어떤 경우든 충족된 역사적 시간의 이념은 동시에 개인적 시간의 이념으로 생각되지 않는다. 개인적 시간의 이념이라는 이 규정, 충족됨의 의미를 당연히 완전히 바꿔놓는 이 규정이 비극적 시간을 메시아적 시간과 구별하는 규정이다. 비극적 시간과 메시아적 시간의 관계는 개인적으로 충족된 시간과 신적으로 충족된 시간의 관계와 같다.

역사적 시간에 대한 상이한 입장 때문에 비애극과 비극은 구분된다. 비극에서 영웅이 죽는 것은 충족된 시간 속에서는 아무도 살 수 없기 때문이다. 영웅은 불멸성으로 죽는다. 죽음은 아이러니한 불멸성이다. 그것이 비극적 아이러니의 원천이다. 비극적 죄의 원천은 그와 동일한 영역에 있다. 비극적 죄는 비극적 영웅의 고유한, 순수하게 개인적으로 충족된 시간에 바탕을 둔다. 비극적 영웅의 이 고유한 시간이 — 이 시간은 역사적 시간과 마찬가지로 여기서 정의되지 않을 것인데 — 마치 마법적 컴퍼스를 가지고 그리듯이 그의 모든 행위와 그의 모든 존재를 그린다. 납득할 수 없는 방식으로 비극적 분규(紛糾)가 갑자기 나타나면, 아주 하찮은 실책이 죄로 이어진다면, 아주 조그만 실수, 있을 법하지 않은 어떤 우연이 죽음을 몰고 온다면, 겉보기에 누구나 알아들을 수 있을 의사소통과 해결의 말들이 언표되지 않는다면, 그것은 영웅의 시간이 모든 사건에 미치는 독특한 영향 때문인데, 그 이유는 충족된 시간에서는 모든 사건이 그 시간의 기능이기 때문이다. 거의 역설적으로 보이는 것은 바로 영웅의 완전한 수동성의 순간에 나타나는 이러한 기능의 분명함이다. 즉 그 순간에 마치 비극적 시간이 꽃처럼 개화하면서 그 꽃의 꽃받침에서 아이러니의 아린 향기가 피어오른다. 왜냐하면 영웅의 시간이 숙명으로 성취[충족]되는 것은 완전히 고요한 휴식의 시간, 말하자면 영웅이 잠들어 있는 시간인 경우가 드물지 않기 때문이며, 또한 그와 마찬가지로 충속된 시간의 의미는 수동성의 위대한 순간들, 즉 비극적 결단, 시간을 지체하는 순간, 파국 등에서 등장하기 때문이다. 셰익스피어의 비극적 척도는 그가 비극성의 여러 상이한 단계들을 어떤 한 주제를 되풀이하듯이 서로 대조시키고 부각시킬 줄 아는 위대함에 바탕을 둔다. 그에 반해 고대인들의 비극은 비극적 힘들이 점점 더 크게 증폭되는 모습을 보여준다. 그들은 비극적 운명을 알고 있고, 셰익스피어는 비극적 주인공, 비극적 행동을 알고 있다. 괴테가 셰익스피어를 낭만주의적이라 칭한 것은 옳다.

비극의 죽음은 아이러니한 불멸성이다. 그 아이러니는 과도한 결정성에서 생겨난다. 비극적 죽음은 과도하게 규정된 죽음이고, 이것이 영웅이 짓는 죄의 본래적 표현이다. 프리드리히 헤벨(Friedrich Hebbel)은 개별화(Individuation)를 근원적 죄로 파악함으로써 어쩌면 제대로 이해하는 듯했다. 하지만 중요한 것은 개별화의 죄가 위반하는 것이 무엇이냐이다. 이 형식에서 역사와 비극성의 연관에 대한 물음을 파악할 수 있다. 여기서 말하는 개별화는 인간과 관련하여 파악할 수 있는 개별화가 아니다. 비애극에서의 죽음은 개인적 시간이 사건에 부여하는 극도의 규정성에 바탕을 두지 않는다. 비애극에서의 죽음은 종말이 아니며, 상위의 삶에 대한 확실성도 없고 아이러니도 없는 상태로 모든 삶이 다른 유로 전이해가는 일이다. 비애극은 수학적으로 비유하자면 쌍곡선의 한 곡선과 같으며, 이때 다른 한 곡선은 무한한 것에 놓여 있다. 지상의 삶이 펼쳐지는 제한된 공간 속에 상위의 삶의 법칙이 작용하고, 모두 놀이를 하는데, 또 다른 세계에서 똑같은 놀이를 더 큰 규모로 계속하기 위해 죽음이 놀이를 끝낼 때까지 계속한다. 반복이 바로 비애극의 법칙을 이루는 토대이다. 비애극의 사건들은 또 다른 놀이의 비유적인 도식들, 의미상징적 거울 이미지들이다. 죽음은 이 놀이 속으로 사라진다. 비애극의 시간은 채워지지 않았으면서도 유한하다. 그 시간은 역사적 보편성을 띠지 않은 채 비(非)개인적이다. 비애극은 어느 모로 보나 중간 형식이다. 비애극적 시간의 보편성은 유령 같은 보편성이지 신화적인 보편성이 아니다. 이것은 비애극에서 막(幕)들의 수가 짝수인 것은 비애극 특유의 거울적 성격과 내밀한 관련이 있다. 그 밖의 모든 생각할 수 있는 관계에서도 마찬가지이지만 이 점에 대해서는 슐레겔의 『알라코스』(*Alarcos*)가 전범이 되며, 이 작품은 일반적으로 비애극을 분석하는 데 매우 탁월한 대상이다. 비애극에 등장하는 인물들의 등급과 신분은 왕족인데, 이것은 완성된 비애극이라면 그 의미상징적 의미를 위해 그렇게 될 수밖에 없다. 이 드라마는 도처에 이미지와 거울 이미지, 의미하는 것과 의미된 것을 가르는 거리를 통해 고상하게 된다. 그리하여 비애극은 물론 어떤 상위의 삶에 대한 이미지가 아니라 두 거울 이미지 중 하나에 불과하며, 비애극의 속편은 전편 자체 못지않게 도식적이다. 죽은 자들은 유령이 된다. 비애극은 예술적으로 반복의 역사적 이념을 남김없이 이용한다. 따라서 비애극은 비극과는 전혀 다른 문제를 포착하는 셈이다. 비애극에서 죄와 위대함은 그것들이 죄와 위대함을 위해서가 아니라 그러한 상황의 반복을 위해 더 확장되고 보편적으로 확산되기를 바라기 때문에 그만큼 규정성을 — 과도한 규정성은 말할 것도 없이 — 훨씬 덜 요구한다.

그러나 시간적 반복에 어떠한 형식도 완결된 형태로 바탕을 둘 수 없다는 점은 그 시간적 반복의 본질과 연관된다. 또한 예술에 대한 비극의 관계가 아직 문제성이 있는 채로 머문다 해도, 비극이 어쩌면 예술형식보다 더하거나 덜하다 할지라도 어쨌든 간에 비극은 완결된 형식이다. 그것의 시간적 성격은 드라마적 형식 속에서 소진되며 형상화된다. 비애극은 그 자체로 완결되지 않았고, 비애극의 해소의 이념 역시 더 이상 드라마적 영역 안에 놓여 있지 않다. 그리고 이 점에서 — 형식에 대한 분석을 통해 — 비애극과 비극의 차이가 결정적으로 생겨난다. 비애극의 잔여 부분은 음악으로 불린다. 어쩌면 비극이 역사적 시간에서 드라마적 시간으로의 이행을 나타내는 것과 흡사하게 비애극은 드라마적 시간에서 음악의 시간으로의 이행을 나타낸다고 할 수 있다.

비애극과 비극에서 언어의 의미
(1916)

Walter Benjamin, *Gesammelte Schriften*, Frankfurt a. M., 1972~89, Bd. II/1, pp. 137~40. (Die Bedeutung der Sprache in Trauerspiel und Tragödie)

비극적인 것은 사람들 사이에 말로 하는 담화의 한 법칙성에 바탕을 둔다. 비극적인 팬터마임이란 없다. 비극적인 시, 비극적인 소설, 비극적인 사건이라는 것도 없다. 비극적인 것은 오로지 드라마에서 사람들이 하는 담화 영역에만 존재할 뿐 아니라, 심지어 사람들이 주고받는 담화에 원초적으로 고유하고 유일한 형식이기도 하다. 다시 말해 사람들 사이의 대담을 벗어나서 비극성이란 존재하지 않으며 그와 같은 대담 형식에서 비극적이지 않은 형식은 없다. 비극적이지 않은 드라마가 나타나는 곳 어디에서나 원초적으로 전개되는 것은 사람의 담화가 갖는 고유한 법칙이 아니다. 거기에서는 어떤 감정 또는 어떤 관계가 언어적 맥락에서, 언어적 단계에서 나타날 뿐이다.

대담이 순수한 현상으로 나타날 때면 그것은 슬프지도 희극적이지도 않으며 오히려 비극적이다. 그 점에서 비극은 고전적이고 순수한 드라마 형식이다. 슬픈 것이 그것의 핵심과 그것의 가장 심오하고 유일한 특성을 드러내는 곳은 드라마적 말도 아니고 말 일반도 아니다. 비애극들만 있는 것이 아니다. 그 밖에도 비애극이 세계 존재에서 가장 슬픈 것도 아니며 하나의 시, 하나의 이야기, 한 생애가 더 슬플 수 있다. 왜냐하면 슬픔은 비극에서 결정되는 법칙인 질서들의 해소될 수 없고 피할 수 없는 법칙, 비극을 지배하는 힘인 비극성과는 다르기 때문이다. 슬픔은 오히려 하나의 감정이다. 이 감정이 말에 대해, 말로 하는 담화에 대해 어떤 형이상학적 관계를 갖는 것일까? 이것이 비애극의 수수께끼이다. 슬픔의 본질 속에 있는 어떤 내적인 관계가 그 슬픔으로 하여금 순수한 감정들의 존재에서 나와 예술의 질서로 들어서게 할까?

    비극에서는 말과 비극성이 함께, 동시적으로, 그때그때 같은 장소에서 생겨난다. 비극에서의 모든 담화는 비극적으로 결정적이다. 직접적으로 비극적인 것은 순수한 말이다. 어떻게 해서 언어 일반이 슬픔으로 채워질 수 있고 슬픔의 표현이 될 수 있는가라는 물음은 첫째 물음인, 어떻게 슬픔이 감정으로서 예술의 언어 질서 속으로 들어설 수 있는가라는 물음과 더불어 비애극에 대한 근본적 물음이다. 말은 그것이 순수하게 전달하는 의미에 따라 작용할 때 비극적으로 된다. 자신의 의미의 순수한 전달자로서 말은 순수한 말이다. 이 순수한 말과 더불어 또 다른 말이 있는데, 이것은 변천하는 말로서 그것이 생겨난 원천의 장소에서 다른 장소로 하류를 향해 흘러간다. 변천하는 과정에 있는 말이 비애극의 언어적 원리이다. 말의 순수한 감정적 삶이라는 것이 있는데, 이 삶 속에서 말은 자연의 음성에서 감정의 순수한 음성으로 정화(淨化)된다. 이 말에 언어는 단지 그 말이 변천하는 순환 과정 속의 한 중간 단계에 불과하며, 이러한 말을 바로 비애극이 표현한다. 비애극은 자연의 음성에서 탄식을 거쳐 음악으로 가는 길을 묘사한다. 비애극에서 음성은 교향악적으로 펼쳐지며, 이것이 동시에 비애극의 언어가 갖는 음악 원리인 동시에 비애극이 인물들로 분열되고 갈라지는 드라마 원리이기도 하다. 오로지 감정들의 순수성 때문에 언어의 불길 속으로 오르는 것이 자연이며, 그리하여 비애극의 본질은 모든 자연이 언어가 부여되면 탄식하기 시작할 것이라는 옛 지혜 속에 이미 규정되어 있다. 왜냐하면 비애극은 감정이 말들의 순수한 세계를 통해 음악으로 흘러들다가 복된 감정의 해방된 슬픔으로 되돌아가는 영역들 사이의 통로가 아니다. 오히려 이 길의 중간에서 자연은 언어에 의해 스스로 간파되었다고 보며 이 엄청나게 억눌린 감정이 슬픔이 된다. 그리하여 말의 이중적 의미, 그 말의 의미와 함께 자연은 흐름을 멈춘다. 그리고 천지창조가 순수함으로 흘러가려고 하는 동안 인간은 그 창조의 왕관을 썼다. 이것이 비애극에서 왕의 의미이고 이것이 국가 대사극들의 의미이다. 국가 대사극들은 자연의 막힘, 말하자면 감정의 엄청난 정체(停滯)를 서술한다. 이 감정은 말 속에서 갑자기 새로운 세계, 의미의 세계, 감정 없는 역사적 시간의 세계가 열리는 것을 보며 다시금 왕은 인간 ─ 자연의 종말 ─ 이면서 그와 함께 왕 ─ 의미의 담지자이자 상징 ─ 이기도 하다. 역사는 인간의 언어에서 의미와 같아지며, 인간의 언어는 의미 속에서 응고된다. 비극성이 닥쳐오고 창조의 정점인 인간은 오로지 왕, 즉 이 왕관의 담지자로서 상징이 됨으로써만 감정에 맡겨진다. 그리고 비애극의 자연은 이 숭고한 상징 속에서 토르소로 남고, 슬픔은 자연과 언어가 만나는 감각적 세계를 채운다.

비애극 속에 반복의 두 형이상학적 원리가 서로 삼투해서 비애극의 형이상학적 질서를 나타낸다. 즉 그것은 순환과 반복, 원과 이중성이다. 왜냐하면 음악 속에서 닫히는 것은 감정의 원환이고 깊은 동경의 안식을 깨뜨리고 슬픔을 자연 위로 확산하는 것은 말과 그것의 의미라는 이중성이기 때문이다. 소리(Laut)와 의미 사이의 대립 작용은 비애극에게 유령적이고 끔찍한 것으로 남으며, 비애극의 자연은 언어에 사로잡힌 나머지 성찰을 계속하다가 광기에 사로잡히는 폴로니우스*처럼 끝없는 감정의 희생물이 된다. 하지만 이 상호작용은 구원을 발견해야 하며, 비애극에게 구원의 신비는 음악이다. 감정들이 초감각적 자연 속에서 재탄생한다.

구원의 필연성이 이 예술 형식의 유희적 요소를 이룬다. 왜냐하면 언어와 언어적 질서의 마지막 현실을 이루는 비극성의 돌이킬 수 없는 성격과 비교하면 자신에게 생기를 불어넣는 영혼이 감정(슬픔)인 모든 형상물은 연극〔유희, 놀이〕이라 칭할 수밖에 없기 때문이다. 비애극은 현실적 언어의 토대 위에 놓여 있는 것이 아니라, 감정을 통한 언어의 통일성, 말 속에서 전개되는 그 통일성에 대한 의식에 바탕을 둔다. 이렇게 전개되는 도중에 혼란한 감정은 슬픔의 탄식을 내지른다. 그러나 그 슬픔은 해소되어야 한다. 바로 이렇게 전제된 통일성의

---

* Polonius: 셰익스피어의 비극 『햄릿』에 나오는 인물. 오필리어의 아버지이자 재상. 햄릿의 칼을 맞고 죽는다.

토대 위에서 슬픔은 순수한 감정의 언어인 음악으로 넘어간다. 비애는 비애극에서 자기 스스로를 불러내지만 스스로를 구원하는 것도 그 자신이다. 비애극 자신의 영역에서 일어나는 이 감정의 긴장과 해소가 유희이다. 그 유희 속에서 슬픔은 여러 감정의 음계에서 하나의 음일 뿐이다. 그렇기 때문에 말하자면 순수한 비애극이란 없다. 왜냐하면 희극적인 것, 무서운 것, 끔찍한 것과 같은 다양한 감정들과 그 밖의 많은 감정들이 윤무를 펼치기 때문이다. 감정들을 지배하는 통일성의 의미에서 양식은 비극에만 해당된다. 비애극의 세계는 특수한 세계로서 비극과 견주어 자신의 위대하고 대등한 의미를 주장한다. 비애극의 세계는 예술에서의 말과 담화가 본래 수태되는 장소이다. 언어 능력과 청각 능력이 저울추에서 여전히 균형을 이루고 있으며, 심지어 종국에는 모든 것이 탄식을 듣는 귀에 달려 있게 된다. 왜냐하면 가장 깊은 데서 청취된 탄식이 음악이 되기 때문이다. 비극에서 발성된 말의 영원한 굳어짐이 일어서는 곳에서, 비애극은 그 음향의 무한한 반향을 그러모은다.

유비와 근친성
(1919)

Walter Benjamin, *Gesammelte Schriften*, Frankfurt a. M., 1972~89, Bd. II/1, pp. 43~45. (Analogie und Verwandtschaft)

서문 : 다음에 이루어질 서술에서 불분명한 점이 있다면 그것은 대부분 다음과 같은 이유 때문이다. 즉 절대적으로 유비와 근친성에 속하는 유사성 개념이 여기서는 토론에서 제외되거나 유비와 구분되지 않았다. 유사성 개념은 유비 개념과 동일하지 않다. 유비는 추측컨대 은유적 유사성, 즉 관계들의 유사성이다. 그에 반해 본래적 의미에서 (비은유적 의미의) 유사한 것은 실체들만 될 수 있다. 예컨대 두 삼각형의 유사성은 그에 따라 어떤 '실체'의 유사성으로서 그 삼각형들에서 입증되어야 하며, 이 유사성의 발현이 그들 삼각형에서 특정 관계들의 (유사성이 아니고!) 동일성인 것이다. 근친성은 유비로도 유사성으로도 충분히 해명할 수 없다. 특징 경우에 유사성은 근친성을 예고할 수 있는 반면, 이러한 일은 유비에서는 결코 일어나지 않는다.

유비는 어떠한 경우에도 근친성을 근거짓지 못한다. 그리하여 자식들이 그들의 부모와 근친관계인 것은 자식들이 부모와 유사한 (유비와 유사성의 구별이 여기서 빠져 있다) 점을 **통해서**가 아니며, 자식들이 그 유사한 것 **속에서** 부모와 근친관계인 것도 아니다. 오히려 근친성은 어떤 특정 표현을 찾을 필요도 없이, 나뉨이 없이 전체 존재와 관련된다. (근친성의 표현할 수 없는 것.) 유비도 마찬가지이지만 인과관계가 근친성을 근거짓지도 못한다. 어머니는 자식을 낳았기 때문에 그 자식과 근친관계에 있다고 하는데 이것은 인과관계가 아니다. 아버지가 자식과 근친관계에 있다고 할 때, 그것은 어쩌면 아버지가 그 자식을 태어나게 했기 때문에 그럴 수 있지만 어쨌거나 출생의 원인이거나 원인처럼 보이는 것을 통해서 그런 것은 아니다. 다시 말해 태어난 것(아들)은 태어나게 한 것(아버지) 속에 원인으로 인한 결과와는 다르게 규정되어 있다. 즉 인과관계가 아니라 근친성으로 규정되어 있다. 근친성의 본질은 수수께끼이다. 그것은 부부 사이의 근친성과 부모와 자식들의 근친성(친화적 근친성과 혈통적 근친성) 두 가지에 공통된 것이다. 또한 그것은 어머니가 자식과 갖는 근친성과 아버지가 자식과 갖는 근친성에 공통된 것이다.

    근친성을 바라보려면 특이하게 조용하면서 혼탁하지 않은 시선이 필요하다. 잠시 머물렀다 가는 시선은 유비에 의해 쉽게 포획된다. 구스타프 페히너[1]는 유비의 관찰자였다. 니체는 (그의 아포리즘 "외양(外樣, Augenschein)은 역사가를 거스른다"(『여명』*Morgenröte*에서?)가

---

1) Gustav Theodor Fechner, 1801~87: 의사 · 물리학자 · 실험심리학의 개척자. 그는 『정신물리학의 요소들』(1860)에서 특히 물리세계에서의 사건과 심리 과정 사이의 대응관계를 천착했다.

입증하는데) 근친성의 발견자였다. 유비는 과학적인 원칙, 합리적인 원칙이다. 유비가 소중하기는 하지만, 그것은 아무리 냉철하게 관찰해도 부족하다. 유비는 근거를 찾아낼 수 있고 유비되는 것 속의 공통점은 발견할 수 있다. (유비되는 것의 주체는 아마도 관계일 것이다). 감정은 유비에 의해 이끌려서는 안 되는데, 왜냐하면 감정은 유비를 규정할 수 없기 때문이다. 감정의 영역에서 유비는 전혀 원칙이 되지 못하며, 유비의 가상은 오로지 유비의 합리성이 충분히 엄밀하게 파악되지 않을 때에만 생겨난다. 배를 조종하는 키와 꼬리는 유비된다. 이것은 열악한 시인에게만 소재를 제공해줄 뿐이지만 숙고하는 사람(기술자)에게는 숙고의 대상이 된다. 아버지와 아들은 근친관계이지만 그 관계는 비록 이성을 통해 파악될 수는 있어도 이성 속에서 구성되는 관계는 아니다.

유비와 근친성을 혼동하는 것은 완전한 도착(倒錯)이다. 그 혼동의 본질은 유비가 근친성의 원칙으로 여겨지거나 근친성이 유비의 원칙으로 여겨지는 데 있다. 그리하여 음악을 들을 때 뭔가를, 어떤 풍경, 어떤 사건, 어떤 시를 표상하는 사람들은 첫 번째 의미의 혼동을 하는 사람들이다. 그들은 음악과 (합리적으로) 유비되는 뭔가를 찾는다. 물론 그와 같은 것은 — 사람들이 음악을 무절제하게 거칠게 다루고 소재처럼 취급한다면 모르되 — 존재하지 않는다. 물론 음악 자체를 합리적으로 파악할 수 있지만 유비를 통해 그릴 수 있는 것이 아니라 보편적인 것, 법칙적인 것을 통해 그렇게 할 수 있다. 음악에서 유비적인 것으로 넘어가는 것은 불가능하며, 음악은 오로지 근친성만을 인정한다. 그리고 음악과 근친적인 것은 순수한 감정이다. 그러한 순수한 감정은 인식 가능하며 또 그러한 순수한 감정 속에서 음악이 인식 가능하다. 피타고라스학파는 숫자를 통해 음악을 인식하려고 했다. (— 근친성 대신 유사성을 쓰는 한 가지 경우로 "인간의 얼굴을 지닌 모든 것"에서 출발하는 자연법적 논리가 있다. 인간의 얼굴에서 근친성을 찾을 수 있다는 것 — 이러한 외양은 결코 근친성의 원칙이 될 수 없다. 그렇다고 그것을 유비의 대상으로 전락시킬 수도 없다. 근친성을 성립시키는 것은 유사한 것이 아니다. 하지만 그 유사한 것은 그것이 유비를 초월한 것으로 입증되는 곳에서 — 이것은 결국 어디서나 입증할 수 있을 텐데 — 근친성의 예고자가 될 수 있다. 근친성은 (직관 속에서도 아니고 이성 속에서도 아니며) 오직 감정 속에서만 직접 청각적으로 지각될 수 있긴 하지만, 엄격하고 겸허하게 볼 때 이성 속에서 파악되는 것은 가능하다. 직접적으로는 민중의 감정 속에서 사람의 근친성이 청각적으로 지각된다.)

근친성을 유비의 원칙으로 바라보는 것은 권위와 가족적 공속성에 대한 현대적 견해를 특징짓는 독특한 점이다. 이 견해는 근친관계에 있는 사람들에게서 유비를 찾아내기를 기대하며 동화(Angleichung)를 교육의 목표로 여기고, 그 목표를 향해 노력하는 것이 권위가 할 일이라는 것이다. 진정한 권위는 다시금 어떤 직접적인 감정의 관계이며, 이 감정의 관계는 태도 · 직업 선택 · 복종 등에서의 유비들 속에서 자신의 대상을 발견하는 것이 아니라 기껏해야 이러한 것들 속에서 자신을 예고할 수 있을 뿐이다.

유비와 근친성을 이렇게 두 방향에서 혼동하는 것을 특징적으로 보여주는 유형이 감상적인(sentimental) 사람이다. 진정한 근친성 속에서 그는 아늑한 느낌을 주는 것을 찾지만, 유비의 넓은 파랑 위에서는 아무런 바닥도 그 아래 있으리라고 예상치 않으면서 방향키를 잃은 자신의 감정을 흔들리게 한다. 막스의 죽음을 목도했을 때 "꽃이 내 삶에서 떠나갔구나"라고 말하는 발렌슈타인이 그런 모습을 보여준다. 그는 꽃을 애석해하며 그 꽃에 대해 모든 수단을 동원하여 뭔가를 표현한다.[2] 그러나 자신의 고통과 근친한 것만을 발렌슈타인은 느낄 수 있는 것이지 그의 고통과 유비되는 것을 느낄 수 있는 것은 아니다.

---

2) 프리드리히 실러(Friedrich Schiller)의 『발렌슈타인의 죽음』, 5막 3장.

[서평] 안야와 게오르크 멘델스존: 필적을 통해 본 인간[1]
(1928)

Walter Benjamin, *Gesammelte Schriften*, Frankfurt a. M., 1972~89, Bd. III, pp. 135~39. (Anja und Georg Mendelssohn, *Der Mensch in der Handschrift*, Leipzig: Verlag von E. A. Seemann, 1928~30, VIII/100 S.)

이 책은 추천할 필요가 있을까? 나는 필요 없다고 생각한다. 이 책은 대성공을 거둘 것이기에. 그리고 그 성공은 전적으로 당연한 것이다. 이 책은 필적 감정학[2]의 수준을 갖추고 있다. 또한 필적 감정학적

---

1) 이 서평은 『문학세계』 제4권 31호(1928)에 발표되었다. 벤야민은 숄렘에게 보낸 1928년 6월 18일자 편지에서 이 책을 다음과 같이 언급한다. "지난 며칠 내게 큰 감동을 준 책 한 권을 읽었었네. 안야와 게오르크 멘델스존이 쓴 『필적을 통해 본 인간』이라네. 나는 그 책을 읽은 뒤 문자에 대한 감각, 그러니까 내가 10여 년 전에 잃어버린 그 감각을 다시 얻은 느낌이네. 이 책은 내가 근본적으로 문자를 관찰할 때 느꼈으면서 찾아내지 못한 바로 그 방향을 제시해주고 있네. 직관과 이성이 동시에 이 영역에서 이처럼 멀리 진척되어 추구된 걸 본 적이 없네. 이 책은 클라게스와의 짤막하면서도 적확한 논쟁도 담고 있네."〔Walter Benjamin, *Briefe I*, 2 Bde,, Frankfurt a M., 1966, p. 477.〕
2) Graphologie: 필적에 관한 종합적인 학문. 서상학(書相學)·필상학(筆相學)이라고도 한다. 씌어진 문자의 도형적 특징·크기·필압(筆壓) 등을 분석하여 글씨를 쓴 사람의 정신적 특징과 성격 등을 알아내고, 필기 재료의 화학적·물리적 연구에도 응용되고 있다. 필적에 특징이 있다는 사실은 2세기 무렵 문헌에도 나타나며, 필적과 성

본능도 수준급이고 언어적 서술기법도 수준급이다.

게다가 이 책은 — 정신분석적 성격이 가미된 작품들의 경우 언급할 가치가 있는데 — 최고도의 절도를 갖추고 있다. 적어도 이 책의 간결하고 분명한 점이 어떤 면에서 절도로 나타난다. 이 책은 결코 너무 많이 말하지 않고 너무 자주 말하지도 않는다. 그렇기 때문에 이 책의 목소리는 적어도 가르치면서 또한 일깨우는 면이 있다. 끝으로 이 책은 전적으로 자신이 다루는 대상의 내면에 살고 있는 사람, 그 대상을 마주하여 자족적으로 뻐기는 태도를 취하겠다는 생각을 전혀 하지 않는 그런 사람을 특징짓는, 보기 드물게 생산적인 겸허함으로 가득 차 있다.

필적 감정학이 운용되는 현장에서 정직한 사람이 곤혹스럽게 느낄 수 있었던 무엇인가가 있었다면, 그것은 그 필적 감정학이 그 통속적인 대표자들의 경우 속물들의 호기심과 수 떠는 버릇에 발맞추어 어중이떠중이들에 대한 '진실'이라든지 가정주부의 선조부터 하녀에 이르기까지 온갖 인물들의 성격을 밝혀내어 제시해주곤 하면서 거만을 떠는 작태였다. 최근에 루트비히 클라게스(Ludwig Klages)나 마그달레네 이바노비치(Magdalene Ivanovic) 또는 여타의 사람들이 이룬 과학적 시도들은 그러한 것과 물론 아무 상관도 없다. 그러나 분석을

격과의 관련을 거론한 것은 1622년 이탈리아의 카밀로 발디이다. 그 뒤 1875년 프랑스의 J. H. 미숑이 필적학이라는 말을 처음 쓰기 시작하여 C. 자맹이 논리적으로 발전시켰다. 독일의 클라게스는 필적은 전체 파악이 중요하다는 철학적 이론을 바탕으로 직관적·경험적 방법에 의해 설명했다. 벤야민은 평소 필적학에 비상한 관심을 갖고 있었고, 「유사성론」(1933)에서도 이 필적학을 미메시스 능력이 발현된 중요한 예로 다룬다.

하면 할수록 더욱 순수하게 수수께끼로 정화(淨化)되어 빠져나가는 인간이라는 완전한 수수께끼를 그처럼 견고하게 방어하면서 열성적으로 포착한 사람은 아무도 없었다.

이렇게 우리는 이 책의 방법론에 대해 상찬을 표현할 수 있겠는데, 위에 언급한 서술의 절도는 그 방법이 현상으로 나타난 것일 따름이다. 이 방법은 새로운 것이 아니다. 그러나 여기서 어느 정도로 그 방법을 진지하게 다루느냐가 이 작품에서 결정적인 점이다. 이 책은 문명화된 사람들의 필적까지도 전적으로 이미지 문자(象形文字)로 파악하려는 시도를 보여준다. 그리고 저자들은 이미지 세계와의 접촉을 이전에는 미치지 못한 정도까지 유지하는 법을 알았다. 사람들은 한 필적에서 오른쪽과 왼쪽, 위와 아래, 비스듬함과 가파름, 무거움과 섬세함을 예전부터 결정적인 인자로 여겼다. 하지만 그 안에는 여전히 유비와 메타포의 어떤 모호한 잔재가 떠돌고 있었다. 비좁게 쓴 글을 보고, "이 사람은 자기 것을 부여안고 있는데, 그건 다시 말해 절약하는 사람이다"라고 말했다면, 그것이 옳기는 하지만 그런 언어는 필적 감정학적 통찰을 놓치는 대가를 치러야 한다. 클라게스는 "영혼의 직관력"이라는 것을 형식의 수준, 풍부함의 많고 적음, 글의 풍족함, 무거움, 따뜻함, 촘촘함 또는 깊이를 재는 판관으로 만들 생각에서 그것을 촉구하는데, 그것도 결정적인 구절들에서는 우리가 글을 쓰면서 우리의 필적 속에 감싸넣는 이미지에 맞닥뜨릴 것이다. 또한 그렇기 때문에 클라게스에 맞서 필적을 "고정시킨 표현운동"[3]으로 설명하는

---

3) Ludwig Klages의 말이다. Anja und Georg Mendelssohn, 앞의 책, p. 27에서 재인

것으로는 충분치 않다는 것을 주장할 수 있는 상대적 권리가 생겨난다. 왜냐하면 "그러한 설명은 글이 제스처에 의해 결정되어 있다고 말하지만, 우리는 이 이론을 확장해서 제스처는 나름대로 **내적** 이미지에 의해 결정된다고 말할 수 있기"[4] 때문이다.

바로 이처럼 이미지를 결부하는 작업이 어떻게 해서 필적 감정사가 도덕적으로 글을 평가하려는 유혹에 저항할 수 있도록 만들어주는지는 쉽게 설명할 수 있을 것이다. 그러한 저항은 오늘날뿐만 아니라 앞으로도 필적 감정사에게 요구해야 한다. 그와 같은 물음들에 대해 필적 감정사가 오늘날 명예를 중히 여기는 사람이 책임지는 것보다 더 많이 말할 용기를 낸다면, 즉 전혀 아무 말도 하지 않는다면 더욱 좋을 것이다. 아니면 두 저자의 말을 빌리자면 이렇게 말할 수 있겠다. "관찰을 …… 해보면 인간은 그 자신의 고유한 성격의 밝은 부분과 어두운 부분을 둘 다 지닌다."[5] 모든 도덕적인 것은 관상(Physiognomie)이 없으며, 어떤 표현할 수 없는 것으로서 눈에 보이지 않거나 눈부시게 구체적 상황에서 튀어나온다. 그 도덕적인 것은 보증될 수는 있으나 결코 예언될 수 없다. 그것을 초월하는 일이 무슨 결과를 낳을지는 얼마 전 클라게스의 중요한 필적 감정학이 보여주었다. 이 책의 두 저자가 클라게스의 기본 개념인 형식수준을, 그것의 높은 곳이나 깊은 곳에서 클라게스가 글쓴 사람의 성격을 윤리적으로 잴 잣대를 얻을 수 있다고 생각한 그 형식수준을 도외시한다면, 그것

용. ─전집 편집자
4) Anja und Georg Mendelssohn, 앞의 책, p. 27. ─전집 편집자
5) 앞의 책, p. 31. ─전집 편집자

은 이 연구자[클라게스]의 생의 철학 때문에 스스로에게 부과된 혼란을 통해 정당화한다. "인류의 풍부한 삶과 영혼의 침전물들의 표현 내용은 르네상스 이래 끊임없이 저락(低落)해왔고 프랑스 대혁명 이래 급격한 저락 국면으로 접어들었다. 그리하여 오늘날 가장 풍부하고 재능 있는 인물조차 어떤 엄청나게 빈약한 매체에 참여하면서 기껏해야 400~500년 전에 **평균치**였던 사람의 풍부함에 도달할 정도이다."[6] 이와 같은 사고들이 클라게스라는 논쟁자에게 그만한 장소와 권리를 갖는다는 점은 새로운 것이 아니다. 그러나 필적 감정학을 그와 같은 생의 철학이나 비밀교의를 위한 진동 매체로 생각해야 하는 것은 언짢은 일일 것이다. 필적 감정학이 어느 정도로 모든 분파에서 독립하여 자신을 지킬 수 있을지는 현재로서는 자신의 생존이 걸린 문제이다. 그리고 그에 대한 대답은 종결의 의미에서가 아니라 단지 창조적 무차별성(schöpferische Indifferenz), 어떤 "극단적 상황"의 의미에서 가능하다는 것은 분명하다.

그와 같은 창조적 무차별성의 입지는 물론 중용의 미덕에서 찾을 수 없다. 왜냐하면 이 무차별성은 변증법적인, 부단히 새로워지는 균형으로서 전혀 기하학적인 장소가 아니며 오히려 어떤 사건이 일어나는 세력권, 어떤 방출이 일어나는 역장(力場, Kraftfeld)이기 때문이다. 필적 해석의 이론을 위해서는 암시적으로나마 이 영역을 그야말로 멘

---

6) Ludwig Klages, *Handschrift und Charakter. Gemeinverständlicher Abriß der graphologischen Technik*, Leipzig, 1921, pp. 42~43. "어떤 엄청나게 빈약한 매체에 참여하면서"는 벤야민의 표현이다. 클라게스의 원문에는 "본질적으로 더 빈약한 삶의 수단에서 자양을 취하면서"라고 씌어 있다. ― 전집 편집자

델스존의 이론과 클라게스의 이론 사이의 (기계적이 아니라) 역동적인 균형을 통해 서술될 수 있을 것이다. 그 둘의 대립은 그것이 생산적이기 때문에 매우 중요하다. 그 대립은 신체와 언어 사이의 대립에 근거를 둔다.

언어는 신체를 갖고 있고 신체는 언어를 갖고 있다. 그럼에도 세계는 신체에서 언어가 아닌 것(도덕적인 것)과 언어에서 신체가 아닌 것(표현할 수 없는 것)에 바탕을 두고 있다. 그에 반해 물론 필적 감정학은 필적의 언어에서 신체적인 것, 필적의 신체에서 언어적으로 표현된 것을 다루는 학문이다. 클라게스는 언어에서, 즉 표현에서 출발하는 데 비해, 멘델스존은 신체에서, 즉 이미지에서 출발한다.

〔이 책에서〕운 좋게 지적한 것들이 이러한 이미지의 차원이 지닌, 지금까지 거의 예상치 못한 풍부함으로 인도한다. 많은 점에서 두 저자는 요한 바흐오펜(Johann Bachofen)과 프로이트를 끌어들인다. 그러나 두 저자는 우리의 삶의 감정에 대해 가치와 표현을 얻은 하찮은 것에서도 풍부한 이미지의 창고를 열어 보여줄 정도로 개방적이다. 필적과 어린아이들의 그림을 비교한 다음의 구절보다 더 기지에 차면서도 사리에 맞는 것은 없을 것이다. 여기서 저자들은 글이 씌어진 행을 땅바닥으로 본다. "철자들은 그것들이 발전해가는 어떤 일정한 지점부터 …… 행 위에 마치 자신들의 원상들, 인간, 동물 및 사물들이 땅바닥 위에 서 있었던 것처럼 서 있다. 우리는 땅 표면 아래로 파고드는 아랫부분들의 사실을 통해 철자들을 신체를 나타낸 것으로 변신시킨다면, 다리들을 행 **위에서** 찾는 일을 그만둬서는 안 된다. 그 옆에는 똑같은 높이에서 다른 철자들에서 머리, 눈, 입, 손이 신체 부위

들을 정돈하고 그 비례를 맞추는 것을 아직 알지 못하는 어린아이들의 그림에서처럼 서 있을 수 있다."[7] 입체적인 필적 감정학을 스케치한 윤곽들도 그와 마찬가지로 의미심장하다. 필적은 겉보기에만 표면상의 형상물이다. 글쓸 때 압력을 주는 일은, 글을 쓰는 평면 뒤에 어떤 입체적인 깊이, 어떤 공간이 글쓰는 사람에게 존재한다는 것을 보여준다. 또한 다른 한편 필체가 중단되는 곳들은 펜대가 글을 쓰는 평면 앞에 있는 공간으로 물러서서 자신의 "비물질적인 곡선들"[8]을 그 속에 그려넣는 극소수의 장소들을 드러낸다. 글씨가 지니는 입체적인 이미지 공간이 미래를 보는 투시력의 현상공간에 대한 소우주적 모사일까? 그 이미지 공간에서 라파엘 셰르만(Rafael Scherman)과 같은 텔레파시적 글씨 해석자가 실마리를 얻어가는 것일까? 어쨌거나 입체적 문자 이미지의 이론은 언젠가는 필적 해석을 텔레파시적 과정들을 연구하는 데 유용하게 이용할 수 있는 전망을 열어준다.

   그처럼 앞서 나간 위치에 있는 이론이 옛날 작품들이 투입하곤 했던 온갖 변호하는 성격의 말들을 온갖 논쟁과 마찬가지로 퇴출시킬 것이라는 점은 자명하다. 이 책은 그것이 말하고자 하는 것을 내부에서 펼쳐낸다. 심지어 필적 사례들도 보통 그런 부류의 책들에서와는 달리 그다지 많지 않다. 필적 감정학적 직관은 매우 집약적이어서 저자들은 단 하나의 필적에서 그들의 학문 요소들, 더 좋기로는 그들의 실습 요소들을 풀어내려는 모험을 기도할 수 있었을 정도이다. 두 서

---

7) Anja und Georg Mendelssohn, 앞의 책, p. 76. —전집 편집자
8) Magdalene Ivanovic, *Die Gesetze der modernen Graphologie*, Anja und Georg Mendelssohn, 앞의 책, p. 87에서 재인용. —전집 편집자

자처럼 바라볼 줄 아는 사람에게는 글이 적힌 종이의 모든 조각이 거대한 세계극장으로 들어가는 입장권이 된다. 그에게 그 종잇조각은 인간 존재와 인간의 삶 전체를 수십만 분의 일로 축소한 팬터마임으로 보여준다.

벌라주와의 대화에 대한 기록[1]
(1929)

Walter Benjamin, *Gesammelte Schriften*, Frankfurt a. M., 1972~89, Bd. VI, p. 418. (Notiz über ein Gespräch mit Ballasz, Ende 1929)

시작할 때는 전혀 심각하지 않았다. 어떤 언어철학적 물음이었다. 나를 헛갈리게 한 것은 그가 똑같은 개념가(概念價)를 갖는 말들이 여러 언어에서 여러 상이한 방식으로 언표된다는 사실(이것은 물론 그의 표현이 아니다)을 대단한 발견인 양 늘어놓은 점이다. 나는 이런 작자라면 틀린 말만 늘어놓을 거라고 짐작했다. 그래서 나는 그와 같은 경우 늘 택하던 전략을 택했다. 어떤 일이 있어도 반박하는 것이 그중 하나였다. 그리하여 나는 나중에 언어철학적 의미에서 문학의 이론 전체를 발전시키게 됐는데, 그 문학론은 그 작자가 신비적 언어철학의 상투어들, 그에 대한 반대 입장을 취하기가 나로시는 어렵기도 하고 유용하기도 한 그런 상투어들을 펼쳤기 때문에 생산적이 되

---

1) Béla Balázs, 1884~1949: 헝가리 태생의 영화 이론가 · 제작자 · 감독.

었다. 아니면 그런 작자의 견해들을, 만약 그것이 옳은 견해일 경우 그에게서 마치 연인을 꾀어내듯이 빼내는 일이었다. 그렇게 시작되었다. 그는 외래어에 대해 지극히 옳은 고찰을 전개했다. 즉 외래어는 그 자체가 자연스런 언어운동에서 끄집어내어져 경직된 형상물이 되었다는 점이다. 나는 아주 확실치는 않지만 희미하게 알프레드 폴가[2]가 한 말, 즉 나는 심지어 독일어를 사용할 때조차 마치 그것이 외래어인 양 사용한다는 말이 생각났고 (이것은 스타일에서 출발하여 내 내면 깊숙이 파고드는 놀라운 직관이었다) 벨러 벌라주(Béla Balázs)의 그 지적을 아주 과장된 태도로 열광적으로 긍정했으며, 그런 식으로 생겨난 박진감 있는 대화를 유리하게 이용했고, 다음과 같은 생각을 전혀 꿰뚫어볼 수 없이 은밀하게 내 자신의 생각으로 만들었다. 즉 외래어들은 조그만 언어학적 무덤들이라는 생각이 그것이다. 내가 그의 진부한 언어신비주의에 맞세운 문학이론은 시초에 이미지에서 말이 형성될 때의 마법적·은유적·우주적(magisch-metaphorisch-kosmischen) 영역과 동화(同化)시키고 의도적이고 인간학적인(einverleibend-intentionalen-anthropologischen) 시문학 사이의 대립을 중심으로 펼쳐졌다. 후자를 나는 제압한 자, 평화를 가져오고 화해시키는 승리의 힘으로서 신화와 마법에 대립시켰다. 말이 지니는 의도적 성격을 발견한 것은 가장 오래된 실천이었던 말의 마법적인 집행력의 발견보다 훨씬 뒤에 일어난 일이다. 또한 이러한 말의 의도적 본성은 문장에서 처음으로, 그리고 시문학에서 어쩌면 제일 먼저 펼쳐진다.

---

2) Alfred Polgar, 1873~1935 : 빈에서 활동한 저널리스트이자 연극비평가.

점성술에 대하여*
(1932)

Walter Benjamin, *Gesammelte Schriften*, Frankfurt a. M., 1972~89, Bd. VI, pp. 192~93. (Zur Astrologie)

점성술에 대한 관점을 마법적 "영향"에 관한 이론, "별빛의 작용" 따위를 배제한 가운데 정립하려는 시도. 그와 같은 시도는 보기에 따라서는 임시적일 수 있다. 그러한 시도는 그것이 이러한 탐구들 주변에 낀 아우라를 제거해주기 때문에 아주 중요하다. 또한 사람들은 역사가 흐르면서 실제적 휴머니즘(realer Humanismus)의 개념들이 어디에서 형성되어왔는지의 물음을 제기한다면 그런 연구들에 필연적으로 봉착하게 된다. 어쩌면 점성술에서보다 더 광범위하게 맞닥뜨리게 되는 곳도 없을 것이다. 나는 점성술이 어떤 집중도(Intensität, 강렬함)를 멜랑콜리의 개념에 가져다주었는지 이미 보여주었다. 똑같은 것을 여타의 많은 개념들에 대해서도 보여줄 수 있을 것이다.

---

* 이 단편은 「유사성론」의 예비단계에서 씌어진 것으로 추정된다.

단초는 다음과 같다. 사람들은 "유사성"에서 출발한다. 사람들은 우리가 이를테면 얼굴이라든지, 건축물이나 식물의 형식에서, 어떤 구름의 모양이나 피부발진 등에 나타나는 유사성들에서 지각할 수 있는 것들이 유사성의 우주에서 극히 작은 일부분에 불과하다는 점을 분명히 하고자 한다. 사람들은 여기서 더 나아가 이런 유사성들이 우연한 비교를 통해 우리가 사물들 속에 가져간 것들만이 아니라 그 모든 것들이 ― 부모와 자식 간의 유사성처럼 ― 그것들 속에서 고유하게 작용하는 힘, 어떤 미메시스적 힘이 낳은 결과들이라는 점을 분명히 하고자 한다. 그리고 더 나아가 이러한 미메시스적 힘의 대상들, 그 객체들만 무수하게 많은 것이 아니라 이것은 주체들, 미메시스적 중심들에 대해서도 마찬가지로 적용되며, 각각의 존재는 그러한 중심들을 여러 개 소유할 수 있을 것이라는 점을 인식한다. 이 모든 것에 대해 사람들은 미메시스적 중심들이든 미메시스적 대상들, 즉 그 객체들이든 시간이 흐르면서 변하지 않고 똑같이 남지 않았을 거라는 점을 생각해야 한다. 즉 수백 년이 흐르면서 미메시스적 힘과 마찬가지로 미메시스적 관찰방식도 일정 영역에서 사라져버리고 어쩌면 그 힘은 다른 영역으로 전환되지 않았나 생각해볼 수 있다. 예를 들어 고대에는 사람들이 관상학적인 것에서 오늘날 얼굴의 유사성 정도만 인식할 뿐 신체적 유사성들을 거의 인식하지 못하는 현대인보다 훨씬 더 날카로운 미메시스적 감각을 지녔다는 것은 전혀 의심의 여지가 없다.

이러한 고찰들이 점성술에 이미 다가선다면, 결정적 고찰이 아직 빠져 있다. 다름 아니라 우리는 우리에게 전승되어온 것들을 탐구하는 연구자로서 염두에 두어야 할 점이 있는데, 즉 오늘날 우리가 어렴풋이나마 느끼지도 못하는 어떤 확연한 형상, 미메시스적 객관성이 존재했다는 것이다. 예를 들면 별들의 성좌에서 그것을 볼 수 있다. 사람들은 무엇보다 일단 점성술적 해석에서는 분석하기만 할 뿐인 천궁도(Horoskop)를 하나의 독특한 전체성으로 파악할 필요가 있다. 천체 상태는 하나의 특성을 지닌 통일체를 나타내며 개개의 행성들은 이 천체 상태에서의 작용양태에서 그 성격이 인식된다. (여기서 성격이라는 말은 임시적으로 한 말이고, 어쩌면 본질이라고 해야 할 것이다.) 우리가 근본적으로 고려해야 할 것은, 천체에서 일어나는 일들이 옛날 사람들에게는 집단에 의해서든 개인에 의해서든 모방 가능했다는 점이다. 실제로 이러한 모방 속에서 사람들로 하여금 점성술에 경험적 성격(Erfahrungscharakter)을 부여하도록 한 유일한 심급을 보아야 한다. 이것의 한 잔영을 오늘날의 사람들도 남쪽 지방의 달밤에 느낄 수 있다. 그런 밤에 현대인들은 죽어버린 미메시스적 힘들이 자신의 존재 속에서 일어나는 것을 느낄 테지만 자연은 그러한 힘들을 완벽하게 소유하면서 달 쪽으로 자신을 동화시킨다. 그러나 이러한 드문 순간들도 별들의 만남에 놓여 있던 형성시키는 약속들을 파악할 수 있게 해주진 못한다.

그러나 미메시스의 천재가 옛날 사람들에게 실제로 삶을 규정하는 힘으로 작용했다면, 이러한 일은 그 재능을 완벽하게 소유하는 상황을, 특히 우주에 존재하는 형상에 대한 가장 완성된 통찰력을 이제 갓 태어나는 아이에게 적용함으로써밖에는 달리 가능하지 않았을 것이다. 아이들은 실제로 오늘날에도 처음 몇 해 동안은 누가 보아도 언어를 배우는 데서 고도의 미메시스적 천재를 증명해 보인다. 이것이 모든 합리적인 점성술을 위한 완전한 서문이다.

「유사성론」과 「미메시스 능력에 대하여」 관련 노트
(1933~35)

Walter Benjamin, *Gesammelte Schriften*, Frankfurt a. M., 1972~89, Bd. II/3, pp. 956~59.

그런데 — 점성술적으로 결정적인 — 탄생이라는 것은 순간에 일어나는 사건이다. 이 점은 우리에게 유사성의 영역이 갖는 또 다른 특성을 주목하게 한다. 유사성의 지각은 어떤 경우든 번득이며 지나가 버리고 마는 순간에 묶여 있다. 유사성은 휙 스쳐 지나가는데, 어쩌면 다시 획득할 수 있을지 모르나 본래 다른 지각들처럼 굳어지고 고정된 형태로 기억 속에 가둬둘 수는 없다. 유사성은 별들의 운행과 마찬가지로 눈앞에 순간적으로 나타나는 현상이다. 그러나 그런 유사성의 유령 같은 존재의 고향은 언어이다. 언어는 그 말들의 재빨리 사그라지는 소리 속에서 유사성이라는 가장 빠르고 순간적인 형상물을 불러낸다.

모방은 마법적 행위일지 모른다. 그렇지만 그와 동시에 모방자는 자연의 마법적 성격을 벗겨내는데, 그것은 그가 자연을 언어에 근접시키기 때문이다. 자연을 언어에 근접시키는 것이 바로 희극성(Komik)의 본질이다. 웃음이란 일종의 표현(Artikulation, 발성, 조음)의 혼돈이다.

유사성의 지각은 따라서 나중에 나타난 파생된 태도이다. 시초에는 유사하게 되는 행위 속에서 이루어진, 유사성들을 파악하는 행위가 주어져 있었다. 두 객체 사이의 유사성들은 언제나 인간이 그 두 객체와 함께 자신 속에서 발견하거나 인간이 그 둘과 함께 있는 것으로 가정하는 유사성을 통해 매개되어 있다. 분명 이것은 그와 같은 태도를 위한 지침들이 객관적으로 있다는 점을 배제하지 않는다. 그와 같은 지침들의 객관적 현존이 심지어 유사성의 진정한 의미를 정의한다.

점성술은 나중에 생겨난 이론으로서 더욱이 이전의 실천과는 비틀린 관계에 있고, 이 실천의 자료들을 자의적이면서 자주 그릇되게 해석한다. 중요한 것은 천체의 영향들이나 힘들이 아니라 인간이 지닌 오래된 능력, 즉 어느 한 시점의 천체 상태에 자신을 유사하게 만드는 능력이다. 그것은 바로 탄생의 시점이다. 탄생의 시점에서 한때 최초의 비할 데 없이 중요한 의미를 지니는 적응(Anpassung)의 행위가 일어났을 수 있다. 인간의 미메시스 능력은 점점 더 언어로 철수해 들어가서 더욱 은밀하게 키워졌다.

언어가 발전해온 선은 이렇다. 발화의 마법적인 기능과 범속한 기능 사이의 구별이 후자에 유리한 쪽으로 해체된다. 성스러운 것은 마법적인 것에보다는 범속한 것에 더 가깝다. 모든 마법적 요소들에서 정화한 언어를 지향하는 작가로 파울 셰어바르트(Paul Scheerbart)와 베르톨트 브레히트(Bertolt Brecht)가 있다.

미메시스 능력에 관한 이론에 기여하는 것으로서 폴 발레리의 『영혼과 춤』(Paris, 1923).

하인츠 베르너의 『언어관상학』[1]에는 실험에 동원된 사람들에 대한 신상정보가 빠져 있다. 그 사람들은 어떤 환경 출신일까? 이 실험들은 자기 자신을 관찰하는 고도의 기술을 요구하기 때문에 지적 훈련을 받지 않은 사람들은 틀림없이 실험에 부적격이었을 것이다. 다른 한편 연구 대상의 성격상 그러한 사람들을 포기하기 어렵다. 바로 민중 출신의 단순한 사람들이나 아이들의 반응을 조사할 필요가 있었을 것이다.

미네르바의 부엉이가 황혼이 질 무렵에야 날기 시작한다는 말은 베르너의 책에서도 확인된다. 그의 책은 이전의 어느 책보다도 언어영역 속의 서정시의 원천들 쪽으로 더 가까이 끌고 가는데, 그것도 바로 서정시 자체가 입을 다물기 시작한 [오늘날 같은] 시기에 그런 작업을 한다.

베르너는 현상들이 분화된 모습을 서술하면서 그에 대한 설명은 하지 않는다. 무엇보다 그의 서술에 따라 볼 때, 이 전체 연구를 심리학적 연구로 이해하는 것도 불가능하지 않다. 실제로 해석을 하는 "주관성"이나 "창조적인 성격"을 강조하는 것은 이중적 의미를 띠며, 이것이 그와 같은 해석을 심지어 뒷받침해준다. 그에 반해 역사적인 물음은 전혀 제대로 다루어지고 있지 않다. 그렇지만 여기서 결정적인 현상들이 원시인들의 언어 속에 특히 강하게 등장한다는 언급은

---

[1] Heinz Werner, *Grundfragen der Sprachphysiognomik*, Leipzig, 1932.

언어의 관상학적 성격에 흔적을 남겨온 원초적인 연관관계들에 대한 연구로 끌고 갈 수밖에 없었을 것이다. 그 밖에도 언어관상학자의 태도와 태곳적의 행동방식이나 표상방식 사이의 근친성은 명약관화하다. 이 점에 대해서는 해석행위들이 지니는 객관적·논리적 의미에서 역설적인 성격을 다룬 장이 많은 예시를 해준다.

미메시스적 능력에 대하여

장식은 춤에 근접해 있다. 장식은 유사성을 만들어내는 학습 과정 중 하나이다. (빌헬름 보링거의 『추상과 감정이입』[2]을 끌어와야 할 것이다.) 다른 한편 춤을 해석할 때 그 춤이 지닌 역동적 측면―무기, 도구, 영(靈)들로의 에너지 전이(轉移)―을 간과해서는 안 된다. 어쩌면 그 역동적 측면은 춤추는 사람의 미메시스적 태도와 변증법적 관계에 있을 것이다.

유사성의 또 다른 규준은 토템이다. 그런데 아마도 유대인들에게서 우상숭배 금지는 토테미즘과 연관이 있을 것이다.

언어와 미메시스에 대하여

"사람들이 텔레파시에 대한 생각에 익숙해지면 내게 많은 정보를 줄 수 있지만 그것들은 당분간 상상 속에서만 머물고 있다. 주지하다시피 사람

---

2) Wilhelm Worringer, *Abstraktion und Einfühlung*, München, 1921(초판: 1908).

들은 거대한 벌레들의 나라에서 전체 의지가 어떻게 생겨나는지 알지 못한다. 어쩌면 그것은 그와 같은 직접적인 심리적 전이의 길을 통해서 일어날 것이다. 사람들은 이것이 개별 존재들 사이에서 이루어진 의사소통의 원초적이고 태곳적인 방법이었는데 나중에 계통 발생적 발전 과정을 거치면서 감각기관을 통해 수용되는 기호를 이용한 보다 나은 전달 방법에 의해 밀려났다고 추측할 수 있다. 그러나 그 옛 방법은 후방에 보존되어 있다가, 예를 들어 열정적으로 흥분된 대중에게서도 볼 수 있는 것처럼 특정 조건들이 갖춰지면 다시 활성화될 수 있을 것이다. 이 모든 것은 아직 불확실하고 풀리지 않은 수수께끼들로 가득 차 있지만 우리가 경악할 이유는 없다."

— 지그문트 프로이트, 『텔레파시의 문제에 대하여』[3]

장식은 미메시스 능력을 위한 전범이다. **이러한** 추상은 감정이입을 위한 고도의 교본이다.

아우라의 경험과 점성술의 경험 사이에 연관이 존재할까? 별들이 시선을 되돌려주는 지상의 생물이나 사물들이 있을까? 별들은 먼 곳에서 보내오는 그 시선 때문에 아우라의 근원현상일까?

우리는 시선이 미메시스 능력의 최초의 후원자(Mentor, 지도자)였다고, 최초의 유사하게 되기는 시선에서 이루어졌다고 가정해도 좋을까? 우리는 결국 별들의 만남이 장식의 탄생에 관여했다는 가정, 상

---

[3] Sigmund Freud, "Zum Problem der Telepathie", in: *Almanach der Psychoanalyse*, Wien, 1934, pp. 32~33. — 전집 편집자

식은 별들의 시선을 붙박아둔 것이라는 가정으로 이 순환을 종결지어도 될까?

　이 연관에서 인간 안에 있는 미메시스 능력의 중심들에서 양극성이 생겨날 것이다. 그것은 눈에서 시작하여 입술에 이르는 전이 과정으로서 이때 이 과정은 신체 전체를 우회하며 이루어진다. 이 과정은 신화의 극복 과정을 포함할 것이다.

말과 이름의 대립적 측면[1]
(1933)

Walter Benjamin, *Gesammelte Schriften*, Frankfurt a. M., 1972~89, Bd. VII/2, pp. 795~96. (Antithetisches über Wort und Name)

최상의 의미에서 말	이름 또는 아담적 언어정신
창조하는 신의 말씀 그 말씀의 모사: 인간의 고유한 이름 그것의 잔재: 말 없는 자연 인간은 말씀으로 창조되지 않았다.	"모든 인간의 언어는 이름에 비친 이 말씀의 반영물일 따름이다. 이름은 말씀에 이르지 못하며 인식은 창조에 이르지 못한다." (II/2, 149) 이름은 무언의 것을 음성으로, 이름 없는 것을 이름으로 번역한 것이다.

---

1) 이 단편(도식)은 벤야민이 「유사성론」을 쓴 뒤 「미메시스 능력에 대하여」를 쓰기 전 1916년에 썼던 첫 언어 논문 「언어 일반과 인간의 언어에 대하여」를 「유사성론」에서 개진한 자신의 생각과 비교하면서 적어놓은 노트로서 1933년경 썼을 것으로 추정된다.

"정신이 현존적이며 현실적일수록 그 정신은 그만큼 더 명백하게 언명할 수 있고 언명된 것이 된다." (II/2, 146)

이름의 토대: 마법적 공동체 속에 있는 물질의 전달

"신은 사물들을 이름을 통해 인식할 수 있게 만든다. 하지만 인간은 인식에 따라 그 사물들을 명명한다."(II/2, 148)

인간의 말

이 인간의 말 속에서 이름은 더 이상 훼손되지 않은 채 살아 있지 못한다.

"이름은, 분명히, 말하자면 외부로부터 마법적이 되기 위해 자체의 내재적인 마법에서 뛰쳐나왔다." (II/2, 153)

이름을 훼손한 데 대한 속죄는 판정하는 말 속에 놓여 있는데, 이 판정하는 말은 그와 동시에 추상의 뿌

유사성

마법적 공동체 속에 있는 물질의 전달은 유사성을 통해 이루어진다.

ahmen과 ahnen[2]은 서로 연관되는가?

이 유사성이 대상 속에서 순간적으로 섬광처럼 비치는 현상에는 그와 똑같은 유사성이 소리에서 순간적으로 존재하는 것이 상응한다.

유사성이 섬광처럼 비치는 현상은 역사적으로는 원래 순간적 경향을

---

2) ahmen이라는 동사는 원래 중세에는 '재다, 측정하다'(ausmessen)라는 동사로서 오늘날 더 이상 단독으로 쓰이지 않고 nach-ahmen(……를 모방하다, 흉내 내다)로 쓰인다. ahnen은 원래 '……를 엄습하다'(einen an- oder überkommen)는 뜻인데 오늘날 '예감하다' '어렴풋이 느끼다' 동사로 쓰인다.

리이다.

이름의 성격은 기호의 성격에 의해 훼손된다.

자연의 마법

신의 말씀은 사물들 속에서 — 이 사물들에서 다시금 신의 말씀이 소리 없이, 그리고 자연의 말 없는 마법 속에서 빛을 발하는데 — 마법적 공동체 속에 있는 물질의 전달이 되었다.

"한편 사물들의 전달은 세계 전체를 나뉘어 있지 않은 하나의 전체로 포괄할 정도로 모종의 공동체적 성격을 띠고 있음이 분명하다." (II/2, 156)

띠지 않았던 잊힌 유사성을 전유하는 기억(Anamnesis)의 성격을 갖는다. 시간 속에서 지속되는 이 잊힌 유사성은 아담적 언어정신 속에 지배한다. 노래는 그와 같은 과거의 모상(模像)을 붙잡아두고 있다.

특정한 경험적 — 비록 비감각적이긴 하지만 — 유사성은 언제나 그것과 이질적인 토대(Substrat)에서, 다시 말해 말의 기호적 성격에서 섬광처럼 비친다.

읽기의 원초적 형태는 유사성을 기저(基底, 토대)로 하여 읽어내기이다. 한편으로 우듬지, 구름, 내장, 다른 한편으로 철자, 이 두 편 사이의 중간 형태로서의 룬(die Runen) 문자. 알파벳의 마법적 기능은 비감각적 유사성에 지속적인 기호적 토대를 제공하여 이 토대에서 그 유사성이 현상으로 나타날 수 있게 하는 데 있다.

상징은 어떤 종류의 유사성도 현상으로 나타날 수 없는 기호라고 정의할 수 있다.

미소*
(1934 또는 1937)

Walter Benjamin, *Gesammelte Schriften*, Frankfurt a. M., 1972~89, Bd. VI, p. 194. (Wer einen andern höflich begrüßen will⋯)

다른 사람에게 정중하게 인사하려고 하는 자는 자신의 표정에 아무리 그늘이 지워진 형태로나마 어떤 미소의 기미를 띨 것이다. 이 표현 속에 여러 가지 의미가 복합적으로 들어 있다. 그러나 그 표현의 바탕에 놓인 것은 아마도 이런 것일 것이다. 다름 아니라 미소는 표정적(mimisch) 준비 상태의 최고 단계를 나타낼지 모른다는 것이다. 우리는 미소에서 어떤 미세한 음영을 부여하는 덕택에 인사를 하는 첫 순간들에 드러나는 표현을 나타낼 수 있다고 말할 수 있다. 문제는 단지 이러한 표현 가능성에 또 다른 숨겨진 의미가 들어 있지 않는가이다. 이러한 최고의 적응 준비성은 그때그때 이루어지는 표정 변화에서 그 의미를 다하는 것일까? 아니면 그 아래에는 훨씬 더 큰 의미를

---

* 이 단편은 「유사성론」을 쓴 뒤에 쓴 것으로 추정된다.

지닌 어떤 다른 요소가 들어 있을까? 미소 속에는 그 미소가 향하는 자와 스스로 유사해지려는 동의가 숨겨져 있지 않을까? '마법적인' 미소란 표현은 이 경우 최고의 권리를 갖는 미소의 형용사가 될 것이다. 즉 미소는 미메시스의 탁월성을 〔자신의 대상에의〕 변용의 형태 속에 입증하는 것이다. 미소를 받는 자는 모범으로 승격된다고 느껴 황홀경에 빠진다.

[서평] 회닉스발트:
철학과 언어. 문제비판과 체계[1]
(1939)

Walter Benjamin, *Gesammelte Schriften*, Frankfurt a. M., 1972~89, Bd. III, pp. 564~69. (Richard Hönigswald, *Philosophie und Sprache. Problemkritik und System*, Basel: Haus zum Falken Verlag, 1937, X/461S.)

칸트는 철학의 문제들을 좁게 한정된, 논리적으로 엄밀하게 구획된 어떤 영역 안에서 결정지으려고 시도했다. 그는 정밀과학의 토대 속에서 모든 인식론의 기초를 찾아내려고 했다. 이 정밀과학의 적(敵)을 그는 독단론, 특히 종파들이 내세우는 독단적 요구에서 보았다. 종파들의 이런 요구를 근거를 갖고 거부한 것이 칸트가 형이상학에 부과한 비판적 시험이 거둔 성과이다. 신칸트학파[2]를 두고 말하자면,

---

1) Richard Hönigswald, 1875~1947 : 독일 철학자로서 신칸트주의 인식론을 당대의 존재론과 합치하려고 시도했다. 브레슬라우 대학과 뮌헨 대학에서 강의한 뒤 나치의 인종정책의 결과 1933년 은퇴하게 된다. 다하우(Dachau)에 1938년 억류되었다가 풀려나 1939년 미국으로 망명했다.
2) 신칸트학파의 철학은 19세기 말의 실증주의가 띤 유물론적 특성을 지양하고 그것을 칸트의 비판철학에 바탕을 둔 철학적 기초로 대체하고자 했다. 신칸트주의는 부분적으로만 무모순적인 일련의 노선들을 따라 발전했다. 벤야민 자신도 이른바 마르부르크학파 내에서 철학적 훈련을 받았다. 이 학파는 헤르만 코엔이 세웠는데, 코엔은

이들은 적이 이미 오래전에 전혀 다른 노선에 있었는데도 칸트적 사유의 행군 계획을 지키며 따랐다는 점이 그 특징이다. 왜냐하면 비판주의를 키워낸 정밀 과학의 기능이 그 사이에 달라졌기 때문이다. 실증주의[3]가 정밀과학의 마지막 말로 나타났다. 독일 부르주아의 청년기에 정밀과학은 하나의 세계상으로 모여들었는데, 이 세계상의 역사적 설계도는 그 소실점을 자유와 영원한 평화의 왕국에 두었으며, 피에르 라플라스[4] 이후 칸트가 설계한 우주 설계도에 뒤지지 않았다. 숭고의 개념이 두 왕국의 그와 같은 상응관계 위에 구축되었다. 칸트는 이렇게 말한다. "사람들은 숭고를 이렇게 기술할 수 있을 것이다. 즉 그것은 (자연의) 대상으로서 그 대상에 대한 표상은 심성이 자연의 도달 불가능성을 이념들의 재현(서술)으로 사유하도록 규정한다"(칸트, 『전집』, 에른스트 카시러 편, 제5권, Berlin, 1922, p. 340). 헤르만 헬름홀츠, 에밀 뒤 부아 레이몽 또는 에른스트 헤켈[5]의 세계상에서 자연은 인간 존재를 해방하는 지렛대 역할을 하지 못하게 되었다. 자

『칸트의 경험 이론』(1871)에서 선험적 주체란 정신적 존재가 아니라 지식의 형식과 내용 두 가지를 모두 구성하는 사유의 논리적 기능으로 간주되어야 한다고 주장했다.
3) 실증주의는 19세기 말 주도적인 철학 조류였다. 실증주의의 주요 구상은 프랜시스 베이컨, 조지 버클리, 데이비드 흄 등의 작품 속에 잠재적으로 내포되어 있었지만 그 용어는 특히 정합적인 논리를 발전시킨 오귀스트 콩트의 체계를 가리키는 용어로 쓰인다. 실증주의는 형이상학의 타당성을 부인하면서 사변을 과학적 지식으로 대체하려고 했다. 실증주의는 과학·산업·사회 등 전 분야에 걸쳐 진보에 대한 부르주아 계급의 구상과 밀접하게 연결되어 있다.
4) Pierre Laplace, 1749~1827: 프랑스 천문학자, 수학자.
5) Hermann Ludwig Ferdinand von Helmholtz, 1821~94: 독일의 과학자·철학자로서 생리학·열역학·전자기학·음향학 등 여러 분야에서 중요한 기여를 했다.
  Emil Du Bois-Reymond, 1818~96: 프랑스 태생의 독일 생리학자.
  Ernst Heinrich Haeckel, 1834~1919: 독일의 생물학자·철학자.

연은 더 이상 의무의 재료가 아니라 지배의 도구였으며, 이 지배는 그 것을 행사하는 사람들의 무리가 작으면 작을수록 그만큼 더 널리 지구 위로 확산되었다. 계몽주의 시대에 낙원에서처럼 흩어져 사는 모습으로 나타난 민족과 종족들이 세계시장의 소비대중으로 뭉치게 되었다. 그들의 기원의 반영이 그들 속에서 소멸해버렸고 그와 함께 사람들이 이전에 그 반영에서 지녔던 보다 나은 미래에 대한 약속도 소멸했다.

이것이 칸트적 사유를 갱신하려는 시도가 처한 음울한 상황이다. 우리는 신칸트주의의 약점이 되고 있는 것은 실증주의와의 공모관계이며, 이 관계는 늘 부인되고 의식되지 않았다고 추측해도 좋을 것이다. 이 공모관계는 무엇보다 체계를 향한 신칸트주의의 사유에 숨어 있다. 칸트의 독창성이 가장 순수하게 관철되는 곳은 판단력 비판에서이다. 그의 철학체계의 궁륭을 형성하는 이 마지막 돌 속에 그의 사망 직전 독일 고전주의를 대표하는 인물들이 파묻혔다. 코엔의 미학에는 바로 이러한 정밀한 역사적 판타지가 결여되어 있다. 그에게서 체계를 향한 사유는 더 이상 계획하는 성격을 지니지 못한 채 해석적인 성격만 지닌다. 비판과 판타지의 힘들이 똑같은 정도로, 그리고 똑같은 이유에서 줄어들고 있다. 즉 현존하는 것을 가지고 살림을 꾸리는 것이 지배자들에게 더욱 쉬워진다는 점이다. 마침내 코엔이 18세기의 전략적 입장들을 고수했을 때의 완고함이 느슨해졌을 때 이미지는 실망스럽기 짝이 없었다. 코엔의 에세이 「독일 정신의 독특함에 대하여」, 파울 나토르프의 「독일의 세계적 사명」은 여기서 문턱을 형성한다.[6] 노쇠해진 비판주의는 언어와 역사를 향해 손을 뻗치기 시작했다. 한 때는 그 언어와 역사의 이름으로 역사학파가 비판주의와 계몽주의 전체에 공격한 적이 있었다. 그 사이에 역사학과 언어학은 자신의 낭만적 시기를 벗어났다. 그들은 그로써 비판주의에 더 가까이 다가서게 된 것은 아니다. 오히려 이 학문들은 스스로 엄격함에서 정밀과학과 견줄 만한 것을 더욱 단호하게 해보려고 하면 할수록, 사료 연구를 세심하게 추구하면서 얻은 알리바이의 보호막 속에서 그때그때의 공적인 외양을 갖춘 요구들에 그만큼 더 재빠르게, 그리고 눈에 띄지 않게 부응할 수 있었다. 그에 따라 두 가지 정황이 언어와 역사에 대한 '비판철학'을 세우는 배경이 되었다. 즉 부르주아 계급에서 저항적 의지가 쪼그라든 것이 그 하나이고 부르주아 계급 속에서 살아 있던 역사적 요구가 쪼그라든 것이 다른 하나이다.

나토르프에서 시작한 길은 카시러의 『상징형식의 철학』[7]을 거쳐 회닉스발트에 이른다. 그 과정을 거쳐오면서 선험철학적 문제 제기는 점차 실제적인 사유의 성과에 더 이상 아무런 도움도 주지 않는 의례적 행사로 변모해갔다. 회닉스발트의 경우 통각(Apperzeption)의 선험

---

6) Hermann Cohen, 1842~1918: 독일의 철학자. 신칸트주의에서 마르부르크학파의 창시자. 여기서 언급한 에세이는 1914년에 씌었다.
  Paul Gerhard Natorp, 1854~1924: 독일의 철학자이자 코엔의 동료로서 현대 심리학을 신칸트주의에 통합하려고 시도했다. 여기서 언급한 책은 1918년에 출간되었다.
7) Ernst Alfred Cassirer, 1874~1945: 독일의 철학자로서 주저로는 여기서 언급된 『상징형식의 철학』(Die Philosophie der symbolischen Formen, 1923~29) 이외에 『근대의 철학과 학문에서 인식의 문제』(Erkenntnisproblem in der Philosophie und Wissenschaft der neueren Zeit, 1906~20)가 있다. 앞의 책에서 그는 신칸트주의 철학을 독창적인 문화비판에 응용하려고 시도했다. 그는 모든 문화적 성취들(언어, 신화, 학문)이 인간의 상징적 행위의 소산으로 보고 '상징적 동물'로서의 인간에 대한 새로운 구상을 시도했다.

철학적 통일성은 문화의식의 통일성이 되었고 그 흔적을 언어에 담았다. 이러한 관찰방식의 마그나 카르타는 '연속체' — 바로 언어의 연속체 — 라는 관념이며, 주어진 것들이 이 연속체 위에 잔잔히 흘러간다. "그것들은 모든 것, 통속적으로 표현하고 약간 가볍게 표현하자면 '이제 아무것도 변할 수 없고', 바로 '그런' 상태로 있는 모든 것을 포괄한다. …… 신앙과 국가, 법, 윤리, 언어, 자연, 내적인 삶 등등. 그 모든 것은 결국 '주어진 것들'이다"(p. 32). "문화를 창조하면서 또 문화의 울타리 속에서" 인류는 이 흐름 위에서 움직여간다.

이 책은 모든 구체적인 언어학적 물음들과 엄청난 거리를 유지하고 있다.[8] 이 책이 사유 과정을 촉발시킨다면 그것은 철저하게 물화

---

[8] 〔원주〕 이 점에서 이 책은 3년 전에 출간된 카를 뷜러의 중요한 책인 『언어론』(*Sprachtheorie*)과 가장 극명하게 대조된다(『사회연구지』, 제4호, 1935, pp. 260~61. 참조). 동물의 언어와 아동의 언어, 표정적(mimisch) 표현 및 실어증에 대한 연구들은 현재 이 연구들이 도달한 수준에서 뷜러의 성찰들 속에서 다루어지고 있다. 회닉스발트의 경우 사정이 다르다. 이것은 쉽게 따로 떼어놓고 볼 수 있는 의성어(Onomatopoetik)의 문제만 보아도 알 수 있다. 뷜러의 경우 그에 대해 논의하는 결정적 구절은 이렇게 적고 있다. "언어를 도외시하는 사람은 마음 내키는 대로 소리를 흉내 낼 수 있다. 문제는 오로지 사람들이 그러한 일을 언어 내부에서 할 수 있느냐, 그리고 한다면 어떻게 할 수 있느냐이다. 언어의 구조 속에는 이런 일이 일어날 수 있는 일정한 여지와 공간들이 있긴 하다. 그러나 한 가지만은 일어날 수 없는데, 즉 이처럼 자유로운 일이 일어날 수 있는 간헐적으로 흩어져 있는 구석들이 융해되어 균질한 재현의 장(Darstellungsfeld)이 되는 일이다"(Karl Bühler, *Sprachtheorie*, Jena, 1934, p. 196). 회닉스발트의 경우 이 문제에 대한 논의는 이해 가능성의 최소치와 진부함의 최대치가 결합된 문제 제기에서 정점에 다다르고 있다. 의성어에서는 "그 음향적 결합가들이 특정 단어들에서 다시 나타나는 자연적 과정들에 대한 물음이 …… 논외 대상이 된다. 이세 이러한 결합가들이 역사적으로 규정된 언어체계들의 테두리 내에서 나타나는지와 어떻게 나타나느냐 하는 물음이야말로 의성어의 본래적 문제이자 가장 까다로운 근본적 문제로 나타난다"(p. 321). 〔벤야민이 『사회연구지』를 출전으로 밝힌 논문은 뷜러를 비롯하여 당대의 언어사회학·언어심리학 등에 관한 이론들을 총괄하여 논평한 자신의 논문을 가리킨다. 이 선집에 실린 「언어사회학의 문

된 사유이다. 이에 대해서는 인간에 대한 회닉스발트의 정의가 특징적이다. 얼핏 보기에 그 정의는 우스꽝스럽게 보인다는 점은 분명 가장 하찮은 오류일 것이다. 인간의 개념은 언어이론에서 볼 때 "일정한 조직된 신체들, 소유적으로 '누군가'에 결합되어 있고 그 누군가에 '속하는', 더 정확하게는 조직된 신체들로서 그야말로 그것들이 '누군가'에게 속하지 않을 수 없는 점을 통해 규정된 것으로 나타나는 그런 신체들"을 포괄한다(p. 274). 이러한 단초는 그것이 인간에 대한 규정보다 소유에 대한 규정을 주목한다면 뭔가 생각하도록 할 수 있을 것이다. 그 단초는 통상적 의미에서의 소유에 대한 비판을 포함한다. 또한 그 단초는 이 관계에서 신체가 소유주에게 부과하는 제한들을 지시해준다. 사태의 이 측면을 드러내는 일은 비판적 사고의 관심을 끌 것이다. 하지만 회닉스발트에서 그런 일은 일어나지 않는다. 그는 자신이 내린 정의를 가지고 맴돌 뿐이다. 그러니까 '누군가'는 바로 사람일 뿐이다. 누군가는 어느 누구도 아니고 어떤 이름을 가진 자이다. 그와 함께 이름의 문제가 관찰 대상으로 떠오를 것이다. 명명과 지칭은 언어철학이 발굴해내려는 불꽃이 방전을 일으키는 두 극을 나타낸다. 이것을 『크라틸로스』[9]이래 언어철학의 역사가 가르쳐준다. 이 책은 이 점을 거의 성찰하지 않는다. 이 책은 예전의 인식이 생겨난 역사적 조건들에 대해서도 고려하지 않고 자신의 인식이 생겨난 조건들에 대해서도 고려하지 않는 애매한 의미에서 '체계적'이다.

제들」 참조. — 옮긴이]
9) *Kratylos*: 기원전 360년경에 쓰인 플라톤의 대화.

자신의 문제 영역에서 역사적 시각들이 이처럼 빠져 있는 점에 대해 역사에 대한 회닉스발트의 개념 규정은 아무런 보상도 해주지 못한다. 그런 규정은 그 단단한 매끄러움을 두고 볼 때 그것이 떠받치고자 하는 형식주의에 어울린다. 회닉스발트는 이렇게 쓰고 있다. "묘사와 고백은 모든 역사기술에서 풀리지 않고 …… 대상에 대해 확신을 갖는 공동체로 결합된다"(p. 260). 우리가 이처럼 순수하지 못한 역사 개념 속에서 그에 선행하는 '순수한 개념 규정들'[10]이 수렴하고 있는 것을 깨달았다면, 여기서 언급되는 인간의 규정이 얼마나 무가치한지 짐작할 수 있다. 그렇지 않아도 저자는 이것을 다음과 같이 설명한다. "누군가라는 단어는 '인간'의 의미에서 그 의미를 획득하는데, 즉 그것이 의미하는 체험의 중심이 '말'과 '문화'에 대한 어떤 '직접적인[매개되지 않은]' 관계, 다시 말해 역사에 대한 그런 관계를 특징 짓자마자 그렇게 된다"(p. 274).

이와 같은 규정들 속에서 우리는 언어 속에서 형성된다는 "대상들의 체계 자체"에서 떼어낸 단면들을 볼 수 있다. 체계는 언어 속에서 "극도로 얽히고설킨 …… 조건들에 따라" 형성된다는 것이다. "언어는 …… 대상을 …… 규정한다. 언어는 인과성이 …… 그런 것과 유사하게 대상이 지니는 결코 소진되지 않는 규정성 자체의 조건에 속한

---

10) [원주] 이를테면 사료(史料)에 대한 정의는 다음과 같이 이루어지고 있다. 한 대상은 "그것이 서술하려는 어떤 가능한 의도의 관점에서만 규정 가능하게 나타나는 한에서 사료라고 부를 수 있다. …… 이 점이 …… 사료에 대해 전적으로 독특한 대상성을 부여한다. 이 대상성은 그 대상성이 스스로 서술에 의해 조건지어진 심급으로서 토대의 역할을 할 '서술'의 조건들에 따라서만 존재한다. 오로지 서술의 목적으로부터만 — 하지만 이 서술은 다시금 사료의 서술적 질들에 기반을 두는데 — 사료의 대상적 의미를 판단할 수 있다"(pp. 221~22).

다"(p. 23). 언어에서 대상성에 대한 창립 문서를 밝혀냈다고 주장하는 이러한 비판주의가 스스로 발견한 것을 공표할 때 횡설수설 속에서 자족하는 모습을 보면 비극적이다 못해 음울한 아이러니가 느껴진다. 예를 들어 품위라는 것은 "공동체와 관련된 '인격'이 스스로 가치에 의해 규정된 '품위'의 질이라는 관점에서만, 즉 그 인격의 '행동'의 가능성이라는 관점에서만 규정되어 있다는 것을 …… 뜻한다. 이런 의미에서 다시 말해 행동의 주체로서 그 인격체는 모든 가치 중의 그 가치에 기능적으로 종속되어 있다. …… 그 인격체는 자신이 그러한 최고의 가치에 결속되어 있다는 것을 알기 때문에 '자유로우며', 다시 말해 그 인격체는 자신의 개념을 조건짓는 '인격'이라는 결합가를 획득한다"(pp. 238~39).

실천 이성의 어휘들이 방법론적 장치를 탈취당한 채 유령처럼 떠돌고 있는 그러한 모호한 구절들에 맞닥뜨리면서 우리가 깨닫는 것은, 그 어휘들의 운명이 강신술사의 무리들 속에서 불러내어지는 천재들의 운명과 본질적으로 다를 바 없다는 점이다. 그 어휘들은 작품에서 떨어져 나와 찬양에 복무할 수밖에 없다. 선험철학의 용어들이 그렇게 된 것이다. 어떻게 해서 선험철학이 그렇게 추락하게 되었을까? 칸트는 인식의 구조가 순수 이성에 바탕을 두고 있는 한에서 그 인식을 규명하고자 했다. 아류들의 요구는 그처럼 좁지 않다. 그들은 모든 것을 깡그리 '규명한다.' 그들의 힘은 무엇인가를 배제하는 데 더 이상 충분치 않다. 그들이 하는 규명 작업에는 칸트의 선험적 변증법에서 승리에 찬 행진을 했던 비판적 간계가 전혀 들어 있지 않다. 그렇기 때문에 이러한 아류적 사유는 "원래 그런 거라서 바꿀 수 없는" 것을 미화하는 데만 쓸모 있을 뿐이다. 모든 것에 봉사해야 하는 말들은 실제로 그처럼 열성적인 철학의 선서 보증인 역할을 하기에 안성맞춤으로 보일 수 있었다.